Wilfried Stadler
Der Markt hat nicht immer recht

Wilfried Stadler

Der Markt hat nicht immer recht

Über die wirklichen Ursachen der Finanzmarktkrise
und wie wir die nächste vermeiden können

Bibliografische Information der Deutschen Nationalbibliothek

Die Deutsche Nationalbibliothek verzeichnet diese Publikation in der Deutschen Nationalbibliografie; detaillierte bibliografische Daten sind im Internet über http://dnb.d-nb.de abrufbar.

Das Werk ist urheberrechtlich geschützt. Alle Rechte, insbesondere die Rechte der Verbreitung, der Vervielfältigung, der Übersetzung, des Nachdrucks und der Wiedergabe auf fotomechanischem oder ähnlichem Wege, durch Fotokopie, Mikrofilm oder andere elektronische Verfahren sowie der Speicherung in Datenverarbeitungsanlagen, bleiben, auch bei nur auszugsweiser Verwertung, dem Verlag vorbehalten.

ISBN 978-3-7093-0334-4

Es wird darauf verwiesen, dass alle Angaben in diesem Buch trotz sorgfältiger Bearbeitung ohne Gewähr erfolgen und eine Haftung des Autors oder des Verlags ausgeschlossen ist.

© LINDE VERLAG WIEN Ges.m.b.H., Wien 2011
1210 Wien, Scheydgasse 24, Tel.: 0043/1/24 630
www.lindeverlag.de
www.lindeverlag.at

Umschlag: buero8
Satz: Hannes Strobl, Satz·Grafik·Design, 2620 Neunkirchen
Druck: Hans Jentzsch & Co. GmbH, 1210 Wien, Scheydgasse 31

Inhalt

Wenn der Markt nicht immer recht hat,
brauchen wir ein neues Finanzsystem 7

Staccato: Die Chronik der Ereignisse 11
Das Menetekel: Der New-Economy-Schock 13
Von Subprime bis Lehman 19
Nine-fifteen und die Folgen 26
Die unverschuldeten Leiden der Realwirtschaft 34
Rettungspakete und die Krise der Staatshaushalte 41

Finanzierungskulturen im Konflikt:
Die systemischen Ursachen der Krise 49
USA–Europa: Der andere „Clash of Cultures" 50
Vom Vorsichtsprinzip zur kapitalmarktorientierten Bilanzierung 57
Prozyklizität: Der verhängnisvolle Irrweg von Basel II 65
Ratings: Das Risiko, zu vertrauen 75
Experimente im globalen Finanzlabor 84
Die weißen Flecken der Regulierung 93
Die Bonusfalle: Mehr Fremdkapital – höhere Prämien 105

Elemente einer neuen Finanzmarkt-Architektur .. 117
Die neue Finanzmarkt-Ökonomie: Der Markt hat nicht
immer recht 118
Für ein Bankensystem, das der Realwirtschaft dient 133
Anforderungen an die Finanzmarktarchitektur der Zukunft –
eine Agenda zur Erneuerung der Finanzmärkte 140

Die neuen Spielregeln: Was ist machbar? 149
Basel III – Haben wir dazugelernt? 150
Der nationale Handlungsspielraum 163
Europa: Wann sonst, wenn nicht jetzt? 166
Was global durchsetzbar ist. 184

Wertschöpfung vor Geldschöpfung: Ein Ausblick . 191
Die Zukunft der Unternehmensfinanzierung 192
Veranlagungen und Vermögensmanagement:
Die „neue Normalität" 198
Wall Street gegen Main Street: Wer macht die Regeln? 209
Von der Werte-Krise zum ordnungspolitischen Neubeginn 214

Literaturhinweise 229
Quellenangaben 231

Wenn der Markt nicht immer recht hat, brauchen wir ein neues Finanzsystem

Ein paar Gründe, warum es dieses Buch gibt

„Die Artisten unter der Zirkuskuppel – ratlos." Dieser Filmtitel von Alexander Kluge fiel mir während einer der Krisensitzungen am Höhepunkt der Finanzmarktkrise ein. Als Kind hatte mich beim Zirkusbesuch immer die Griffsicherheit der Trapezkünstler beeindruckt – man wusste nie, ob es Missgeschick oder ein die Spannung ins beinahe Unerträgliche steigerndes Kalkül war, wenn sie in das vorsorglich gespannte Auffangnetz fielen. Diesmal war es kein Kalkül. Nur durch das von den Notenbankern und Finanzministern in letzter Sekunde gespannte Garantie-Netz konnte das globale Finanzsystem vor dem Totalabsturz gerettet werden.

Dabei hatten die Akrobaten der Geldwirtschaft immer beruhigend versichert, nur kalkulierbare Risiken einzugehen. Die Aufsichtsbehörden waren sicher, das Finanzsystem mit ihren strengen Regulativen krisenfester gemacht zu haben. Renommierteste Ökonomen lieferten den theoretischen Background für die Welt der perfekten Risikostreuung. Und die Rating-Agenturen ließen sich für das Verteilen von Haltungsnoten teuer bezahlen.

In den ersten Monaten der Krisenbekämpfung wurde – überwiegend erfolgreich – improvisiert. Die Stabilisierung der wichtigsten Systemfunktionen gelang, die vorübergehend stark eingebrochene Konjunktur erholte sich wieder. Während der Akutphase der Löscharbeiten war keine Zeit, über die Fehlerhaftigkeit der Brandschutzverordnungen zu diskutieren. Und als die Erholung einsetzte, wollten die meisten so rasch wie möglich wieder zum „business as usual" übergehen. Gegenüber den

Steuerzahlern, die noch viele Jahre für die Folgen aufzukommen haben, hieß es: Danke für eure Hilfe, wir können wieder alleine gehen.

Schließlich hatte es über all die vergangenen Jahre geheißen: „Der Markt hat immer recht." Gemeint war jedoch: Wir Marktfundamentalisten haben immer recht. Auf liberalisierten Finanzmärkten habe immer alles seinen Preis – und deshalb sei immer der richtige Augenblickswert ermittelbar. Durch die Turbulenzen des größten ausdenkbaren Finanzmarkt-Unfalls finden sich die Apologeten der reinen Lehre sogar bestätigt. Schon wieder habe der Markt recht, meinen sie – eben weil er die Bildung von spekulativen Blasen mit Preisverfall und Wertvernichtung bestraft. Das ist ja das Schöne an Tautologien: Sie erklären einfach alles!

Aber die Zeit der Selbstregulierung der Finanzmärkte muss mit dieser Krise endgültig vorbei sein. Ihre dogmatische Abschirmung gegenüber der Politik hat zur Finanzkrise wesentlich beigetragen. Mit der Entfernung von soliden ordnungspolitischen Grundsätzen nahm auch die Abgehobenheit weiter Teile des Geldsystems von den Bedürfnissen der Realwirtschaft zu.

Auch wenn der vorübergehende Börsen-Boom Teile der Finanzwirtschaft wieder dazu verleitet, an die Spieltische des „Kasino-Kapitalismus" zurückzukehren und dort nach den gleichen Regeln weiterzuspielen, die uns den Kollaps der Finanzmärkte beschert haben: es kann wohl kein Zweifel mehr daran bestehen, dass eine Krise dieser Dimension systemische Ursachen hat, die nicht als bloße Folge marktüblicher Schwankungen erklärbar sind.

Auch im vierten Jahr der Krise können wir noch nicht zur Tagesordnung übergehen. Die kostspielige Symptomverlagerung von der Bankwirtschaft in die Staatsbudgets bedroht die Kreditwürdigkeit der öffentlichen Haushalte in einer Weise, die sogar den Zusammenhalt der Euro-Zone in Frage stellt.

Dennoch fehlt bis heute eine vertiefte Diskussion über die offenkundigen Systemmängel bisher hochgehaltener Dogmen und das damit verbundene Eingeständnis, dass es nicht nur oberflächlicher Korrekturen, sondern eines echten Paradigmenwechsels bedarf, um eine Wiederholung der Finanz- und Wirtschaftskrise zu verhindern und den schon eingetretenen enormen Schaden zu begrenzen.

Dass die Krise eingetreten ist, war ja nicht vorrangig die Folge von Sündenfällen, sondern Konsequenz einer kollektiven, von den Wirtschafts-, Wissenschafts-, Medien- Anleger- und Politik-Eliten mitgetragenen Fehlentwicklung. Die eigentliche Moral der Geschichte liegt deshalb in der Pflicht, aus der neu gewonnenen Klarheit über die krisenverursachenden Systemelemente die richtigen Schlüsse zu ziehen.

Wenn ein regellos globalisiertes Finanzsystem aus heiterem Himmel ohne massivste Staatsintervention vom Bankrott bedroht sein kann, dann stellt es sich als ganz offensichtlich weltfremder heraus, als viele seiner Kritiker es waren. Schon deshalb müssen wir es wagen, den Markt-Fundamentalismus und seine absolutistischen Lordsiegelbewahrer zu entthronen. Und zwar – und das macht die Sache anspruchsvoll – ohne die anti-marktwirtschaftlichen Vorurteile der Drachentöter des sogenannten Neo-Liberalismus.

So alternativlos, wie nach dem Ausbruch der Krise manch umstrittene Rettungsmaßnahme war, so alternativlos notwendig ist es, die Grenzen der Freiheit der Finanzwirtschaft neu zu bestimmen. Dazu bedarf es schmerzhafter Korrekturen an verfehlten Systemelementen. Damit das Bankensystem wieder zum Dienstleister der Realwirtschaft wird, muss die richtige Reihenfolge muss wieder lauten: Wertschöpfung vor Geldschöpfung.

Ich will mit diesem Buch einen der vielen für die Thematisierung und Umsetzung neuer Sichtweisen der Finanzwirtschaft notwendigen Anstöße setzen. Schon seit vielen Jahren habe ich mich neben meiner Tätigkeit in der Bankwirtschaft mit den darin angesprochenen Themen publizistisch auseinandergesetzt. Nach meinem Wechsel in die Selbständigkeit und mit der Verstärkung meines universitären Engagements beschloss ich, die Innensicht der Finanzkrise mit der Außensicht des Finanzmarktökonomen und Ordnungspolitikers zu verbinden.

Ich danke dem Linde Verlag und seinem Geschäftsführer Oskar Mennel für die Entscheidung, trotz der schon sehr umfangreichen Literatur zur Finanzmarktkrise dieses Projekt mit mir zu wagen. Oliver Tanzer danke ich dafür, dass er mit dem Blick des erfahrenen Wirtschaftsjournalisten die Rolle des kritischen Erstlesers übernommen hat. Daniel Noggler danke ich für seine wertvolle Unterstützung bei der Erstellung der Grafiken. Schließlich gilt mein Dank Frau Theresa Weiglhofer für die sorgfältige Betreuung des Buches bis zur Druckreife – und natürlich all jenen, die in der Folge daran mitgewirkt haben, dass es nun in den Händen der Leserinnen und Leser liegen kann.

Wien, im Dezember 2010   Wilfried Stadler

Staccato: Die Chronik der Ereignisse

Wer die Ursachen dieser Finanzmarktkrise verstehen will, braucht dazu ein klares Bild von ihrem Verlauf. Ihre innere Dramaturgie beginnt schon zur Mitte der Achtzigerjahre: damals setzte die radikale Liberalisierung der Kapitalmärkte ein. Ein Experiment auf kleiner Flamme zunächst, von dem niemand ahnte, zu welchen Weiterungen es einmal führen würde.

Die Globalisierung im Gefolge des Zusammenbruchs der Planwirtschaften im Jahr 1989 stand erst bevor. Als sich die andere Hälfte der Welt, über Jahrzehnte durch ein gegenläufiges Wirtschaftsdogma und einen langen kalten Krieg getrennt, überraschend öffnete, setzte ein umfassender Aufbruch zu neuen Wachstums-Ufern ein. Der Optimismus der Neunzigerjahre wurde zusätzlich durch revolutionäre Innovationen in der Informations- und Telekommunikationstechnik unterstützt.

Globalisierung ließ sich ganz einfach mit den drei „Gs" erklären: Grenzenlosigkeit im wirtschaftlichen Wettbewerb, Gleichzeitigkeit der Information und Geschwindigkeit der Datenverarbeitung.

Wenn es schon nicht zum „Ende der Geschichte" kam, wie Francis Fukuyama es in seinem Bestseller postuliert hatte, so herrschte unter den Wirtschaftseliten und in der Politik doch Aufbruchsstimmung. Ohne sie wäre ein Projekt wie die Erweiterung der Europäischen Union oder gar die Schaffung des Euro undenkbar gewesen.

Heute wissen wir, dass gerade diese Aufbruchsstimmung wohl auch zu übertriebener Euphorie verleitete. Solange die Hauptstoßrichtung des

Fortschritts unbestreitbar war, wollte sich niemand durch Bedenken an Nebenfronten die Laune verderben lassen. Warnungen vor unerwünschten Wirkungen und Nebenwirkungen einer überhasteten Liberalisierung der Finanzmärkte blieben deshalb entweder aus – oder sie wurden als Minderheitenmeinung von „Bedenkenträgern" in den Wind geschlagen. Schließlich gab es ja eine ganz einzigartige Sondersituation, eine Ausgangslage, bei der alles anders schien als bisher: beinahe unlimitierte Wachstums-Spielräume, die damals noch nicht durch die alptraumhafte Katastrophe des 11. September 2001 gestört waren. Und eine Sonderkonjunktur aufgrund eines Innovationsschubes in den neuen Technologien, die gegen Ende der Neunzigerjahre eine „New Economy" hervorbrachte.

Was Ende der Neunzigerjahre „New Economy" hieß, nannte sich 1929, vor dem „Schwarzen Freitag", „Neue Ära". Damals revolutionierten Radios und Autos die Welt. Nun, sieben Jahrzehnte später, waren es eben die Telekommunikation, die neuen Medien und das aufkommende Internet. Zusätzlich kündigten sich mit der bevorstehenden Entschlüsselung des Humangenoms und Durchbrüchen in der Nanotechnologie weitere ergiebige Zukunftsfelder an.

Nie werde ich vergessen, wie Alan Blinder, angesehener konservativ-liberaler Universitätslehrer an der Princeton-University und damaliger Stellvertreter von US-Notenbankchef Alan Greenspan, im März 2000 um Erklärungen für die exorbitant hohen Börsenkurse – insbesondere an den Technologiebörsen – rang. Bis er zum Schluss kam, dass sie wohl der Ausdruck berechtigter Zukunftserwartungen der Investoren wären, erlaubten doch die neuen Technologien gesteigerte Produktivität, höhere Beschäftigung und nachhaltiges Wachstum – und das alles ohne Inflationsgefahr.

Heute, nachdem wir schon so viel über die (Vor-)Geschichte vergangener Finanzkrisen gelesen haben, wissen wir: Immer dann, wenn alle davon überzeugt sind, dass „diesmal alles anders" ist, wird es gefährlich.[1] Denn wenn alle der gleichen Überzeugung sind, führt der Herdentrieb die Investoren in eine Phase der Übertreibung mit weit überhöhten Preisen aller Finanzanlagen – so lange, bis der mit überzogenen Erwartungen prall gefüllte Ballon schließlich platzt.

Das Menetekel: Der New-Economy-Schock

Und tatsächlich fand das gegen Ende schon wirklichkeitsfremde Treiben an den Börsen wenige Wochen nach Blinders ungetrübtem Ausblick im Frühsommer 2000 sein abruptes Ende. Die Ausschläge der Börsenkurse zeigen, wie verzerrt und irreal die Wert-Vorstellungen waren. Niemals zuvor und nie mehr danach – nicht einmal im Sommer 2008 – waren die Kurs-Gewinn-Verhältnisse so extrem hoch.

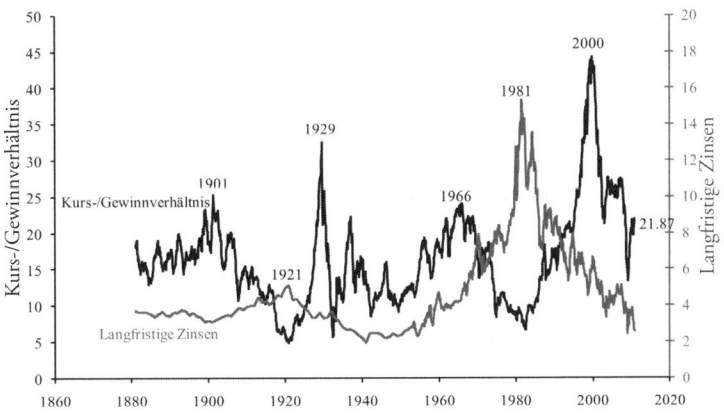

Abb. 1: Historische Kurs-/Gewinn-Verhältnisse und Zinsentwicklung in den USA

---

[1] Vgl. Carmen M. Reinhart, Kenneth S. Rogoff, „Diesmal ist alles anders: Acht Jahrhunderte Finanzkrisen", München 2010.

Die gezeigten Werte stellen einen Durchschnitt dar. Ein Kurs-Gewinn-Verhältnis von 45 bedeutet nichts anderes, als dass das aktuelle Kursniveau beim 45fachen des Jahresgewinn-Mittelwertes der amerikanischen Unternehmen lag. Die Entwicklung der langfristigen Zinsen zeigt, dass niedrige Zinsen die Kursentwicklung an den Börsen fördern.

Noch weit darüber, nämlich bei bis zu 200, lagen die Kurs-Gewinn-Verhältnisse im New-Economy-Segment der US-Technologiebörse NASDAQ. Zahlreiche Unternehmen verzeichneten damals sogar hohe Steigerungen ihrer Bewertungen an den Börsen, ohne jemals Gewinn geschrieben zu haben. Die Anleger – und mit ihnen die Analysten der Investmentbanken – gingen nicht selten so weit, dass sie Unternehmen ermunterten, möglichst keine Gewinne zu machen, sondern immer höhere Schulden mit dem Ziel der Expansion und Markterweiterung. Unternehmen, die aus ihrer Sicht zu früh Gewinne machten – und damit auf aggressive Markteroberung verzichteten –, wurden mit bitteren Kommentaren und Kursabschlägen bestraft.

Nicht wenige Unternehmen änderten ihre Firmennamen und schmückten sie mit der Endung „–.com". Dies machte sie den anderen, raketenartig an Wert gewinnenden Technologieunternehmen verwandt und versprach für sich schon eine Kurssteigerung. Von daher sprach man später auch von einer „Dot-com Bubble". Damals als Universitätsabsolvent nicht in einer Internet-Firma zu arbeiten galt geradezu als Makel – so wie einige Jahre später Karrieren nur in Investment-Banken möglich schienen.

Renommierte Beratungsunternehmen machten sich gemeinsam mit den Börsenkandidaten ans „Story-building", also den Aufbau von mit möglichst viel Zukunftsphantasie angereicherten Geschäftsmodellen. Der systematische Aufbau von Erwartungshaltungen erhöhte die Chancen auf einen attraktiven Kurs bei der Börseneinführung (IPO)[2], wurde doch der Unternehmenswert an auf den Gegenwartswert diskontier-

---

[2] IPO: Initial Public Offering, engl. für Börseneinführung.

ten künftigen Cash flows gemessen. In Wirklichkeit stammten jedoch mehr als 85 % der (Markt-)Wertsteigerungen an der Technologiebörse NASDAQ von nur etwa 40 der rund 1.200 notierten Unternehmen. Auch nach der Börseneinführung wurden meist extrem hohe Nettoverluste in Kauf genommen[3], wenn damit nur das Umsatzwachstum angetrieben werden konnte. Schließlich kamen anstelle von Kurs-Gewinn-Verhältnissen in Ermangelung von Gewinnen Kurs-Umsatz-Verhältnisse in Mode. Die meisten der jungen Börsenstars waren wesentlich höher bewertet als so manches stolze Traditionsunternehmen, das der von den Analysten der Investmentbanken etwas herablassend so bezeichneten „Old Economy" angehörte. Für „brick and mortar" – also Ziegel und Mörtel – als Symbol für traditionelle, baulich-maschinelle Investitionen hatte man wenig übrig.

Während traditionelle Bewertungen solcher „Old-Economy"-Unternehmen im damaligen Börsenumfeld etwa beim Zweieinhalbfachen des Kapitals lagen, wurde das immaterielle Vermögen der „New-Economy"-Unternehmen so hoch eingeschätzt, dass ihre durchschnittliche Bewertung beim 40fachen des Kapitals zu liegen kam.

Unternehmensbewertungen basierten am Höhepunkt des Hypes schließlich nicht mehr auf Fundamentalanalysen, also der Auswertung betriebswirtschaftlicher Fakten. Vielmehr wurden anhand von Schlüsselgrößen – wie etwa der Zahl der Kunden von Telekom-Unternehmen – einfach Vergleichswerte von einem am Kapitalmarkt überschätzten Unternehmen der gleichen Branche auf das nächste übertragen.

In besonderer Erinnerung ist mir der Fall des alternativen Festnetzanbieters „Cybertron", an dem eine Risikokapital-Gesellschaft jener Spezialbank für Unternehmensfinanzierung beteiligt war, deren Vorstand ich angehörte. Das Unternehmen schaffte bei einem Jahresumsatz 1999 von etwa EUR 45 Mio trotz hoher Verluste einen erfolgrei-

---

[3] Für hohe Verlustanteile am Umsatz verwendete man mitunter den Begriff „Cash Burn Rate".

chen Börsengang, dem in den nachfolgenden drei Monaten bis Februar 2000 ein Kursfeuerwerk mit einer Steigerung von elf auf 231 Euro folgte. Die Marktkapitalisierung dieses typischen New-Economy-Stars lag damit für kurze Zeit nicht nur über jener von traditionsreichen Aktiengesellschaften der „Old Economy" an der Wiener Börse, sondern sogar über dem Marktwert unserer gesamten Bankengruppe. Ab dem April 2000 setzte dann ein drastischer Kurssturz ein und nur wenig später schlitterte das junge Unternehmen in die Insolvenz.

Wie steil der Weg auch bei international renommierten Firmen mit dem Ende des Hypes nach unten ging, zeigt die Entwicklung des für die „New Economy" so durchaus typischen amerikanischen IT-Unternehmens AOL. Wer dessen Aktien zum seinerzeitigen Höchstkurs kaufte, der verlor bis heute 98 Prozent seines Einsatzes.

Irrationale Übertreibungen

Alan Greenspan hatte schon im Dezember 1996 vor einer irrationalen Übertreibung („irrational exuberance") auf den Kapitalmärkten gewarnt. Weil es am Tag nach seiner bei einem Abendempfang gehaltenen Rede zu weltweiten Kurseinbrüchen kam, blieb seine Wortwahl, die vier Jahre später zum Titel des Bestsellers von Robert Shiller wurde, im Gedächtnis der Finanzwelt fest verankert.[4] Sie bewies die Macht, aber auch die Wirkungslosigkeit der Rhetorik des in den Folgejahren zum Hexenmeister der Finanzmärkte hochstilisierten Notenbankpräsidenten. Denn bald nach seiner Rede stiegen die Börsenkurse wieder und taten dies fast ohne Unterbrechung bis zu ihrem jähen Absturz im Frühjahr 2000.

Der Optimismus dieser Jahre war so groß, dass der renommierte Ökonom Rüdiger Dornbusch vom MIT (Massachusetts Institute of

---

[4] Robert Shiller, „Irrational Exuberance", New Jersey, 2000.

Technology) die Meinung vertrat, es werde wohl nie mehr zu einer Rezession kommen.

Mit dem Einbruch im zweiten Quartal des Jahres 2000 war nun wirklich wieder „alles anders". Allein am „Neuen Markt" der Frankfurter Börse, einem eigens für innovative Technologie-Unternehmen der „New Economy" geschaffenen Segment, verloren Anleger seit den Rekordständen im März 2000 binnen eines Jahres mehr als 85 % der Gesamt-Kapitalisierung. Kaum drei Jahre später, nachdem sich die Zahl der gelisteten Aktiengesellschaften durch Insolvenzen, Ausschlüsse und Übernahmen laufend dezimiert hatte, wurde der „Neue Markt" wieder aufgegeben.

Im Herbst 2001 referierte ich beim Finanzsymposium Alpbach über die Folgeerscheinungen der „New Economy". Der Text liest sich heute so, als hätte ich damals geahnt, was gegen Ende dieses Jahrzehnts der Finanzkrisen auf uns zu kommen würde:

„Wir könnten von Glück reden, wäre die aktuelle Krise der Kapitalmärkte nach dem Platzen der New-Economy-Blase nichts als eine weitere, für einzelne Investoren eben schmerzliche Episode in der Börsengeschichte. Ich fürchte allerdings, dass uns das Scheitern der kollektiven Suggestion, es ließen sich die Gesetze der Betriebswirtschaftslehre und der Finanzmärkte aus den Angeln heben, noch länger beschäftigen wird. ...

Wir müssen heute auf den Kapitalmärkten eine ganze Reihe von Kollektivirrtümern korrigieren: Es ist ein Irrtum, dass Finanzrenditen nachhaltig über den Renditen der Realwirtschaft liegen können. Es ist ein Irrtum, stets von voller Kapitalmarkt-Effizienz auszugehen und auf der Annahme zu bauen, dass die Kapitalmärkte immer recht haben. Und es erweist sich als höchst problematisch, dass sich die Geldpolitik der Notenbanken auf die Eindämmung der Inflation auf niedrigem Niveau konzentriert, während sich an unbeobachteten Nebenschauplätzen, abseits der offiziell gemessenen Geldmengen, inflationäre Spekulation in Vermögenswerte – asset inflation – ungeheuren Ausmaßes entwickeln kann.

Die historisch einzigartige Größenordnung veranlagungssuchenden, bei institutionellen Investoren in Fonds gebundenen Kapitals, das bei voller Freiheit der Konvertierung in jede beliebige Währung und jede beliebige Asset-Klasse zu kurzfristigen Verwerfungen auf den Kapitalmärkten führen kann, wirft völlig neue Fragestellungen auf. Und je mehr die traditionell über Bankbilanzen abgebildete, kreditorientierte Finanzierungskultur Kontinentaleuropas durch die kapitalmarktorientierte Finanzierungskultur des angloamerikanischen Raumes abgelöst oder zumindest ergänzt wird, desto intensiver betreffen uns diese Fragen."[5]

Zum ersten Mal war mir bewusst geworden, wie unverträglich die auf ganz unterschiedlichen Traditionen bauenden Finanzierungskulturen des angloamerikanischen Raumes gegenüber jenen Europas waren. Dennoch unterschätzte auch ich in den darauffolgenden Jahren die Dimension der später daraus erwachsenden Probleme.

Eine Phase trügerischer Sicherheit

Im Herbst 2001, am 11. September, kam es zum Anschlag auf die Twin Towers in New York. Die Sorge um einen noch stärkeren Einbruch der Gesamtwirtschaft führte zu radikalen Zinssenkungen durch die amerikanische Notenbank. Alan Greenspan, der noch im Sommer 2001 den Leitzins auf 6,5 % angehoben hatte, senkte ihn bis zum Herbst 2002 in mehreren Schritten radikal bis auf 1,75 %, später dann auf 1,0 %. Auf den Märkten zeigte das die gewünschte Wirkung. Gleichzeitig war damit aber auch der Keim für die darauffolgende überbordende Geldvermehrung durch Kreditschöpfung gelegt.

---

[5] Wilfried Stadler, New Economy – New Finance: Krise und Zukunft der Unternehmensfinanzierung; Vortrag beim Finanzsymposium Alpbach 2001; dokumentiert auf der Homepage des Autors: www.wilfried-stadler.com.

Ein klares, wenn auch wenig beachtetes Signal dafür, dass der Aufschwung vor allem von Krediten getrieben war, war der überproportional steigende Anteil der Finanzwirtschaft an der gesamten Wertschöpfung der US-Ökonomie von nur vier Prozent zu Anfang der Achtzigerjahre auf mehr als 40 Prozent zur Mitte des vergangenen Jahrzehnts.

Weil sich jedoch alle Indikatoren wieder so gut zu entwickeln schienen, wurden die Bedenken hinsichtlich einer grundlegenden Krise des Finanzsystems bei fast allen Finanzleuten, bei den Anlegern, in den Medien und in der Politik wieder verdrängt. Der von meinungsmächtigen monetaristischen Ökonomen erweckte Anschein, die Konjunkturzyklen seien über Veränderungen des Leitzinses und der Geldmenge steuerbar, schuf ein trügerisches Gefühl der Sicherheit. Die „New-Economy"-Krise ließ sich so letztlich doch wieder als eine der vielen in der Geschichte der Kapitalmärkte (un)regelmäßig auftauchenden Spekulationskrisen abhaken.

Auch heute fehlt es nicht an Versuchen, die aktuelle Finanzkrise auf einen solchen – wenn auch diesmal besonders großen – „Betriebsunfall" des Finanzsystems zurückzustufen und möglichst rasch wieder zum vermeintlichen Normalbetrieb überzugehen. Ich halte solche Versuche für gefährlich, da wir uns die Reparaturkosten für eine weitere Krise vergleichbarer Dimension schlicht und einfach nicht mehr leisten können.

Das Menetekel der „New-Economy"-Krise hatte noch zu keiner grundlegend neuen Ausrichtung der Finanzwirtschaft geführt. Diesmal aber kommen wir an fundamentalen Systemreparaturen nicht mehr vorbei.

Von Subprime bis Lehman

Bis zum Frühsommer 2007 wusste in Europa kaum jemand etwas mit dem Begriff „Subprime" anzufangen. Doch dann lernten wir schnell, dass es dabei um Kredite und Wertpapiere mit schlechten Schuldnern ging, für deren wirkliche Rückzahlungsfähigkeit dieser Ausdruck geradezu einen Euphemismus darstellte.

Die Vorgeschichte dazu setzte etwa ab 2002 ein, als das extrem niedrige Zinsniveau in den USA die Aufnahme von Krediten für private Wohnbauten erleichterte. Umfassende, schon unter Präsident Clinton eingeführte Förderprogramme wurden dadurch in ihrer Wirkung verstärkt. Die über lange Jahre währende Steigerung der Preise am Markt für private Wohnimmobilien nährte die allgemeine Erwartung, die Preisspirale würde sich endlos nach oben drehen. Wieder einmal war vermeintlich „alles anders".

Die amerikanischen Konsumenten ließen sich aber nicht nur zu Neukrediten für Wohnhäuser verleiten, sie griffen auch immer mehr zu „Home Equity Loans", um trotz sinkender Sparquote ihren stagnierenden Lebensstandard zu steigern. Sobald in Eigenheimen noch ein Belehnungsspielraum für Hypothekarkredite bestand, wurde er ausgenützt. Zwischen 2002 und 2006 stieg das Volumen derartiger Konsum-Hypothekendarlehen um mehr als das Dreifache von etwa 300 Mio USD auf über 900 Mio USD.

Auch das Volumen an Krediten für die explosiv wachsenden US-Immobilienfonds steigerte sich auf nie zuvor gekannte Niveaus.

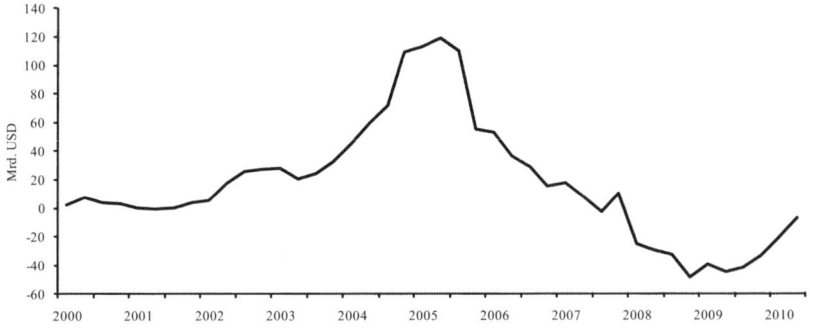

Abb. 2: Veränderungen der Kredite an US-Immobilienfonds im Vergleich zum Vorjahr in Mrd USD

Als zur Mitte des Jahres 2005 die Zinsbremse durch Erhöhung der Leitzinsen erstmals wieder angezogen wurde, war es schon zu spät, um die Herausbildung einer gefährlichen Immobilien-Blase zu verhindern. Im Gegenteil: der Herdentrieb der Spätfolger des Booms führte zu weiteren Kreditausweitungen.

Vertriebsgesellschaften, die keiner Bankenregulierung unterworfen waren, forcierten den Abschluss von Darlehensverträgen mit Lockangeboten niedriger, allerdings nur auf kurze Zeit fixierter Verzinsung. Alle Verträge enthielten Anpassungsklauseln – und als es dann 2007 zu ersten Zinsanpassungen kommen sollte, konnten sich mehr als 80 Prozent der privaten Kreditnehmer die höheren Raten nicht mehr leisten. Dennoch wurden sogar in den ersten vier Monaten des Jahres 2007, als die Wohnbaupreise bereits zu fallen begannen und der Zinstrend weiter nach oben zeigte, noch über zwei Millionen Hypothekarverträge verkauft.

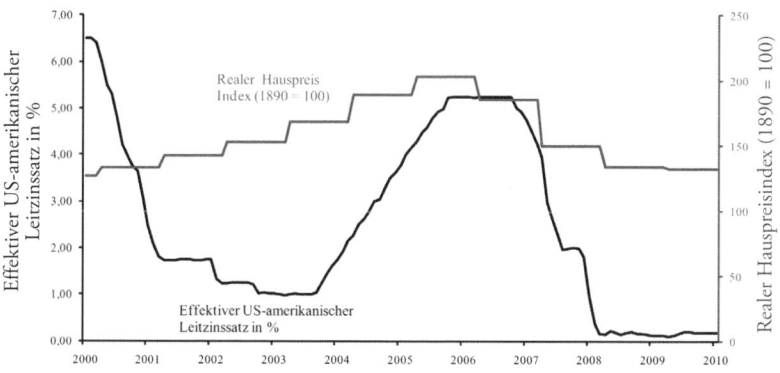

Abb. 3: US-Leitzinsen und Preisveränderungen im privaten Wohnbau 2000–2010

Wertpapiere mit Schein-Sicherheiten

Gleichzeitig hatten die Investmentbanken das einträgliche Geschäft der Konstruktion von sogenannten „synthetischen Wertpapieren" entdeckt. Viele Einzelkredite wurden dabei zu Anleihen gebündelt, die an andere Investoren weitergereicht wurden. Solche synthetische Wertpapiere trugen die nach Sicherheit klingende Bezeichnung „Asset backed securities" (ABS). Das ließ auf Wertpapiere schließen, die mit dinglichen Sicherheiten – im Falle der Subprime-Papiere eben mit Wohnbauhypotheken – unterlegt waren.[6]

Für die Finanzinvestoren aus aller Welt wurde der vermeintliche Komfort dieser Konstruktionen durch vorteilhafte Benotungen seitens der Rating-Agenturen noch erhöht. Diese hatten die Benotung synthetischer Wertpapiere im Laufe der Jahre zu einem ihrer profitabelsten Geschäftszweige ausgebaut. Im Unterschied zur Einstufung der Kreditwürdigkeit von Unternehmungen hatten sie es hier mit der Beurteilung von im Einzelnen nicht nachvollziehbaren, sondern nur in Simulationsmodellen abbildbaren Risiken zu tun. In völlig unkritischer Weise – und nicht zu ihrem kommerziellen Schaden – brachten sie dafür finanzmathematische Methoden in Anwendung, die sich später als wenig treffsicher oder sogar als fehlerhaft herausstellten.[7]

Dennoch: das meiste von dem, was wir heute über die Vorkrisen-Phase aussagen, beruht auf dem Wissen, das wir uns seit dem vollen Ausbruch der Krise angeeignet haben. Für die in der damaligen Bankenwelt aktiven Manager aber stellte sich die Situation noch Anfang 2007 scheinbar unproblematisch dar. Die Konjunktur schien mit Zinspolitik steuerbar zu sein, die Risiken wurden mit einer zuvor nie gekannten Genauigkeit gemessen, alle Kredite waren mit externen oder internen Ratings bewertet – und Störungen konnten wegen der verlässlichen Ausgleichskräfte freier Märkte geradezu definitionsgemäß immer nur vorübergehend sein.

---

[6] Die aus durch Hypotheken besicherten Immobilienkrediten gebündelten Anleihen nennt man „Mortgage backed securities" (MBS).
[7] Die US-Ratingagentur Moody's stufte wegen eines Kodierungsfehlers in ihrem Modell synthetische Wertpapiere im Wert von mehreren Mrd US-Dollar fälschlich mit der Bestnote AAA ein, siehe Sam Jones, „Moody's error gave top ratings to debt products", Financial Times, 07.05.2009.

Der Risikomanager einer internationalen Bank schilderte – ohne seinen Namen preiszugeben – im britischen „Economist"[8] das damals vorherrschende Machbarkeitsgefühl. Als er im Jänner 2007 sein Expertenteam zu einem Brainstorming versammelte, um die wichtigsten Risiken der kommenden zwölf Monate herauszufinden, lautete das Ergebnis: Alle Risiken sind beherrschbar, es gibt keine echte Bedrohung. Jahrelang hatte es kaum Kreditausfälle gegeben, die Volatilitäten – also die Schwankungsbreiten der Marktwerte – waren gering, alle Risiken wurden bis ins feinste Detail überwacht. Niemand von den versammelten Experten sah die Gefahr heraufdämmern, dass es schon ein halbes Jahr danach in den internationalen Märkten massive Liquiditätsprobleme geben würde.

Die Subprime-Krise erreicht Europa

Als im August 2007 die deutsche Industriekreditbank IKB, eine Tochterbank der staatlichen „Kreditanstalt für Wiederaufbau" (KfW), zusammenbrach, hielt man das noch für ein beherrschbares Einzelphänomen. Die IKB war in den Jahren davor zum Spezialisten für sogenannte „Verbriefungen" geworden – eben jene Bündelung von Risiken zu Wertpapieren, deren gewichtigster Teilmarkt die Immobiliendarlehen waren. Und sie war in extensiver Weise dazu übergegangen, derartige Risiken auch über sogenannte „Schattenbanken" zu steuern.

Diese oft in Steueroasen gegründeten Investitionsgesellschaften[9] ermöglichten es den Banken, unter Ausnützung aller regulatorischen Möglichkeiten trotz knappen Eigenkapitals außerhalb ihrer eigenen Bilanz hohe Investitionen zu tätigen. Die Bezeichnung „Schattenbanken" verdanken sie wohl der Tatsache, dass sie im Verborgenen agierten, im

---

[8] „Confessions of a risk manager", The Economist, 09.08.2008.
[9] „Structured investment vehicles" (SIV) oder „special purpose vehicles" (SPV).

Schatten der für Banken geltenden Spielregeln, außerhalb der Lichtkegel der Kontrollscheinwerfer der Notenbanken. Als die kurzfristigen Refinanzierungen[10] für solche Schattenbanken ausblieben, weil das Vertrauen des Kapitalmarktes in die Rückzahlbarkeit von Subprime-Anleihen mit langen Laufzeiten einbrach, musste die IKB mit eigener Liquidität einspringen. Es ging dabei um so große Volumina, dass die Bank ohne die sofortige Nothilfe der Förderbank KfW innerhalb weniger Stunden zahlungsunfähig geworden wäre.

Die Aufsichtsbehörden in Europa und in den USA, wo schon seit längerem Risse im Bankensystem sichtbar wurden, waren damals alarmiert – aber sie hielten das Phänomen für beherrschbar und auf den Subprime-Markt limitiert. Für die Europäische Zentralbank markiert der 9. August dennoch den Beginn der Finanzkrise und jenen Zeitpunkt, ab dem sie sich gezwungen sah, auf Liquiditätsengpässe und Spannungen auf den Geldmärkten mit besonderen Maßnahmen zu reagieren.[11]

US-Notenbankchef Ben Bernanke meinte noch Ende 2007, die Probleme auf dem Häusermarkt würden sich nur bedingt auf die allgemeine Wirtschaft übertragen. Drei Jahre später gestand er anlässlich seiner Anhörung durch den Kongress ein, die US-Zentralbank Fed hätte mit der Unterschätzung der unkontrolliert sich ausweitenden Blase am Immobilienmarkt wohl ihren größten Fehler gemacht.

Ab dem Frühjahr 2008 wurden die aufgestauten Probleme des Finanzsystems durch Krisen großer Banken unübersehbar. Unter dem Druck massiver Abschreibungen wegen unverkäuflicher Subprime-Papiere kam es während der Sommermonate zu spektakulären Veränderungen in der Eigentümerstruktur prominenter US-Banken. Um

---

[10] Meist erfolgte die Refinanzierung über „Commercial Papers" (CP), dh kurzfristig veranlagte Gelder, die von institutionellen Investoren und Geldmarktfonds stammten.
[11] Vgl. Kommentar von Gertrude Tumpel-Gugerell, Direktoriumsmitglied der EZB, in FORMAT 49/2010.

deren Zusammenbruch zu vermeiden, wurde etwa die traditionsreiche Investmentbank Bear Stearns auf Druck der Notenbank kurz vor dem Kollaps an JPMorgan Chase verkauft.

In Europa nahm man sich während des ersten Halbjahres 2008 vor, bei strukturierten Produkten und „außerbilanziellen Zweckgesellschaften" – so der technische Terminus der Bankenaufseher für Schattenbanken – in Zukunft doch genauer hinzuschauen und die diesbezüglichen Aufsichtsregeln zu verschärfen. Auch stand eine Verbesserung der Frühwarnsysteme und der grenzübergreifenden Bankenaufsicht auf der Tagesordnung. Die Erledigung nahm man sich für Mitte 2008 vor.

Zwar wurden auch in Europa die ersten Notverstaatlichungen notwendig – etwa in Großbritannien bei der stark immobilienlastigen und sehr kurzfristig refinanzierten „Northern Rock". Niemand nahm jedoch damals an, dass ein Phänomen wie die Subprime-Krise – so unangenehm es auch war – die Überzeugung von der grundsätzlichen Beherrschbarkeit aller Finanzmarktprobleme erschüttern könnte. Auch wenn der damalige Risikovorstand der Investmentbank Goldman Sachs in einem Gespräch mit Wirtschaftsjournalisten im August 2007 zu Protokoll gab, er und sein Team hätten in diesen Tagen der Marktturbulenz „Dinge erlebt, die 25 Standardabweichungen vom Mittel entfernt liegen". Das entspricht immerhin einer Ereignis-Wahrscheinlichkeit, wie sie dem Modell nach nur alle zehn hoch 140 Jahre eintreten dürfte.[12]

Dennoch blieb auch auf Ebene der einzelnen Bankinstitute die Kontrollillusion intakt, war doch gerade das komplexe Regelwerk von Basel II in Kraft getreten, mit dem die Banken so genau wie nie zuvor beobachtet werden konnten. Alle Risiken waren fein säuberlich nach Rating-Klassen geordnet und das zuhöchst ausstehende Verfallsrisiko („Value at risk") wurde peinlichst genau gemessen.

---

[12] Vgl. Robert Skidelsky, „Die Rückkehr des Meisters – Keynes für das 21. Jahrhundert", München 2010, S 30.

Mit dem bald darauf folgenden Totalausfall aller Sicherungssysteme rechneten nicht einmal jene, die schon länger vor möglichen Rückschlägen gewarnt hatten. Das änderte sich erst, als die Marktturbulenzen in den Wochen vor der Lehman-Insolvenz zu immer drastischeren Marktgerüchten und Kursausschlägen führten.

Nine-fifteen und die Folgen

Es wird wohl nie ganz zu klären sein, was die Investmentbank Lehman Brothers letztlich zu Fall brachte – und warum gerade dieses und kein anderes Institut. Ein derart spektakuläres Ereignis provoziert die Bildung von Legenden. Die bekannteste geht von der Annahme aus, Finanzminister Paulson hätte sich mit seiner Entscheidung, Lehman nicht zu retten, an seinem ehemaligen Konkurrenten Fuld gerächt und gleichzeitig Goldman Sachs geschützt. Eine andere, durch handfeste Indizien gestützte These lautet, die Bank sei ein Opfer von Spekulanten geworden, die mit – verbotenen – ungedeckten Leerverkäufen[13] auf fallende Lehman-Kurse setzten.

In irgendeiner Weise waren alle großen Banken von dem Zusammenbruch der synthetischen Wertpapiermärkte betroffen. Keine konnte als ungefährdet gelten. Als sich die Ereignisse im Sommer 2008 dramatisch zuspitzten, entschieden letztlich wohl auch Zufälle über die Frage, wen in dem immer unübersichtlichen Krisengetümmel die erste tödliche Kugel treffen würde.

Nachdem die US-Regierung schon bei mehreren Instituten mit Milliardenbeträgen als Retter aufgetreten war, gewann überdies im Vorfeld

---

[13] Mit Leerverkäufen („short selling") setzen Spekulanten auf Gewinne durch fallende Kurse von Wertpapieren, die sie gar nicht besitzen, sondern zunächst nur geliehen haben. Fällt der Kurs des Wertpapiers, kann es billig erworben werden. Die Differenz zum ursprünglichen Preis wird zum Gewinn des Spekulanten.

der bevorstehenden Präsidentenwahlen die Meinung an Boden, nun müsse wohl auch einmal der in einer Marktwirtschaft für gescheiterte Unternehmen vorgesehene Weg einer Insolvenz beschritten werden. Eine Woche vor dem Ende von Lehman Brothers mussten nach einem dramatischen Verfall der Aktienkurse die beiden großen amerikanischen Wohnbaubanken Fannie Mae und Freddie Mac notverstaatlicht werden. Auch der weltgrößte Versicherungskonzern AIG stand kurz vor dem Zusammenbruch. Man wollte die Geduld der Steuerzahler nicht noch weiter strapazieren. Zu groß waren die bekannt gewordenen Summen der im Risiko stehenden Kredite und Wertpapiere, um jeder gefährdeten Bank einen teuren Rettungsschirm zu leihen.

Insolvenz mit unerwarteten Folgen

„Nine-eleven" heißt in der politischen Geschichte jener Tag, der im September 2001 die Welt veränderte. „Nine-fifteen" könnte jener Tag im September 2008 heißen, der auf wohl ebenso dramatische Weise die Wirtschafts- und Finanzgeschichte veränderte.

Es war jener Montag, an dem die ganze Welt erfuhr, dass eines der bis zuletzt als unsinkbar geltenden Schiffe auf dem globalen Finanzozean in schwere Seenot geraten und innerhalb weniger Stunden gesunken war. Noch am Freitag davor hatte diese Bank ein A1-Rating getragen. Das ist nicht die beste aller Benotungen, aber doch ein solides Bonitätszeichen.

Auch wenn manche Marktpuristen das anders sehen: Es war wohl ein schwerer Fehler, die bis kurz davor von den Rating-Agenturen mit hohen Bonitätsnoten ausgezeichnete Investmentbank Lehman fallen zu lassen. Wer bei Ausleihungen an einen so großen Namen den Totalverlust riskiert, verlässt sich auf niemanden mehr und hält sein Geld zurück. Der Anleihenmarkt zwischen den Geschäftsbanken brach vor allem aus diesem Grund am „Schwarzen Montag" binnen weniger Stunden zusammen.

Heute ist weitgehend unbestritten, dass die Schäden durch das Zulassen der Insolvenz größer waren, als sie es gewesen wären, hätte man auch für Lehman eine kontrollierte Auffanglösung gefunden. Der Schock für die Unternehmer und Konsumenten wäre in Raten gekommen, die Belastung für die Staatshaushalte hätte wohl nicht so massiv ausfallen müssen.

Die Situation war jedenfalls äußerst unübersichtlich. Institutionelle Investoren zogen riesige Beträge von jenen Banken ab, bei denen man die größten Subprime-Risiken vermutete. Keiner der großen Namen des amerikanischen Investmentbankings konnte mehr als sicher gelten. Unter Finanzminister Paulson, einem ehemaligen Vorstandsvorsitzenden von Goldman Sachs, fiel schließlich am Wochenende vor dem 15. September nach langem Ringen die Entscheidung, das Haus Lehman Brothers, das seinen Gläubigern insgesamt 600 Mrd Dollar schuldete, fallen zu lassen.

Die weltweite Unsicherheit über die Beschaffenheit der Bilanzen der Mitbewerber führte dazu, dass kaum eine Bank mehr guten Gewissens an andere Finanzinstitute Geld verleihen konnte. Im Gegenteil, man versuchte, so rasch wie möglich an sein Geld zu kommen und es überall dort zurückfordern, wo geltende Verträge das erlaubten.

Durch ebendiesen Effekt aber war der gesamte Markt der Ausleihungen und Kapitalmarkttransaktionen zwischen den Banken der Welt massiv gestört. Offene Kreditrahmen gegenüber Mitbewerbern wurden im Kampf um die plötzlich knapp gewordene Liquidität vielfach gekürzt, fällig gewordene Anleihen nicht mehr prolongiert, neu aufgelegte Emissionen nicht mehr gezeichnet.

Es begann tatsächlich ein Run auf die Banken – nur setzte er diesmal nicht bei den Sparern ein, sondern er spielte sich in den ersten Stunden nach dem Schock zwischen den Geldinstituten ab. Sie hatten das Vertrauen in die Kreditwürdigkeit ihrer Partner von einem Tag auf den anderen verloren – und weil „Kredit" von „Vertrauen" kommt, liehen sie einander kein Geld mehr.

Erste Hilfe für die Banken

Schon am Tag nach dem Lehman-Zusammenbruch sah sich die US-Regierung gezwungen, die Mehrheit an AIG, der größten Versicherungsgruppe der Welt, zu übernehmen. Deren Kurs war zu diesem Zeitpunkt bereits um 95 Prozent eingebrochen. Die ebenfalls unter starken Druck geratenen Investmentbanken Goldman Sachs und Morgan Stanley gaben ihren Sonderstatus auf und machten sich als nunmehrige Geschäftsbanken aufnahmebereit für direkte Unterstützungen durch Regierung und Notenbank[14].

Das Bankensystem stand praktisch vor dem Kollaps, als wenige Tage nach „Nine-fifteen" sowohl institutionelle Anleger als auch mittlerweile durch die Medienberichte ängstlich gewordene Sparer riesige Beträge von den Geldmarktkonten der Großbanken abzogen. Nur das sofortige Versprechen, Einlagen auf Sparkonten bis zu 250.000 US-Dollar zu garantieren, verhinderte den Zusammenbruch des Geldsystems. Während weitere Banken in Insolvenz gingen – darunter auch die traditionsreiche „Washington Mutual", eine bis wenige Tage davor untadelige Adresse –, schnürten US-Regierung und Notenbank ein Garantiepaket über ingesamt 1,3 Billionen Dollar und verhinderten damit gerade noch rechtzeitig die damals oft beschworene „Kernschmelze".

Die Kosten der Ausleihungen zwischen den Banken stiegen während dieser dramatischen Tage auf nie zuvor gekannte Niveaus.

---

[14] Der Glass-Steagall-Act von 1933 verfügte in den USA infolge der Weltwirtschaftskrise eine Trennung von konventionellen Geschäftsbanken – sie entsprechen weitgehend dem in Kontinentaleuropa üblichen Typus der „Universalbank" – und Investmentbanken, in denen das Wertpapiergeschäft angesiedelt wurde. Das Trennbanksystem wurde 1999 aufgehoben.

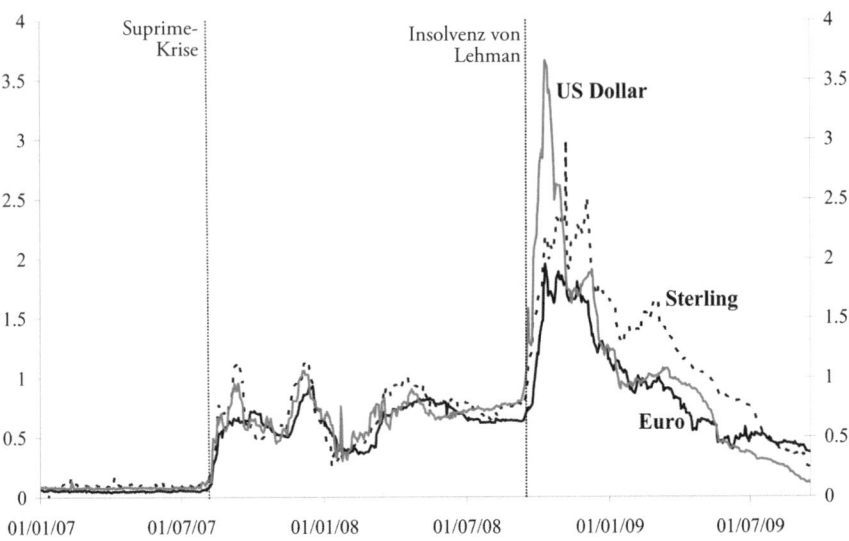

Abb. 4: Veränderung der Risikomargen (Zinsspannen) für kurzfristige Ausleihungen zwischen Banken im Verlauf der Finanzkrise (in US-Dollar, Pfund Sterling und Euro)

Europa war von der Lehman-Insolvenz beinahe ebenso massiv betroffen. In England sorgte Premier Gordon Brown für eine sofortige Zwangsaufstockung des in der Krise schwindenden Eigenkapitals der großen Banken durch staatliche Direktbeteiligungen. Bis heute hat Großbritannien über 1,3 Billionen Pfund – das entspricht etwa 85 % der Wirtschaftsleistung eines Jahres – für die Bankensanierung aufgewendet. Überproportional betroffen war auch Irland, wo in den Jahren davor bankenfreundliche Regulierungen für den erfolgreichen Aufbau eines Finanzplatzes gesorgt hatten. Im Herbst 2010 wurde offenkundig, dass die erforderlichen Sanierungsbeträge den irischen Staatshaushalt mit einer Neuverschuldung von 34 Prozent belasten.

Einen im Verhältnis zur Größe des Landes besonders dramatischen Absturz seiner drei weltweit agierenden Banken erlebte Island, das damit drastisch den Kontrast zwischen global agierenden Instituten und deren lokaler Verankerung in dadurch verwundbaren Kleinstaaten bewusst machte. Die Bilanzsummen der drei mit der Krise untergegangenen Geldinstitute betrugen nicht weniger als das Zehnfache der jährlichen Wirtschaftsleistung des kleinen Landes.

In Kontinentaleuropa wurde Anfang Oktober 2008 die in den Jahren davor stark expandierende Fortis-Bank durch eine gemeinsame Anstrengung von Belgien, den Niederlanden und Luxemburg aufgefangen. Frankreich, Belgien und Luxemburg retteten gemeinsam die auf die Finanzierung öffentlicher Projekte spezialisierte Dexia-Gruppe. Die Dexia-Gruppe war europäischer Marktführer auf dem Gebiet des Public Finance und erfreute sich bis kurz vor ihrem Zusammenbruch einer exzellenten Ratingeinstufung (AA). Sie hielt eine 49%ige Beteiligung an der Kommunalkredit Austria und eine 51%ige Mehrheit an der Kommunalkredit International.

Anfang November 2008 musste auch die Kommunalkredit Austria verstaatlicht werden. Das Geschäftsmodell der nach dem Vorbild der Dexia auf Public Finance spezialisierten Spezialbank baute zur Gänze auf Refinanzierungen durch den Kapitalmarkt. Diese waren nun spätestens mit dem Zusammenbruch der Dexia in der nötigen Bonitätsstufe nicht mehr erhältlich. Außerdem hatte das Institut in den Jahren davor – ähnlich wie die meisten der deutschen Landesbanken – sein erstklassiges Rating dafür eingesetzt, um als Garantiegeber am Kapitalmarkt aufzutreten.[15] Aufgrund der extremen Marktverhältnisse wurden nun schlagartig Nachschussverpflichtungen für Garantienehmer fällig, für die jedoch nun keine Refinanzierungen mehr erhältlich waren. Darüber hinaus war man – auch über eine Tochterbank auf Zypern – hohe Engagements in von den Rating-Agenturen als gut bis erstklassig ein-

---

[15] Derartige Kreditgarantien firmieren unter dem Begriff „Credit default swaps" (CDS).

gestuften synthetischen Wertpapieren eingegangen, die im Gefolge der Krise keine Käufer mehr fanden und massive Werteinbußen mit sich brachten.

Immerhin machten synthetische Wertpapierprodukte und Verbriefungen zur Mitte des Jahres 2007, also vor Ausbruch der Marktturbulenzen, im westlichen Bankensystem bereits fast die Hälfte der neuen Ausleihungen aus. Dann aber kollabierten diese Märkte fast zur Gänze und haben sich bis heute nicht erholt. Das Volumen neu emittierter synthetischer Anleihen liegt bis heute noch nicht einmal bei zehn Prozent der davor üblichen Größenordnungen.

Das verschwundene Vertrauen zwischen den und in die Banken fand seinen Niederschlag in der Entwicklung der Werte der Großbanken dieser Welt. Noch nie zuvor hatte es einen so radikalen Einbruch der Börsenkurse von Finanzwerten gegeben. Betroffen waren auch jene Häuser, die später keine staatliche Hilfe beanspruchen mussten.

Marktwerte internationaler Großbanken vor und in der Krise (in Mrd. USD)

	2. Quartal 2007	20. Jänner 2009
Barclays	91	7,4
Citigroup	255	19
Deutsche Bank	76	10,3
Goldman Sachs	100	35
Royal Bank of Scotland	120	4,6
UBS	116	35

Quelle: Bloomberg, 20.1.2009

Die Not-Fallschirme werden aufgespannt

Die Notenbanken Amerikas und Europas setzten ihre Notaggregate in Gang und spielten die Rolle der Krisenfeuerwehr, indem sie die auf wenige Transaktionen geschrumpften Zwischenbanken-Märkte durch großzügige Gewährung von Liquiditätslinien zu substituieren versuchten. Sie erfüllten damit ihre wichtigste Aufgabe als Kreditgeber in der Not[16] und hielten das Geldsystem über Wasser. Damit wurde kostbare Zeit gewonnen, bis die von den Regierungen parallel dazu angestrebten Garantiepakete für Sparer in Kraft treten konnten. Denn auch in Europa waren die Sparer misstrauisch geworden und hatten begonnen, Gelder von den Banken abzuziehen. Panikreaktionen konnten durch die Ankündigung von Garantieversprechen weitgehend vermieden werden.

Auch wenn niemand behaupten würde, dass die eilends hergestellten Not-Fallschirme keine Webfehler gehabt hätten – im Wesentlichen erfüllten sie doch ihren Zweck und bewahrten das System vor dem ungebremsten Absturz. Die komplexe supranationale Koordination funktionierte überraschend gut. Nicht einheitlich zwar, aber doch so, dass schon wenige Wochen nach der Lehman-Insolvenz eine abgestimmte Vorgangsweise gefunden war, wie man die Sanierung des Bankensystem bewerkstelligen konnte, ohne dass es zu krassen Wettbewerbsverzerrungen kam.

Neben den Anlegergarantien wurden – gegen entsprechendes Entgelt – Garantienetze für Banken gespannt, um ihnen wieder eigene Emissionen von Wertpapieren zu ermöglichen. Überall dort, wo das Eigenkapital durch den starken Verfall der Werte von Ausleihungen verbraucht war, standen darüber hinaus eigenmittelstärkende Mittel bereit – entweder als nachrangiges Kapital (in Österreich:

---

[16] Diese Funktion von Notenbanken als letzte Zuflucht für kreditsuchende Banken entspricht deren Rolle als sogenannter „lender of last resort".

Partizipationskapital) oder aber in Form echter staatlicher Beteiligungen.[17]

Beinahe ebenso wichtig war, dass man in Europa trotz der drängenden Probleme in allen betroffenen Ländern auf nationale Alleingänge weitgehend verzichtete. Niemand suchte einen wettbewerbsverzerrenden Vorteil auf Kosten anderer, Ansätze für protektionistisches Verhalten blieben im Wesentlichen in rhetorischen Andeutungen stecken.

Dennoch war es nicht aufzuhalten, dass sich die Finanzkrise sehr rasch zu einer allgemeinen Wirtschaftskrise ausweitete. Was am Beginn wie ein spezifisch amerikanisches Problem ausgesehen hatte und in der Folge als manifeste Finanzkrise auftrat, wurde nun zur größten Krise der Realwirtschaft seit den Dreißigerjahren. Dass daraus sehr bald auch eine Staatsschuldenkrise nie gekannter Dimension erwachsen sollte, war im Herbst 2008 erst wenigen Beteiligten bewusst.

Die unverschuldeten Leiden der Realwirtschaft

Die Karriere des Begriffs „Realwirtschaft" setzt nicht zufällig erst mit der Finanzmarktkrise ein. Das Gegensatzpaar Finanzwirtschaft – Realwirtschaft hat sich umso stärker durchgesetzt, je offensichtlicher die Abgehobenheit der Finanzwirtschaft wurde – so abgehoben, dass sie von manchen auch als „Irrealwirtschaft" bezeichnet wird.

Fest steht, dass wir es mit einer Krise zu tun haben, die ihre Ursache im Finanz- und Bankensystem hat. Sie ist nicht entstanden, weil es zu politischen Verwerfungen kam, weil großflächige Nachfrageausfälle auftraten oder weil eine Konjunkturdelle sich zur Rezession ausgewach-

---

[17] In Österreich sieht das Finanzmarktstabilisierungsgesetz vom November 2008 Garantien für Bankenanleihen ebenso vor wie sogenanntes Partizipationskapital (Nachrangkapital). Weiters besteht die Möglichkeit, in Not befindliche systemrelevante Banken (vorübergehend) zu verstaatlichen.

sen hätte. Auch die in manchen Branchen – etwa der Autoindustrie – möglicherweise vorhandenen Überkapazitäten hätten sich ohne die Finanzkrise durch normale wettbewerbliche Ausscheidungs-Wettkämpfe ausgeglichen. Mit anderen Worten: Es gibt bei der Ursachenanalyse kein Henne-Ei-Problem, weil die Finanzkrise eindeutig zuerst da war.

Damit ist klar, dass wir uns vor einem künftigen, ähnlich dramatischen Einbruch nur wirksam schützen können, indem fundamentale systemische Schwachstellen, die die Finanzwirtschaft zu einer permanenten Gefahr für die Realwirtschaft machen, auch wirklich konsequent angegangen und beseitigt werden.

Kreditverknappung und Einbruch des Konsums

Die Insolvenz von Lehman war jene Bruchstelle in der Entwicklung der Finanzkrise, an der diese schlagartig auf die Welt der Unternehmen überzugreifen begann. Die fatale Dynamik glich einem Domino-Day im Weltmaßstab. Mit der Gesetzmäßigkeit einer über Jahre aufgebauten Spielanordnung wurden immer neue Facetten der Finanzkrise freigelegt. Das anfangs faszinierte Publikum kippte von anfänglichem Staunen in blankes Entsetzen, als erkennbar wurde, dass den Erfindern dieser Spielanordnung die Folgen längst entglitten waren. Von der Subprime-Krise über den Kollaps von Lehman und einknickende Großbanken bahnten sich die Dominosteine ihren Weg von der Finanzwirtschaft in die Realwirtschaft.

Die finanztechnische Erklärung dazu ist trivial: Banken, die anderen Banken die Refinanzierung verweigern, dem Finanzsystem als Ganzem misstrauen und deshalb ihr Geld zurückhalten, halten auch das Geld für ihre Kunden zurück. Das geschieht schon deshalb, weil selbst jene Finanzinstitute, die verkraftbare Ausfälle hatten und einigermaßen unbeschadet durch die Subprime-Krise kamen, nicht abschätzen konnten, ob sie von anderen Häusern ausreichende Refinanzierungen bekommen würden.

Zum Liquiditätsproblem kam ein nicht weniger unangenehmes Eigenmittelproblem[18] der Banken. Die hohen Verluste aus niedrigeren Marktbewertungen und echten Ausfällen führten zu einer Kapitalvernichtung, die sofort auch die Möglichkeiten der Kreditgewährung stark einschränkte. Diese Kreditbremse wirkte in manchen Fällen so abrupt, dass es im übertragenen Sinn zu Serien-Auffahrunfällen alle jener Unternehmen kam, die zum Zeitpunkt der Katastrophe gerade in besonderer Abhängigkeit von den Banken standen.

In einer vorteilhaften Lage waren die Kunden jener Banken, die nur geringfügig oder gar nicht auf Refinanzierungen durch den Kapital- und Bankenmarkt angewiesen waren, sondern für ihre Ausleihungen überwiegend auf Einlagen ihrer Privat- und Firmenkunden zurückgreifen konnten. Bei solchen Banken – meist kleinen und mittleren Regionalinstituten – war weder aus Gründen der Refinanzierung noch wegen plötzlichen Kapitalverzehrs eine Notwendigkeit gegeben, die Kreditbeziehung zu ihren Kunden abrupt zu verschlechtern.

Anders bei den Großbanken, die intensiv im internationalen Refinanzierungskreislauf eingebunden und dadurch von ihm abhängig waren: sie sahen sich gezwungen, überall dort, wo es keine verbindlichen Verträge gab, Kreditlinien an Unternehmenskunden zu kürzen. Die Unternehmen wiederum fuhren ihre Investitionsvorhaben zurück, soweit sie noch zu stoppen waren, was einen sofortigen Einbruch bei der Nachfrage nach Investitionsgütern und im gesamten Business-to-business-Geschäftsverkehr zur Folge hatte.

Bis heute gibt es die Tendenz, das Auftreten eines „Credit Crunch", also einer starken Kreditverknappung, zu leugnen. In der Realität kam es im Gefolge der Krise jedoch zu beträchtlichen Einschränkungen der

---

[18] Die Ausstattung einer Bank mit Eigenmitteln (Eigenkapital + Rücklagen + Gewinnvortrag) wird auch als Solvabilität (solvency) bezeichnet.

Spielräume von Unternehmen. Unbestritten ist hingegen die durchgängige Verteuerung der Ausleihungen durch erhöhte Risikospannen. Parallel dazu führten die Einbrüche in vielen privaten Vermögensbeständen durch Kursverluste und echte Ausfälle zu starken Rückgängen des privaten Konsums. Dazu kam eine wachsende Unsicherheit der Konsumenten über das Schicksal des Bankensystems und die Sicherheit ihrer Einlagen.

Zwei Quartale im Blindflug

Die Kombination aus Kreditverknappungen durch die Banken und nachfolgende Liquiditätsprobleme in den Unternehmen mussten in kürzester Zeit zu starken Einbrüchen in den Auftragsbüchern führen. Wer konnte, baute zunächst seine Lager ab, bevor er neue Bestellungen aufgab. Und wer nicht unbedingt zu einer Neuanschaffung gezwungen war, entschloss sich zum Aufschub. Als Konsequenz davon war ein massiver Einbruch bei der Bestellung von Investitionsgütern unvermeidbar, während der private Konsum trotz Krisenstimmung erstaunlich stabil blieb.

Erschwert wurde die Situation durch die krisenbedingt ebenfalls restriktivere Politik der Kreditversicherer. Die Unsicherheit über die kommende Entwicklung führte zum äußerst restriktiven Umgang mit Garantien, was bei ohnehin stark geschwächtem Geschäftsgang noch zusätzliche Umsatzrückgänge mit sich brachte.

Die beiden auf den 15. September folgenden Geschäftsquartale glichen für viele Unternehmen einem Blindflug. Die Auftragsrückgänge erreichten in manchen Branchen 60 Prozent und mehr – eine Größenordnung, die sich jeder Planbarkeit entzieht. Seriöse Abschätzungen der Frage, ob die Rezession in eine Depression münden würde oder ob es nach einer Schockphase wieder zur raschen Erholung kommen würde, waren geradezu unmöglich. Erst ab März 2009 zeigten sich wieder Zeichen einer Erholung, die erfreulicherweise rasch an Tempo gewann.

Die renommiertesten Wirtschaftsforschungsinstitute revidierten ihre Prognosen im monatlichen Abstand. Gerade zu jenem Zeitpunkt, in dem die Unternehmen ihre Jahresplanungen zu verabschieden hatten, war die Unsicherheit über die nächste Zukunft am größten. Das österreichische Wirtschaftsforschungsinstitut WIFO hatte zu Anfang September 2008 für das darauffolgende Jahr noch ein Wachstum von 0,5 Prozent prognostiziert. Nach dem Lehman-Schock vom 15. September 2008 mussten die Prognosen schon sechs Wochen später auf −5,0 % nach unten korrigiert werden.

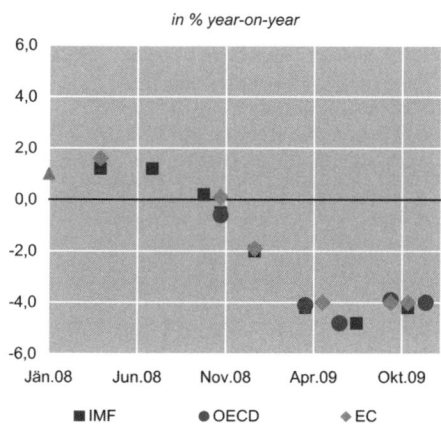

Abb. 5: Veränderungen der Wachstumsprognosen im Euro-Raum für 2009 für die kommenden zwölf Monate im Verlauf der Finanzkrise (Währungsfonds/IMF, OECD, Europäische Kommission/EC)

Bemerkenswert ist, dass trotz der massiven Einbrüche die damals prophezeite Welle an Unternehmensinsolvenzen deutlich weniger heftig ausfiel als erwartet. Einerseits kam es zu großvolumigen Kreditausfällen und entsprechend hohen Wertberichtigungen in den Bankbilanzen. Andererseits erwiesen sich jedoch über die Krise hinweg in einer großen Zahl von Fällen die Banken-Kunden-Beziehungen als erstaunlich tragfähig. Die Banken nahmen zwar eingetretene Wertberichtigungserfordernisse zur Kenntnis – sie setzten aber auch darauf, dass die eingetretene Sondersituation nicht ewig andauern würde. Unter dieser Annahme rechneten sie damit, dass in der Substanz gesunde Unternehmen wieder zu ihrer früheren Profitabilität und Kreditwürdigkeit zurückfinden würden.

Am Beginn des zweiten Quartals 2009 zeigte sich erstmals eine echte „Bodenbildung". Der Abwärtstrend war gestoppt, die Bestellungen nahmen wieder zu. Gegen den Sommer zu kam es zu Wiedereinstellungen vieler Arbeitskräfte und zur schrittweisen Beendigung von Kurzarbeit. Das Schlimmste war überstanden – der Blick konnte wieder nach vorne gerichtet werden. Dennoch werden die Spuren der Finanzkrise auf den Arbeitsmärkten noch für viele Jahre erkennbar sein – mit großen Unterschieden zwischen einzelnen Ländern.

Abb. 6: Kapazitätsauslastung in der US-Industrie und Entwicklung der Arbeitslosigkeit 2000–2010

Schockwellen in ärmeren Ländern

Der Nachfrageeinbruch bei Konsum- und Investitionsgütern wie Dienstleistungen konnte auch an jenen Regionen nicht vorbeigehen, deren Bankensysteme von der Finanzkrise zunächst verschont geblieben waren. Im industrialisierten Europa traf es die ost- und südeuropäischen Nachbarn, auf globaler Ebene litten vor allem die starken Zulieferländer Asiens.

An ihrer Peripherie erreichten die Schockwellen schließlich auch die schwächsten und anfälligsten unter den „Emerging Markets". Länder, in denen der marktwirtschaftliche Aufbruch gerade erst auf Beschäftigung und Verminderung der Armut hoffen ließ, fielen mit einem Mal wieder zurück. Die Investitionsbereitschaft der reichen Industriestaaten in den ärmeren Ländern sank gegen null.

Auch der Absturz der Rohstoffpreise traf viele der aufstrebenden Volkswirtschaften unter den „Emerging Markets" hart. Dazu kam, dass die steigende Arbeitslosigkeit in den reicheren Ländern oft ausgerechnet jene Gastarbeiter traf, die mit Zahlungen an ihre daheimgebliebenen Verwandten die Entwicklung ihrer Heimatländer unterstützten. Auf diese Weise wurden Regionen, die gerade erst dabei waren, den Anschluss an die Standards entwickelter Industriestaaten zu finden, wieder um Jahre zurückgeworfen. Ausgenommen blieben die beiden asiatischen Aufsteiger China und Indien – ihr Bankensystem war von der Finanzkrise weitgehend unberührt geblieben.

Für die Weltwirtschaft als Ganze kündigte sich eine Zeitenwende an: die exzessive Ausweitung des weltweiten Kreditvolumens war nun keine Stütze der Realwirtschaft mehr, eine lange Periode steigenden Wachstums, höherer Profitabilität und unlimitierter Marktfreiheit war zu Ende. Auf den Plan trat ein Spieler, der schon lange nicht mehr am Feld mitgespielt hatte: der Staat.

Rettungspakete und die Krise der Staatshaushalte

Lange Zeit hindurch hatte gegolten, dass sich der Staat nach Möglichkeit aus allen Eingriffen ins Wirtschaftsgeschehen heraushalten sollte. Die Finanzmarktkrise zwang nun ganz unvermittelt den Staat in Rollen zurück, die er so schon lange nicht mehr oder gar noch nie wahrgenommen hatte.

Die erste Front der Intervention betraf die Stabilisierung der Finanzmärkte. Als diese von den Notenbanken allein nicht mehr beherrschbar war, musste die öffentliche Hand in mehrfacher Weise einspringen: als Kapitalgeber für Banken, die ihr Eigenkapital verloren hatten und am Finanzmarkt keine neuen Mittel auftreiben konnten; als Garantiegeber für die Begebung von Bankanleihen; und als Garant für die Anleger, die ohne diesen Rückhalt beim Staat ihr Geld von Banken, denen sie misstrauten, abgezogen hätten.

Verlorengegangenes Vertrauen ins Finanzsystem wurde also – zumindest für eine Übergangsphase bis zur Stabilisierung der Finanzmärkte – durch Vertrauen in den Staat ersetzt. Diese Vertrauensleihe konnte in manchen Ländern, ohne dass hohe Kosten entstanden waren, wieder zurückgefahren werden, nachdem sie den Zweck der Beruhigung erfüllt hatten. In einigen Ländern jedoch führte die Bankenstabilisierung zu echten, unwiderruflich auszubuchenden Zusatzkosten mit beträchtlicher Haushaltswirkung. Neben Island mit seinen abgestürzten Großbanken ist das vor allem in Irland überdeutlich erkennbar, dessen außer Kontrolle geratenes Bankensystem sogar zum Auslöser einer Krise der europäischen Währung wurde.

Den weltweiten Gesamtrahmen für Bankenrettungsprogramme bis heute setzt Ökonom Hans-Werner Sinn bei etwa 5 Billionen Euro an. Wie viel davon als endgültiger Schaden auch budgetwirksam wird, lässt sich noch nicht endgültig abschätzen.[19]

---

[19] Hans-Werner Sinn, „Gazellen und Schildkröten", Kommentar in der Presse vom 9. September 2010.

Krisenintervention nach europäischen Spielregeln

Der finanzwirtschaftlichen Stabilisierung folgte unverzüglich die Herausforderung, auch der Realwirtschaft staatlicherseits beizuspringen. Die einbrechende Nachfrage mit von Monat zu Monat pessimistischeren Einschätzungen verstärkte den Druck auf die öffentliche Hand, auch hier Krisenintervention zu betreiben. Die von vielen befürchtete Deflation – eine zu langjähriger Rezession führende Abwärtsspirale der Preise – musste verhindert werden.

In Deutschland erhitzte sich das Thema exemplarisch an der Debatte um die nach langem Widerstreit schließlich im Sommer 2010 abgeblasene Rettung von Opel. Das Hauptproblem bei jeglichem Versuch, einzelne Unternehmen vor den ärgsten Krisenfolgen zu bewahren, war die Tatsache, dass es eine diskriminierungsfreie Rettung einzelner Unternehmen nicht geben konnte.

Die Europäische Wettbewerbskommission spielte in der Phase der hektischen Rufe nach dem staatlichen Retter eine sehr wesentliche disziplinierende Rolle. Ein Auseinanderdriften der europäischen Einzelinteressen und eine in der Folge wohl unvermeidbare Gefährdung des europäischen Binnenmarktes konnte durch den Respekt vor gemeinsamen Wettbewerbsregeln jedenfalls so lange verhindert werden, bis die anziehende Konjunktur ab dem Frühsommer 2010 das Problem wieder entschärfte. Aus ebendiesem Grund blieben bedeutsamere Übernahmen von gefährdeten Unternehmen durch die europäischen Staaten weitgehend aus.

Anstelle fallbezogener Interventionen wurden hingegen großflächig die klassischen staatlichen Instrumente zur Konjunkturstützung und Arbeitsmarktförderung eingesetzt: umfangreiche, vor allem die Infrastruktur betreffende Investitionsprogramme – meist in Verbindung mit dem Vorziehen schon länger geplanter Vorhaben, vor allem aber auch arbeitsmarktpolitische Instrumente, wie etwa die Förderung von Kurzarbeit als Überbrückungsmaßnahme.

Grenzen der Verschuldung

Die mit den Konjunkturpaketen eingegangenen Verpflichtungen belasteten Staatshaushalte, die durch krisenbedingt rückgängige Steuereinnahmen ohnehin schon geschwächt waren. In der Kombination von einnahmen- und ausgabenseitigen Sonderbelastungen kam es zu vorher nie gekannten Niveaus der Staatsverschuldung. Die Krise war endgültig in den Staatshaushalten angekommen.

Das wahre Bild zeigte sich erstmals im Verlauf des Jahres 2010 und in den Ausblicken auf kommende Budgetperioden.

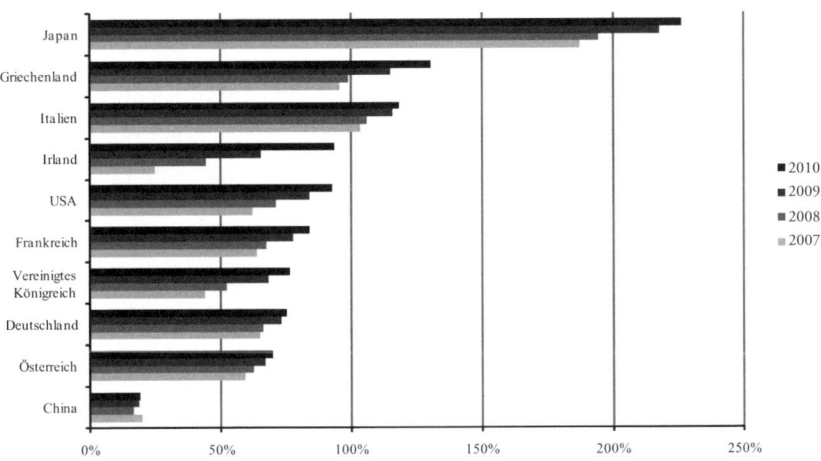

Abb. 7: Staatsverschuldung im globalen Vergleich (in % des BIP) 2007–2010

Nicht zufällig sind jene Länder besonders exponiert, deren Bankensysteme in hohem Maße von der Krise betroffen waren. Besonders einschneidend fällt die strukturelle Verschlechterung der Verschuldungslage daher auch in den USA und in Großbritannien aus. In beiden

Ländern zeigt sich überdies, dass die jahrelange Überbetonung des Stellenwertes finanzwirtschaftlicher Wertschöpfung zu einer Schwächung der industriell-produktiven Basis geführt hat. Im Unterschied etwa zu Deutschland und Österreich, wo der Anteil der industriellen Wertschöpfung an der gesamten Wirtschaftsleistung noch bei deutlich über 20 Prozent liegt, gibt es dadurch nur sehr eingeschränkte Möglichkeiten einer Erholung auf realwirtschaftlicher Grundlage.

Im ersten Halbjahr 2010 erhielt das Problem mit der Griechenland-Krise eine zusätzliche Dimension. Das Eingeständnis von Ministerpräsident Papandreou, es habe jahrelang schon keine korrekten Meldungen mehr über den wahren Verbindlichkeitenstand seines Landes gegeben, lenkte mit einem Mal den Blick auf die mittlerweile auch in anderen Teilen Europas zugespitzte Schuldensituation. Länder wie Spanien, Portugal und Irland wurden eilfertig mit Griechenland zu einer „PIGS"-Zone gefährdeter Staaten erklärt. Als erkennbar wurde, dass Italien, vor allem aber England in seinen Eckdaten den problematischsten Ländern kaum nachstand, begann man die Sachlage wieder nüchterner zu sehen.

Nach einigen Wochen der Spekulation über ein mögliches Auseinanderbrechen der Euro-Zone und einen drohenden Staatsbankrott Griechenlands wurde Anfang Mai 2010 ein neuer europäischer Rettungsschirm im Gesamtumfang von 700 Mrd Euro aufgespannt. Diesmal galt er nicht dem Finanzsystem, sondern dem europäischen Währungssystem. In den USA, wo man gegenüber dem Euro als potentieller Konkurrenzwährung immer schon misstrauisch war, beobachtete man die europäischen Stabilisierungsübungen mit Skepsis.

US-Finanzminister Geithner forderte von Deutschland, das einen entschiedenen Konsolidierungskurs eingeschlagen hatte, um seine Rolle als innereuropäischer Stabilitätsanker zu festigen, unverhohlen die Bereitschaft zu neuen Konjunkturprogrammen und höherer Verschuldung. Publizistisch verstärkt wurden seine Forderungen von heftigen Appellen Paul Krugmans, der seine Autorität als Nobelpreisträger einsetzte, um für exzessive Verschuldung als Allround-Konzept gegen die Krise zu werben. Mittlerweile hat sich entgegen dieser spezifischen Form von Trivial-Keynesianismus die Einsicht durchgesetzt, dass noch so hohe Ausgabenprogramme nicht ausreichen würden, um die von der Finanzkrise verursachten Schäden auszugleichen. Schon von daher dürfen die Grenzen der Verschuldung nicht einfach ignoriert werden. Die Gefahren einer durch Ausdehnung der Defizite bedingten Höherbelastung der Zukunft werden mittlerweile erkannt, der Ruf nach Budget-Konsolidierung wird nicht mehr als Schritt zum vorzeitigen Abwürgen der Konjunktur gesehen.

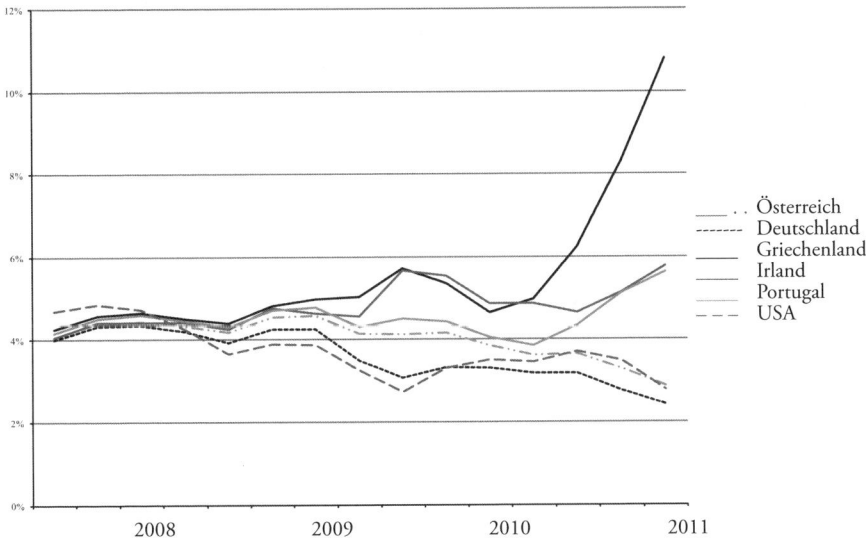

Abb. 8: Netto-Neuverschuldung in % des BIP 2007–2010

Auch die Reaktion der Anleger auf den Finanzmärkten hat gezeigt, dass das Vertrauen in die Stabilität des Geld- und Währungssystems durch

Budgetsanierungsprogramme verlässlicher gestärkt wird als durch Konjunkturstützungsprogramme, die zu weiterer Neuverschuldung führen. Dass die weitere konjunkturelle Entwicklung durch die unabdingbare ausgaben- wie einnahmenseitige Sanierung unbestreitbar wohl auf Jahre hinaus belastet sein wird, ist jedenfalls eine Konsequenz der Finanzkrise und nicht etwa zögerlicher Budgetpolitik.

Wenn der Schutzschirm zu klein würde

Die fatale Dynamik der Finanzmarktkrise stellt die Budgetverantwortlichen vor immer neue brisante Situationen. Sie beschreiten eine ökonomische Terra incognita, in der die vertrauten Landkarten keine Orientierung mehr geben. So warf etwa die Irland-Krise im Herbst 2010 wieder ein Problem neuer Dimension auf, als die Forderung insbesondere der deutschen Politik, spätestens ab 2013 wären private Schuldner an Ausfällen von Anleihen überschuldeter Länder zu beteiligen, zu erneuten Erschütterungen des Euro-Systems führte. Noch ist nicht absehbar, ob eine Vergrößerung des für Griechenland gespannten Schutzschirmes genügen wird – stellt sich doch mit Portugal bereits das nächste schutzsuchende Land darunter.

Sollte die Abschirmung scheitern, bliebe nur der Weg in eine Spaltung der Euro-Zone oder in eine Flucht nach vorne in Richtung eines geld- und fiskalpolitischen vereinten Europa. Das aber würde nichts anderes bedeuten als das Bekenntnis zu Solidarhaftungen mit schwachen Ländern und damit eine Umkehr jenes gegenseitige Stützungen ausschließenden „No-bail-out"-Prinzips, das am Beginn der Schaffung der Gemeinschaftswährung stand. Es ist wenig wahrscheinlich, dass die für eine solche fundamentale Änderung der Euro-Spielregeln erforderliche Neuerung der EU-Verfassung die Zustimmung der europäischen Bürger bekäme.

Für den Abbau der Verschuldung gibt es kein Patentrezept

Nicht wenige der Rezepte, die den Budgetverantwortlichen zur Bekämpfung des Problems anempfohlen werden, sind pure Illusion. Am beliebtesten ist die Mär, durch gezieltes Zulassen einer etwas höheren Inflation – beispielsweise von vier statt wie bisher zwei Prozent – könnte man Staatsschulden früher loswerden. Solche Denkmodelle sind Ausdruck einer von der Wirklichkeit längst überholten ökonomischen Allmachts-Phantasie.

Freilich könnte es sehr wohl zu ungesteuerter Inflation kommen – und das aus bisher unbekannter Richtung. Denn bei schwachem Wachstum geht die Bedrohung nicht von einer klassischen Preisinflation aus. Viel gefährlicher ist die Schuldeninflation als direkte und indirekte Folge der Finanzmarktkrise. Bei sinkenden Steuereinnahmen und höheren Sozialkosten wird sie durch rigorose Sparprogramme noch verschärft.

Umso wichtiger ist, dass zum einen jene Ausgabenbereiche ungekürzt bleiben, die – wie etwa das Arbeitslosengeld oder die Unterstützung von Kurzarbeit – als „automatische Stabilisatoren" der Konjunktur und damit des Budgets wirken. Zum anderen wären Investitionen in künftige Wertschöpfung – insbesondere im Bildungs- und Forschungsbereich – nach Möglichkeit deutlich zu verstärken.

Die richtige Dosierung der budgetären Bremswirkung ist deshalb eine Aufgabe im höchsten Schwierigkeitsgrad: eine Vollbremsung wäre mit den gleichen Verletzungsgefahren verbunden wie eine weitere Beschleunigung der Schuldendynamik.

All jene Staaten und Weltregionen, die weniger Sanierungsbedarf haben, weil ihr Finanzsystem davor nicht entgleist war, gehen aus dieser Situation jedenfalls mit einem wesentlich leichteren Rucksack in die Zukunft und können daraus handfeste wettbewerbspolitische Vorteile ziehen. Im globalen Kräftemessen gilt dies als einer der Hauptvorteile der rapide aufstrebenden Wirtschaftsräume China und Indien gegenüber den USA und Europa.[20]

Nach Schätzungen des Internationalen Währungsfonds (IWF) liegt die reale Wirtschaftsleistung der Industrieländer 2010 immer noch unter dem Niveau von 2007, in den Schwellenländern hingegen um immerhin 16 Prozent darüber. Während die hochentwickelten Länder mit schwacher Konsumneigung und hohen staatlichen Schulden kämpfen, entwickeln sich die Schwellenländer ohne unmittelbare Folgelasten der Finanzmarktkrise weiter.

---

[20] Der österreichische Industrielle Dionys Lehner schätzt, dass die Finanzkrise den Weg Chinas zur führenden Wirtschaftsmacht um sechs bis acht Jahre verkürzt hat. Vgl. „Exzesse muss man drosseln", Interview in den Salzburger Nachrichten vom 02.08.2010.

Finanzierungskulturen im Konflikt: Die systemischen Ursachen der Krise

Als im September 2010 Ökonomen aus den sogenannten Schwellenländern einer Zuhörerschaft von Unternehmern und Managern in einem noblen deutschen Seminarhotel ihre Sicht über die Finanzkrise und deren Folgen ausbreiteten, machte sich bald betretene Nachdenklichkeit breit. Nasser Saidi, Chefökonom jener Behörde, die das Finanzzentrum Dubai steuert, früherer Wirtschaftsminister des Libanon und Berater des Internationalen Währungsfonds (IWF), hatte soeben eine drastische historische Analogie bemüht. Wörtlich meinte er: „1956 brachte die Suez-Krise das Ende des britischen Empire, 1989 der Fall der Berliner Mauer das Ende der Sowjetunion und 2008 die Finanzkrise das Ende des amerikanischen Finanzimperiums."[21]

Man muss nicht die Außensicht eines dem arabischen Raum verbundenen Ökonomen bemühen, um nüchtern festzustellen, worin der wahre Kern dieser Aussage liegt: nämlich in der Tatsache, dass die Auswirkungen dieser Finanzkrise nicht nur von wirtschaftsgeschichtlicher Bedeutung sind, sondern auch die strategische Position der betroffenen Staaten grundlegend verändert haben.

Der Begriff „Schwellenländer" bekommt damit plötzlich eine zweite, ganz andere Bedeutung: nämlich als Bezeichnung jener Länder, die mit der Finanzkrise die Schwelle zum wirtschaftlichen Abschwung

---

[21] Vgl. Bericht im Handelsblatt vom 09.09.2010, S 13.

oder zumindest zu einer langen Phase der Stagnation überschritten haben.

Zu diesen Ländern gehören zweifellos auch einige der europäischen Staaten. Ich stelle mir seit langem die Frage, ob sie auch dann in dieser Position wären, wenn sie ihren eigenen Finanzierungstraditionen treu geblieben wären und der Versuchung widerstanden hätten, die angloamerikanischen Finanzmarkt-Spielregeln zu übernehmen.

Damit soll nicht der hohe Eigenanteil der verschuldeten Staaten an ihrer Situation geleugnet werden. Zweifellos wäre die budgetäre Situation auch ohne die Finanzkrise in einigen Ländern prekär geworden. Die sprunghafte strukturelle Verschlechterung wäre aber wohl ausgeblieben – und damit die schlagartige Weiterung zu einem virulenten Problem der gesamten Euro-Zone.

In dieser Krise haben sich die jahrelang verdrängten Spannungen zwischen den bankenorientierten, am Vorsichtsprinzip ausgerichteten Finanzierungstraditionen Kontinentaleuropas und der kapitalmarktorientierten, am Shareholder Value ausgerichteten Spielregeln des angloamerikanischen Raumes entladen: ein ganz anderer „Clash of Cultures" als der von Samuel Huntington beschworene Konflikt zwischen der aufgeklärt-westlichen mit der islamischen Kultur. Es lohnt sich, einen näheren Blick auf die Bauprinzipien der einander so spannungsreich begegnenden Finanzmarktarchitekturen zu werfen.

USA–Europa: Der andere „Clash of Cultures"

Europas Finanzsystem beruht traditionellerweise auf einer engen Verflechtung von Realwirtschaft und Banken. Die Bilanzen der Banken spiegeln die gesamtwirtschaftliche Dynamik wider, sie erfüllen als Dienstleister von Anlegern/Sparern und Kreditnehmern/Unternehmen ihre Kernaufgabe der Transformation von Risiken und Fristen. Stark vereinfacht gesagt: Banken nehmen Spargelder mit unterschiedlicher

Veranlagungsdauer herein und machen daraus im Weg der Bündelung von Volumina sowie der Transformation von Fristen und Risiken Kredite für Unternehmen und Haushalte.

Im Gegensatz dazu ist das angloamerikanische Bankensystem immer schon stärker an Kapitalmärkten orientiert. Die Intermediation, wie die Umwandlung von Anlegergeldern in Ausleihungen auch genannt wird, spielt sich dort außerhalb der Bilanz von Banken über die Instrumente des Kapitalmarktes ab. Kapitalmarktprodukte wie Aktien und Anleihen werden von Anlegern gezeichnet, die aufgebrachten Gelder stehen den Begebern der Papiere (Emittenten) in unterschiedlichen Qualitäten und Laufzeiten zur Verfügung. Die damit befassten Investmentbanken sehen sich in der Regel im Unterschied zu traditionellen Geschäftsbanken weniger als Partner der Realwirtschaft denn als Spieler auf den Kapitalmärkten mit strikt finanzwirtschaftlich orientierten Unternehmenszielen.

Weil kontinentaleuropäische Finanzierungssysteme im Wesentlichen bankorientiert sind, enthält die aggregierte Bilanz einer fiktiven „Bank Europa" auf ihrer Aktivseite mehr als 70 % der Ausleihungen in Form von Krediten, während die vergleichbare Größenordnung der „Bank USA" nur weniger als 40 % beträgt.

Der so unbestreitbare wie unverzichtbare Vorteil kapitalmarktorientierter Systeme liegt darin, dass sie Unternehmen bei der Aufbringung von Eigenkapital etwa über Aktienemissionen unterstützen können. In Kombination mit vorbörslichen Risiko-Kapitalmärkten für Venture Capital und Private Equity bietet das die Gewähr für eine ausreichende Versorgung der Unternehmen mit Expansionskapital. Es gibt eine Fülle empirischer Evidenz dafür, dass aus ebendiesem Grund Standorte mit funktionierenden Kapitalmärkten gründungs- und innovationsfreundlicher sind und daher auch eine weitaus größere Arbeitsmarktdynamik aufweisen.

Funktionierende Kapitalmärkte sind für die Mobilisierung von Risikokapital aber auch deshalb unentbehrlich, weil immer kürzer werdende Technologiezyklen einen hohen Druck in Richtung Forschungsintensität und rascher Marktdurchdringung auslösen. Darüber hinaus führt die weltweite Öffnung neuer Märkte zu vermehrten Investitionserfordernissen an neuen Standorten.

Die Gefahren ungezügelter Deregulierung

Zweifellos begünstigte der Blick auf die Vorzüge einer zunehmenden Konvergenz bank- und kapitalmarktorientierter Finanzierungsformen die weltweite Liberalisierung der Finanzmärkte. Gleichzeitig aber lenkte er von der Wahrnehmung möglicher Risiken einer ungezügelten Deregulierung ab. Man glaubte an die Vorteile der Kapitalmärkte nur dann heranzukommen, wenn zugleich das Dogma der allzeitigen Markteffizienz und der grundsätzlichen Kontraproduktivität ordnender Eingriffe in die Rahmenbedingungen uneingeschränkt akzeptiert würde.

Europas Finanzwirtschaft und Wirtschaftspolitik übernahmen den angloamerikanischen Ansatz weitgehend kritiklos. Bedenken gegenüber möglicherweise kontraproduktiven Effekten einer planlosen Vermischung der kontrastierenden Finanzierungskulturen kamen nicht auf. Geradezu euphorisch wurde jeder Schritt in Richtung „Entfesselung" von lästigen Regeln begrüßt.

- Man verzichtete auf Regulierungen für neue Produktkategorien wie synthetische Wertpapiere und Derivate.
- Das dem Gläubigerschutz und dem Vorsichtsprinzip verpflichtete traditionelle Bilanzierungssystem wurde durch internationale Bilanzierungsregeln (IFRS) ersetzt, in denen alle Vermögenspositionen schwankenden Marktwerten unterworfen wurden. Die neue Bilanzierungsform begünstigte in guten Zeiten Wertübertreibungen und verstärkt in Zeiten der Abwärtsbewegung negative Trends massiv.

- Manager wurden nicht mehr an nachhaltigen Resultaten, sondern am Börsenkurs gemessen und nützten daher die neuen Möglichkeiten kreativer Bilanzierung bis zum Exzess.
- Während das traditionelle Bankgeschäft penibel durchleuchtet wurde, wuchs das Volumen auf den nicht regulierten Märkten der sogenannten „synthetischen" Wertpapiere ungebremst. Das Vertrauen in die von Rating-Agenturen für solche Wertpapierkonstruktionen vergebenen Bonitätsnoten war grenzenlos. Und niemand stellte die Frage, ob die Refinanzierung dieser auf kurzfristige Kapitalmarktmittel angewiesenen Sondermärkte eines Tages gefährdet sein könnte.

Mit der Insolvenz von Lehman stürzten die überhastet geplanten Neubauten einer unsoliden, an der Scheinobjektivität der Marktwerte orientierten Finanzmarkt-Architektur in sich zusammen. Das über Jahre hinweg scheinbar über die Maßen erfolgreiche Finanzsystem war durch kontraproduktive Spielregeln längst zu einer latenten Gefahr für Unternehmen und Gesellschaft geworden.

Shareholder Value über alles

Mit entscheidend für die Entgleisung des Finanzsystems war die zunehmende Dominanz des „Shareholder Value" als übergeordnetes Unternehmensziel. Dessen treibender Gedanke ist, dass nur eine nahtlose Verbindung der Entwicklung von Unternehmen mit den Interessen der Finanzinvestoren eine effiziente Allokation ökonomischer Ressourcen sicherstellt. Diese wirtschaftstheoretische Grundüberzeugung steht hinter dem Konzept einer weitgehenden Verselbständigung möglichst vollständig deregulierter Finanzmärkte.

Stellte dieser Ansatz zu Beginn noch eine willkommene Korrektur zu manchen eigentümerfeindlichen Management-Praktiken dar, wurde er im Lauf der Jahre zur Ideologie einer grundsätzlichen Überlegenheit finanzwirtschaftlicher gegenüber realwirtschaftlichen Kalkülen. Das Unternehmenssystem, die unternehmerische Wertschöpfung, wurde damit zum Objekt überwiegend kurzfristigen Finanzmarkt-Dispositionen degradiert.[22]

Der amerikanische Industrieökonom Michael Porter wies schon zu Anfang der Neunzigerjahre bei einer Analyse der strategischen Standortfaktoren der USA auf potentielle Nachteile des amerikanischen Kapitalmarktsystems hin – lange bevor die später folgenden Übertreibungen sichtbar waren. Und er erwähnte erstmals kritisch die Rolle der Pensionsfonds, deren Marktverhalten schon damals industriepolitisch problematische Auswirkungen zeigte.[23]

Die Marktmacht der Fondsmanager

Einer der zentralen Gründe für das Überhandnehmen der Shareholder-Value-Ideologie ist das säkulare Bedeutungswachstum von institutionellen Anlegern wie Pensionsfonds und Vermögensverwaltungen und Hedgefonds. Die für die Disposition bedeutsamer Vermögensmassen verantwortlichen Professionals des Asset Managements sind längst zu einem nicht nur ergänzenden, sondern bei vielen Unternehmen sogar übermächtigen Faktor geworden. Sie verdrängen in ihrer Rolle als Vermögensmanager die klassischen Teilnehmer der Kapitalmärkte und haben die Rolle der Spielmacher überall dort übernommen, wo nicht strategische Mehrheitseigentümer das Geschehen bestimmen. Investment-Banken, die sich auf das Zerlegen und Zusammenbauen von Unternehmen verstehen und damit ihr Geld machen, sind ihre wichtigs-

---

[22] Vgl. Rudolf Wimmer, Aufstieg und Fall des Shareholder Value Konzeptes, in: Organisationsentwicklung Heft 4, S 70–83.
[23] Michael E. Porter, The Competitive Advantage of Nations, London 1990.

ten Berater. Gemeinsam beeinflussen sie massiv die Positionierung von Unternehmen und deren Zugang zu den Kapitalmarktquellen.

Allein in den USA wiesen Fonds seit 1975 bis zum Ausbruch der Finanzkrise regelmäßig ein jährliches Volumenswachstum von mehr als 20 % auf. Bereits ab 1997 übertraf ihr Gesamtvolumen die kumulierte Summe aller amerikanischen Bankbilanzen. Auch in Europa zeigen Fonds durch den Wegfall der Währungsbarrieren und die Neuordnung der Pensionssysteme ein überproportionales Wachstum.

Fondsmanager unterliegen einem extremen Performancedruck – und sie haben sich in Zeiten des Booms als höchst anfällig für verhaltensorientierte Veranlagungsstrategien erwiesen. Die Dispositionen der großen, anonym disponierten Vermögen richten sich vielfach nicht mehr nach fundamentalen Wertannahmen, sondern nach Verhaltens- und Prognosemodellen der Aktivitäten von Mitbewerbern. George Soros nennt diesen Zusammenhang die „Reflexivität" der Finanzmärkte. Die noch junge Wissenschaft der „Behavioral Finance" befasst sich mit dieser und verwandten Verhaltensweisen, die erst langsam von der ökonomischen Theorie wahrgenommen werden.

Zwei Arten von Liberalisierung

So willkommen und notwendig die Ergänzung des traditionell bankorientierten Finanzierungssystems durch ein effizientes Kapitalmarktsystem ist, als so gefährlich hat sich die einseitige, systemische Risiken ausklammernde Vollliberalisierung erwiesen. Dass bewährte Kapitalmarktpraktiken seit Mitte der Neunzigerjahre durch immer exzentrischere Spielregeln ausgehöhlt wurden, hat ein System begünstigt, das der renommierte deutsche Nationalökonom Hans-Werner Sinn in Anlehnung an den großen englischen Ökonomen John Maynard Keynes mit dem wenig schmeichelhaften Begriff „Casinokapitalismus" beschreibt.

Ausgerechnet George Soros, als einer der erfolgreichsten und wohl auch berechnendsten Spieler auf der Klaviatur spekulativer Finanzmarktprodukte, warnte als einer der Ersten vor übertriebener Liberalisierung und vor dem Verzicht auf einen strengen Ordnungsrahmen einer globalisierten Finanzwelt. Schon 1997 argumentierte er in internationalen Medien gegen die politisch raumgreifende Ideologie perfekter Finanzmärkte, die vermeintlich am besten funktionieren, wenn sie so wenig wie möglich reguliert werden. Als Mitspieler wusste er besser als alle marktorthodoxen Ökonomen, wie instabil sich Finanzmärkte aufgrund schwankender Erwartungen entwickeln konnten.[24]

Soros gelang es jedoch bis heute nicht, mit seiner Argumentation den wissenschaftlichen und von allen wesentlichen Finanzinstitutionen geteilten Konsens zu durchbrechen, dass Finanzmärkte umso leistungsfähiger seien, je mehr sich die Regulierung zurückhält.

Eine Studie von jungen, der EZB nahestehenden Ökonomen[25] bringt den empirischen Nachweis für einen fatalen Zusammenhang zwischen Überliberalisierung und Krisenanfälligkeit: am stärksten stürzten in der Krise jene Länder ab, denen internationale Vergleichsstudien in den Jahren davor die besten Noten für weitestgehende Liberalisierung bescheinigt hatten.[26]

Offensichtlich ist es an der Zeit, in Sachen Liberalisierung zwischen den Ansprüchen der Welt der realen Wertschöpfung und der Finanzwelt grundlegend zu unterscheiden. Denn was für die Realwirtschaft unbestritten nützlich und produktivitätssteigernd ist, kann in der Finanzwirtschaft zu systemgefährdenden Verwerfungen führen.

---

[24] Vgl. George Soros, Das Ende der Finanzmärkte und ihre Zukunft, München 2008.
[25] Michele Lenza, Domenico Giannone, Lucrezia Reichlin, Market freedom and the global recession, preliminary draft; www.imf.org/external/np/res/seminars/.../giannone.pdf.
[26] Das kanadische Fraser-Institut veröffentlicht jährlich einen Liberalisierungsindex.

Vom Vorsichtsprinzip zur kapitalmarktorientierten Bilanzierung

In der Geschichte der Finanzkrisen spielte der Wiener Börsenkrach im Jahr 1873 eine wichtige Rolle. Der Bauboom rund um die Errichtung der Ringstraße 1866 und die Vorbereitungen für die Weltausstellung ließen die Spekulation in Bankaktien, Eisenbahngesellschaften und Immobilien blühen. Die Zahl der Börsenhändler vervierfachte sich in diesem Zeitraum, die Anzahl der gehandelten Industriewerte stieg von vier auf über 201, jene der Bankaktien von acht auf 124.[27] Auch damals kam es vor dem Zusammenbruch zu extremen Kreditausweitungen und dem Einsatz von durch Kredite „gehebelten" Finanzinstrumenten. Die Folgen des Kurssturzes und der nachfolgenden Konjunkturkrise waren über 20 Jahre lang spürbar.

Auffällig ist, dass die Entstehung des Börsenkrachs von 1873 vor allem durch die damals geltenden kapitalmarktorientierten Bilanzierungsregeln begünstigt wurde – eine verblüffende Analogie zur aktuellen Finanzkrise. Noch nicht realisierte Wertsteigerungen konnten erfolgswirksam verbucht werden und führten zu prozyklischen Überbewertungen im Aufschwung – aber auch gegenläufigen Radikalabwertungen im Abschwung.

Die damalige Reaktion des Gesetzgebers folgte auf dem Fuß. Schon ein Jahr nach dem Börsenkrach wurden in Deutschland und Österreich die offensichtlich kontraproduktiven Bilanzierungsvorschriften dem Vorsichtsprinzip gemäß geändert. Seit damals kennt unser Bilanzsystem das Niedrigstwertprinzip und das Realisationsprinzip – was nichts anderes heißt, als dass erhöhte Vermögenswerte erst bei deren Realisierung als Wertsteigerung verbuchbar sind. Zwischenzeitliche Aufwertungen gegenüber dem Anschaffungswert sind nicht zulässig, Abwertungen hingegen müssen laufend berücksichtigt werden.

---

[27] Vgl. Artikel „Zurück in die Zukunft", Format 19/2009.

Bis heute gilt das Vorsichtsprinzip in allen mittelständischen Bilanzen gemäß Unternehmensgesetzbuch (UGB). Es dient wirksam dem Gläubigerschutz, weil es eben davor bewahrt, noch nicht verwirklichte, zeitpunktbezogene Höherbewertungen als reale Wertschöpfung auszugeben. In der ganz anderen Denkwelt der Kapitalmarktorientierung ist eine so vorsichtige Vorgangsweise nicht zulässig. Weil den Shareholdern erhöhte Werte nicht verborgen bleiben sollen, haben sich alle Unternehmen auf der Waage der Marktwerte zu messen. Und da Marktwerte in der reinen Kapitalmarkttheorie immer die wahren Werte sind, muss nach diesem Denkansatz eine Bilanz, die diese Werte widerspiegelt, der jeweiligen Wahrheit des Augenblicks am besten entsprechen. So wird aus einer reinen Rechnungslegung immer mehr eine Art von Wertberichterstattung. Diese orientiert sich nicht nur an den Erfordernissen des Kapitalmarkts, sondern folgt damit auch allen seinen Schwankungen.

Die vermeintliche Nützlichkeit der kapitalmarktorientierten Bilanzierungsregeln[28] für die Interessen der Anleger hat sich als Irrweg erwiesen. Am Ende war mit der bezweckten Transparenz und Dynamisierung weder dem Anleger noch dem Gläubiger gedient. Dennoch wird bis heute nur über kosmetische Veränderungen, nicht aber über eine grundlegende Reparatur der Regeln für IFRS-Bilanzen in der Finanzwirtschaft nachgedacht. In dieser Hinsicht haben unsere Vorfahren nach dem Platzen der Gründerzeit-Bubble wesentlich schneller gehandelt.

Bilanzstandards als Brandbeschleuniger

Jochen Sanio, Präsident der deutschen Bankaufsicht, fand schon im April 2008 – also noch vor dem von der Lehman-Pleite ausgelösten

---

[28] International Financial Reporting Standards (IFRS) sowie United States Generally Accepted Accounting Principles (US-GAAP).

Höhepunkt der Finanzkrise – deutliche Worte zu den Ursachen der damals in Deutschland durch den Fall der Düsseldorfer Industriekreditbank (IKB) bereits deutlich spürbaren Marktturbulenzen. Und er nannte den im IFRS-Bilanzsystem angewendeten Standard IAS 39[29] wörtlich einen „Brandbeschleuniger", der zur Anwendung von Zeitwerten selbst dann zwingt, wenn – wie das damals bereits der Fall war – für synthetische Wertpapiere praktisch keine Kurse mehr gestellt werden.[30]

Was im Abschwung ein Brandsatz war, wirkte im Aufschwung wie das Auftriebssystem eines Heißluftballons: Die jeweils höhere Bewertung fand sich sofort in der Bilanz und ließ deren Vermögenswert entsprechend steigen. Dementsprechend höher sah auch das Eigenkapital aus. Und es ist ebendieser Mechanismus, der es dringend erforderlich macht, in Zukunft mit einer Bankbilanz ganz anders umzugehen als mit der eines Produktions- oder Dienstleistungsunternehmens der Realwirtschaft.

Tatsächlich setzt das Bilanzierungsprinzip der Marktpreisbewertung[31] einen fatalen prozyklischen Anreiz zu spekulativen Dispositionen auf den Finanzmärkten. Es beruht auf der Annahme, jeder Vermögensbestand ließe sich jederzeit zu seinem Marktwert bewerten und dementsprechend als Bilanzposition abbilden. Vordergründig wird damit dem Erfordernis der Transparenz gegenüber den Shareholdern Rechnung getragen.

---

[29] IAS 39 ist eine der vom International Accounting Standard Board (IASB) erarbeiteten Rechnungslegungsvorschriften im Rahmen des IFRS; sie bezieht sich vor allem auf die Erfassung von Vermögenswerten und die Bewertung von Derivaten in der Bankbilanz.
[30] Jochen Sanio, „Das ist ein Brandbeschleuniger", Gespräch in der Zeit vom 10.04.2008, S 16.
[31] Die Bewertung zum „fair value" soll möglichst große Nähe zum jeweiligen Marktwert bringen. Wo es einen ausgewiesenen Marktwert gibt, weil ein Wertpapier an einer Börse notiert, wird der Wert „marked to market" in die Bilanz eingestellt. Andernfalls muss der Wert mit finanzmathematischen Bewertungsmodellen nachgebildet werden („marked to model").

In der Praxis der Bankbilanz wirkt dieser Ansatz allerdings sowohl im Aufschwung als auch im Abschwung nicht nur linear, sondern sogar progressiv verstärkend zum jeweiligen Markttrend.

Die Ursache dafür liegt in dem für Banken typischen Mechanismus der Bilanzsteuerung: Um einen stets ausreichenden Eigenkapitalsockel zu gewährleisten, wird den Banken eine Mindest-Eigenkapitalquote vorgeschrieben. Unabhängig von aktuellen Diskussionen über Qualität und künftiges Niveau dieses sogenannten „Kernkapitals" lässt sich dafür zur vereinfachten Darstellung des Problems eine Größenordnung von etwa zehn Prozent als typischer Erfahrungswert ansetzen. Mit diesem „Hebel" von zehn Prozent können die anderen 90 Prozent einer Bilanz mit Fremdmitteln gestemmt werden. In der Finanzsprache bezeichnet man das als einen „Leverage" von neun.

Der laufende Nachweis einer ausreichenden Kernkapitalquote als maßgebliche, deren Wachstum limitierende Größe einer Bank wurde zum entscheidenden Maßstab der Bonitätseinschätzung durch die Finanzmärkte. Auch die Rating-Agenturen mit ihrem bestimmenden Einfluss auf die Meinung der Gläubiger legten darauf entsprechenden Wert.

Freilich wollte man nicht zu viel Kapital vorhalten, wurde doch der Erfolg des Managements daran gemessen, ob es gelang, den „Return on Equity" (ROE) zu steigern. Das konnte aber nur funktionieren, wenn das Eigenkapital gerade hoch genug war, um den Bonitätsansprüchen der Gläubiger und der Rating-Agenturen zu entsprechen. Jeder weitere Spielraum aber musste sofort in neues, kreditfinanziertes Wachstum und damit weitere Veranlagungen umgesetzt werden.

Finanzmanager börsennotierter Banken, die aus der Sicht der Vertreter wichtiger Eigentümergruppen zu viel Eigenkapital hielten, standen vor der Wahl, dieses entweder zu einer ausreichenden Rendite zu investieren oder durch Aktienrückkäufe eine anlagerfreundliche Korrektur dieser vermeintlichen Überschüsse einzuleiten.

Der aus dem Konstanthalten der Kernkapitalquote folgende Expansionsdruck erwies sich vor dem Hintergrund der Wirkungsweise einer marktorientierten Bilanzierung als eine der wesentlichen Krisenursachen. Das inflationäre Wachstum der Bankbilanzen wurde damit dramatisch befördert.[32]

Die wundersame Geldvermehrung

Gemäß dem Prinzip der Bepreisung von Finanzvermögen nach jeweils gültigen Marktwerten treibt die verstärkte Nachfrage nach Assets im Boom die Bewertungsniveaus nach oben. Die positiven Markt(preis)erwartungen führen zu einem weiteren Anstieg der Nachfrage und beschleunigen das Auftreten von Asset Bubbles. Noch schlimmer aber ist, dass jede dieser Werterhöhungen zu – leider nur scheinbaren – Erhöhungen des Eigenkapitals führt. Dieses wird in seiner Substanz laufend ausgehöhlt, verdankt es doch seine Steigerung ausschließlich nicht realisierten Buchgewinnen.

---

[32] Der zugrunde liegende Mechanismus lässt sich einfach darstellen:
In einer fiktiven Bilanz seien auf der Aktivseite Vermögensbestände (Assets) von 100 eingestellt. Passivseitig stehen 10 Eigenmittel 90 Fremdmitteln gegenüber, die Eigenmittelquote beträgt also 10 Prozent. Anders ausgedrückt: Der Leverage (Relation Assets zu Eigenmitteln) beträgt 9. Erhöht sich nun die Marktbewertung der Assets um 1 auf 101, stehen daraus resultierend Eigenmittel von 11 Fremdmitteln von 90 gegenüber. Steuert man die Bilanz über einen konstanten Leverage von 9, so ergibt sich ein Spielraum zur Bilanzerweiterung durch Erwerb von zusätzlichen Assets bei gleichzeitiger Anhebung der Verschuldung. Bei Assets von 110 auf der Aktivseite und Schulden von nunmehr 99 ist die alte Relation und damit der angepeilte Leverage von 9 wiederhergestellt. Ein Anstieg der Marktbewertung der Assets um 1 (!) Prozent hat also genügt, um die Bilanzsumme um 10 % steigern zu können – und zwar ohne die Eigenmittel „wirklich" (etwa durch Innenfinanzierung oder Kapitalzufuhr) erhöht zu haben.
Näheres zu diesen prozyklischen Effekten siehe: T. Adrian/H. S. Shin, Liquidity and Leverage, paper prepared for the 6th BIS Annual Conference, „Financial System and Macroeconomic Resilience", June 2007.

Begleitend zur progressiven Ausweitung der Bilanzen im Boom erhöht sich mit dem Aggregat der wachsenden Bilanzen die (Buch-)Geldmenge. Mit den steigenden Marktwerten und der damit weiter in die Höhe getriebenen Investitions- und Verschuldungskapazität nimmt diese Geldmenge im Aufschwung massiv zu. Die progressiv wachsenden Buchgeld-Wertegebirge türmen sich ins Unermessliche – allerdings stets unter vermeintlicher Wahrung der auch von den Rating-Agenturen für solide eingeschätzten, unverändert „konservativen" Eigenmittel- bzw Leverage-Quoten.

Die schrittweise Einführung der neuen Bilanzierungsregeln für Banken löste eine Investitionsdynamik aus, die eine geradezu hypertrophe Zusatznachfrage nach Wertpapieren mit sich brachte. Mit der Gesetzmäßigkeit einer sich selbst erfüllenden Prophezeiung steigerten sich deren Werte und Volumina über ein ganzes Jahrzehnt. Symptomatisch dafür ist das progressive Wachstum der akkumulierten Kredite des US-Finanzsystems im Verhältnis zu jenem des Bruttosozialprodukts.

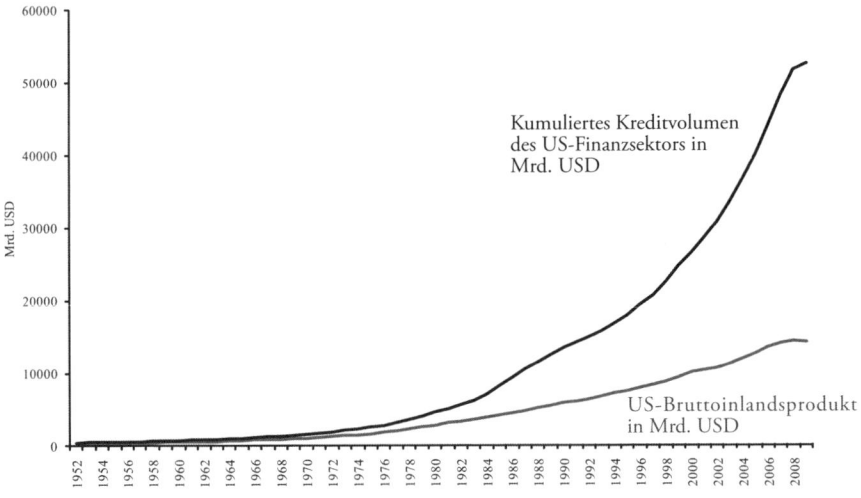

Abb. 9: *Überproportionales Wachstum des Kreditvolumens der US-Banken im Verhältnis zum BIP-Wachstum*

Niemals hätte aus der Realwirtschaft allein eine annähernd vergleichbare Dynamik entstehen können. Erst die Möglichkeit exzessiver In-sich-Geschäfte der Finanzwirtschaft schuf die Voraussetzung für eine inflationäre Vermehrung geldwerter Kreditansprüche, denen keine reale Wertschöpfung mehr zugrunde lag.

Bilanzen für den Augenblick

Selbst heute, nachdem die Folgen einer für das Finanzsystem offensichtlich kontraproduktiven Bilanzierungspraxis für jedermann sichtbar geworden sind, werden keine wirksamen bilanzierungspolitischen Reformschritte gesetzt. Im Wesentlichen beschränken sich bisher eingeleitete Korrekturen auf Versuche, die verheerenden Entwertungsspiralen im Abschwung – mit all ihren negativen Konsequenzen für progressiven Verfall des zuvor künstlich aufgeblähten Kapitals – dadurch zu entschärfen, dass die Bindung an Marktwerte vorübergehend abgeschwächt oder aufgehoben wird.

Ernsthafte Anläufe, dem Vorsichtsprinzip wieder stärker Rechnung zu tragen, sind hingegen im Sand verlaufen oder gänzlich unterblieben. Nach wie vor wird daher die sklavische Spiegelung augenblicksbezogener Marktwerte in der Bilanz dazu genützt, um das Rechenwerk vor allem nach oben zu schönen.

Ein besonders krasses Beispiel dafür ist die folgende, in den amerikanischen Bilanzierungsregeln (US-GAAP) seit 2007 zulässige Praxis: Wenn die von einer Bank begebenen Anleihen aufgrund einer gerade negativen Marktmeinung einen beispielsweise um 20 Prozent niedrigeren Kurs ausweisen, dann kann die Differenz zum Nominale, zu dessen 100%iger Rückzahlung die Bank ja nach wie vor verpflichtet ist, in der laufenden Periode als Gewinn ausgewiesen werden. In der Bilanz führt das paradoxerweise zu einer vorübergehenden Eigenkapitalsteigerung, die wiederum als Basis einer zusätzlichen Ausweitung des Kreditspielraumes dient.

Im zweiten Quartal 2010, als die Griechenland-Krise das Vertrauen in Banken sinken ließ und deren Wertpapiere entsprechend niedrigere Kurse auswiesen, stiegen die künstlichen Gewinne all jener Finanzinstitute, die diese Regel anwenden. Da diese paradoxe Technik der (Schein-)Ertragssteigerung durch Wertminderung die Gewinne erhöht, steigen auch allfällige Bonuszahlungen an das Management, ohne dass auch nur ein Dollar real verdient worden wäre.

Das Fair-Value-Konzept, also die jederzeitige Anpassung von bilanziellen Vermögenswerten (Assets) an Marktwerte, schafft insgesamt eine Fülle von Gestaltungsspielräumen, die die Interpretation einer Bankbilanz durch Außenstehende immer schwieriger machen. Längst führt die Komplexität und Interpretationsbedürftigkeit zahlloser Detailregeln dazu, dass das Vertrauen in die Aussagekraft und Verlässlichkeit von Bankbilanzen – auch im Zwischenbanken-Kapitalmarkt – laufend abnimmt.

Mitten in der Krise erkannten auch gewichtige Spieler im Finanzmarkt die damit verbundenen Gefahren. Henry Kravis etwa, legendärer Gründer des Finanzinvestors KKR,[33] nannte auf die Frage, mit welcher Maßnahme man der Krise am ehesten begegnen könnte, als entscheidende Stellschraube eine Änderung der Bilanzierungsregeln.

Die aktuellen Bilanz-Reformbemühungen in den USA gehen allerdings in eine Richtung, die eher noch zu einer weiteren Verschärfung der Marktbezogenheit und damit der Prozyklizität führen könnten. Das für die Bilanzregeln zuständige Gremium FASB schlägt nämlich vor, die Transparenz von Bankbilanzen dadurch zu erhöhen, dass in Zukunft nicht nur Anleihen, sondern auch Kredite zu Marktwerten eingestellt werden. Die Schwankungsbreite der Bilanzansätze würde damit noch weiter zunehmen – als wäre die aktuelle Belastungsprobe

---

[33] Kohlberg, Kravis & Roberts (KKR) ist einer der weltgrößten Beteiligungsfonds (Private Equity Fonds); die Übernahme des Mischkonzerns RJR Nabisco durch KKR leitete 1988 eine Welle von Unternehmensübernahmen ein.

in der Krise nicht genügend Beweis dafür gewesen, dass es ganz im Gegenteil nur darum gehen kann, Prozyklizität zu dämpfen.

Prozyklizität: Der verhängnisvolle Irrweg von Basel II

Finanzmärkte tendieren schon aus den ihnen zugrunde liegenden Gesetzmäßigkeiten zu beachtlichen Wertschwankungen. Zunehmende Volatilität[34] und immer wiederkehrende spekulative Ausuferungen in unterschiedlichen Marktbereichen sind daher typisch. Mit der Liberalisierung während der vergangenen eineinhalb Jahrzehnte haben Volumina und Anzahl der globalen Finanzmarkttransaktionen stark zugenommen. Parallel dazu stieg die Tendenz der Übertragung von Finanzmarktschwankungen in Teilmärkten auf den Gesamtmarkt.

Überall verfügbare elektronische Kommunikations- und Dispositionssysteme erleichtern die internationale Vernetzung und haben die Transferkosten für Finanzmarkttransaktionen stark gesenkt. Die neuen technischen Möglichkeiten tragen zur Ausbreitung automatisierter Programm- und Veranlagungsroutinen bei. Sie fördern aber auch die Verbreitung programmgesteuerter Dispositionen und schnelle Handelstechniken wie das „High Frequency Trading".[35]

Die Schwungmaße der eingesetzten Finanzmittel steigt mit der laufenden Zunahme von kapitalmarktorientierten Veranlagungs-, Pensions- und Versicherungssystemen ständig an. Dazu kommen opportunistische Reaktionen der Marktteilnehmer und ausgeprägtes Herdenverhalten.

---

[34] Schwankungsbreite von Wertveränderungen.
[35] High Frequency Trading ist eine der gebräuchlichen Bezeichnungen für den automatisierten Handel von Wertpapieren durch Computerprogramme; ein anderer Begriff dafür ist „Algo Trading", also der Handel gemäß (vom Computer ausgeführten) Algorithmen.

Vor dem Hintergrund all dieser Trends sollte wohl unbestritten sein, dass nach Möglichkeit Systemanreize zu vermeiden sind, die über die für Finanzmärkte typischen Grundrisiken hinaus zu vermehrter Spekulation und Marktschwankungen beitragen. Die Praxis der vergangenen Jahre ging aber in die gegenteilige Richtung: sowohl im Bereich der Bilanzierungssysteme als auch im Regulierungssystem wurden jene stark prozyklischen Wirkungen gefördert, die ursächlich zur Herausbildung der aktuellen Finanzmarktkrise beigetragen haben.

Basel II: Destabilisator des Bankensystems

Die Bank für Internationalen Zahlungsausgleich (BIZ) mit Sitz in Basel ist jener Ort, an dem Vertreter von Notenbanken der ganzen Welt im Ausschuss für Bankenaufsicht über die Regeln entscheiden, nach denen das Bankensystem der Welt funktionieren soll. Schon 1988 entstand als Reaktion auf eine Reihe von aus heutiger Sicht kleineren Finanzmarktkrisen ein erstes Konvolut von Eigenmittelvorschriften. Es sah im Kern Mindestkapitalquoten von acht Prozent für alle Ausleihungen vor.

Für die zweite, überarbeitete Ausgabe des Regelwerks, das nach langer Vorbereitungszeit 2007 unter der Bezeichnung „Basel II" in Kraft trat, nahm man sich vor, diesen Prozentsatz des Mindesteigenkapitals zu variieren. Dort, wo es um erstklassige Risiken ging, sollte in Hinkunft auch wesentlich geringeres Eigenkapital genügen.

Schon während der lange währenden Einführungsphase von Basel II wirkte etwa ab dem Jahr 2002 die Aussicht darauf, schon bald bei allen besser gerateten Risiken mit weniger Eigenmitteln unterlegen zu müssen, wie süßes Gift. Der Boom der sogenannten „synthetischen" oder „strukturierten" Wertpapiere (asset backed securities) wurde dadurch entscheidend verstärkt. Mit der Möglichkeit der „Risikogewichtung" wurde das „echte" Eigenkapital der Banken weiter ausgedünnt, es kam zu immer höherer Verschuldung der Banken und Anhäufung unüberblickbarer Buchgeld-Gebirge.

In der Krise kippte die Aufwärtsdynamik ins Gegenteil und löste eine Abwärtsspirale aus. Denn in seiner blinden Rating-Gläubigkeit und der prozyklischen Logik folgend fordert das System bei einer Rating-Verschlechterung der Kreditbestände[36] zusätzliche Eigenmittel. Da diese in einer Krisensituation kaum erhältlich waren, verknappten die Banken ihre Kreditvergaben.

Jede Verschlechterung der Lage der Realwirtschaft verstärkte in der Folge die Bewegung weiter nach unten. Während Basel I noch die Bildung von Risikoreserven erlaubte, ging es nun ohne jeden Krisenpuffer auf den Abschwung zu.

Wenn die Schwierigkeiten einer Bank nun erforderten, dass diese Wertpapiere verkaufen musste, und wenn dies die Preise der Wertpapiere sinken ließ, so sank der Wert der Aktiva bei allen Banken, die ebenfalls solche Wertpapiere hielten. Die daraus entstehenden (Buch-) Verluste gingen direkt zu Lasten des Eigenkapitals und lösten eine Kettenreaktion der Wertzerstörung aus, die nach Meinung des Beirates beim deutschen Bundeswirtschaftsministerium „wohl den wichtigsten Systemzusammenhang zwischen den Banken darstellt".[37] Kumuliert mit den ebenfalls Eigenkapital verzehrenden Ratingeffekten von Basel II ergab sich ein explosiver regulatorischer Mix, der zum Beinahe-Zusammenbruch des Systems führen musste.

Lapidar heißt es dazu im Beiratsgutachten: „Die Koppelung von *Fair-Value-Accounting* mit einer mechanisch gehandhabten Eigenmittelregulierung schädigt die Solvenz der Bank, wenn die Regulierung ein Deleveraging erzwingt, bei dem die Bank in funktionsunfähigen

---

[36] Bei einer Verschiebung der Rating-Einstufungen großer Bestände an Banken-Assets (aushaftende Kredite oder Wertpapiere) spricht man von einem „Rating Shift".
[37] Gutachten 03/10 des Wissenschaftlichen Beirates beim Bundesministerium für Wirtschaft und Technologie, „Reform von Bankenregulierung und Bankenaufsicht nach der Finanzkrise", S 13.

Märkten Anlagen zu Preisen unter den Ertragswerten verkauft" – eine Beschreibung, die dem Krisenverlauf in der Tat sehr nahe kommt.

Darin lag aber nicht der einzige Konstruktionsfehler von Basel II. Mit der Krise wurde etwa das Problem aufgedeckt, dass Ausleihungen an die meisten Staaten von jeder Eigenmittelunterlegung ausgenommen waren. Heute wissen wir, dass Länderrisiken – selbst europäischer Staaten – nicht mehr automatisch als Nullrisiken angesehen werden dürfen.

Auch ist es im Rückblick nur schwer nachvollziehbar, dass Basel II für die Übernahme von Garantien, die gemäß Bilanzierungsregeln meist außerhalb der eigentlichen Bilanz[38] angeführt wurden, keine Eigenmittelunterlegung vorschrieb, obwohl die Übernahme von Garantien kein geringeres Risiko darstellt als eine direkte Kreditgewährung.[39]

Merkwürdigerweise hält sich in Expertenkreisen die Auffassung, Basel II habe einen entscheidenden Beitrag zur Stabilisierung der Finanzmärkte geleistet. Es gibt sogar Stimmen aus dem Kreis der Vordenker dieses Regelwerkes, die behaupten, die Finanzmarktkrise hätte vermieden werden können, wäre es nur schon früher vollständig umgesetzt gewesen. Leider ist jedoch das Gegenteil der Fall: Basel II wurde zu einem maßgeblichen Krisenverstärker.

In den Worten des Beiratsgutachtens für das deutsche Bundeswirtschaftsministerium klingt das so: „Ohne den derzeit praktizierten Regulierungsansatz hätte es vermutlich viele Transaktionen gar nicht gegeben, die in der Krise als Transmissionsriemen für Dominoeffekte fungierten."[40]

---

[38] „Unter dem Strich", Erläuterung.
[39] Garantien wurden als Eventualverbindlichkeiten dem üblichen Verfahren des Ausweises „unter dem Strich" der Bilanz unterzogen.
[40] Gutachten 03/10 des Wissenschaftlichen Beirates beim Bundesministerium für Wirtschaft und Technologie, S 27.

Das süße Gift der Risikogewichtung

Vereinfacht dargestellt liegt das Problem – in Analogie zur marktwertbezogenen Bilanzierung – in der starren Verbindung regulatorischer Messzahlen zu schwankenden Bezugsgrößen. Denn obwohl die nach Ratingklassen erfolgenden Bonitätseinstufungen aller Ausleihungen einer Bank immer nur vergangenheits- oder bestenfalls augenblicksbezogen sein können, werden sie als Datum für die Festlegung der als Risikopuffer erforderlichen Eigenmittel einer Bank herangezogen.

Der technische Vorgang ist einfach: Die Aktiva der Bank werden zunächst entlang ihrer aktuellen Ratingeinstufung unterschiedlichen Risikoklassen zugeordnet. Dann erhält jede Risikoklasse ein spezifisches Risikogewicht. Den höchsten Ratingstufen entspricht das geringste Risikogewicht, was nichts anderes heißt, als dass solchen Ausleihungen entsprechend geringere Eigenmittel zugeordnet werden – oder, wie der unter Bankern gebräuchliche Terminus lautet, eben „mit weniger Eigenmitteln unterlegt" werden müssen. Die solchermaßen gewichteten Ausleihungen einer Bank[41] bestimmen dann die tatsächlichen Eigenmittelerfordernisse. Bei Ausleihungen mit den besten Ratingnoten genügten 20 Prozent der achtprozentigen Normalquote – also ganze 1,6 Prozent für eine Ausleihung von 100.

Der gewichtete Ausweis der Eigenmittel erlaubte bei an sich gleichem „echtem" Eigenkapital[42] eine Ausweitung der Bilanz immer dann, wenn die Ausleihungsvolumina in den besser gerateten Risikoklassen anstiegen. Da sich die maßgebliche Kernkapitalquote aus der Relation von bilanziellem Eigenkapital zu den risikogewichteten Aktiva errechnet, führte Basel II demnach zu einer prozyklischen Verlängerung der Bankbilanzen und nährte kräftig jene Asset-Inflation, die allein schon durch die problematischen Bilanzregeln permanent angeheizt wurde.

---

[41] Risikogewichtete Aktiva oder „Risk weighted assets" (RWA).
[42] Eigenkapital = Stammkapital + (gesetzliche und freie) Rücklagen.

Mit dem Doppelturbo ins Verderben

Bis heute wird in der Diskussion um die wirklichen Ursachen der Krise die doppelt schädliche Wirkung der beiden prozyklischen Krisentreiber verdrängt. Einerseits hielten die kapitalmarktorientierten Bilanzierungssysteme die Expansionsspirale künstlich in Schwung. Andererseits ging von Basel II ein weiterer permanenter Anreiz zu überproportionalem Wachstum aus. Der Leverage, also die Relation der Eigenmittel zu den Fremdmitteln, blieb dabei optisch immer im vorgesehenen Rahmen – sofern man das Kernkapital betrachtete. Gemessen am echten Eigenkapital jedoch stieg dieser Fremdmittelhebel im Lauf der Jahre in unglaubliche Größenordnungen.

Die der Risikogewichtung innewohnende Tendenz zur Aushöhlung des gesamten Finanzsystems wurde nicht erkannt, sondern blieb hinter der Kulisse des als ausreichend vorgewiesenen Kernkapitals verborgen. Solange eine weitgehende Stabilität der Ratings im Zeitverlauf gegeben war, konnte das Spiel ungehindert weitergehen. Auf eine abrupte, gleichzeitige Verschlechterung der Ratings auf breiter Front jedoch hatte das Regelwerk keine passende Antwort. Als zu Jahresbeginn 2007 die ersten Mahner auftraten, war es schon zu spät, um das Ruder noch herumzureißen.

Unmittelbar vor Ausbruch der Krise betrug der durchschnittliche Fremdmittelhebel europäischer Großbanken mehr als 35. Anders ausgedrückt: das „echte" Eigenkapital betrug nicht mehr als drei Prozent der Bilanzsumme. Eine Reihe von Banken, die besonders intensiv in hoch geratete, vermeintlich sichere Assets investiert hatten, wiesen jedoch noch weit höhere Relationen aus – immer unter Wahrung der regulatorisch notwendigen Kernkapitalquote.

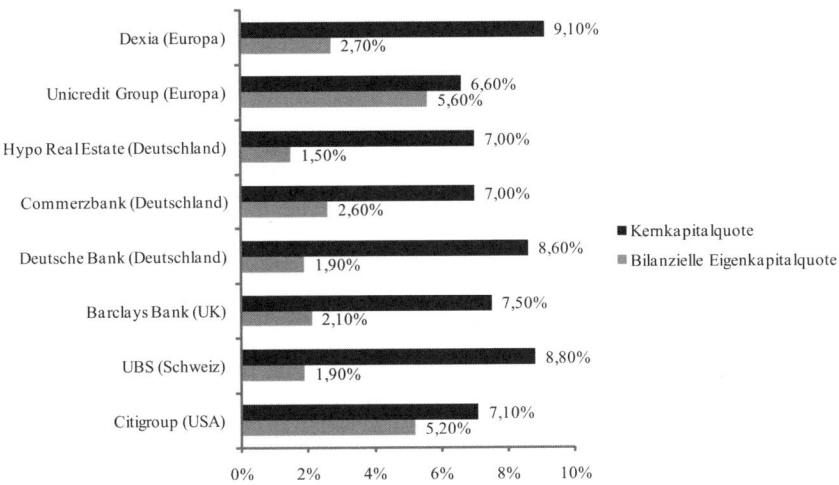

Abb. 10: Bilanziell ausgewiesenes „Kernkapital" im Verhältnis zum „echten" Eigenkapital kurz vor der Krise (Bilanz 2007)

Im Abschwung führten nun sinkende Marktwerte zu radikalen Korrekturen in den Bilanzen. Der damit verbundene Eigenkapitalverbrauch schnürte den Bewegungsspielraum der Banken sofort ein. Die daraus folgende Kreditverknappung bremste die Realwirtschaft. Zur Bilanzsanierung eingeleitete Notverkäufe von Wertpapieren („Fire Sales") führen zu weiterer Wertminderung mit entsprechendem Eigenkapitalverbrauch: ein fatales Perpetuum mobile ungebremster Schadensdynamik, das erst durch die gigantischen Bankenhilfspakete gestoppt werden konnte.

Als die vom Vertrauensschock gelähmten Märkte mit einem Mal illiquid wurden und der Markt für viele Veranlagungsprodukte keine vernünftigen Preise mehr stellte, löste sich die These, dass der Markt immer recht hat, in Luft auf. Dazu kam das seit der Subprime-Krise gewachsene Misstrauen in jede Form von synthetischen/strukturierten Wertpapieren, die mit einem Mal keine Käufer mehr fanden – nicht einmal zu extrem gedrückten Preisen. Das „Marked-to-market"-Prinzip des *fair value accounting*, das im Aufschwung zu immer neuen bilanziellen Höhenflügen inspirierte, schwächte nun die Aussagekraft von Bankbilanzen und prolongierte die in Teilbereichen bis heute anhaltende Blockade der Zwischenbanken-Kapitalmärkte.

Die geplatzte Illusion vom kontrollierten Risiko

„Die in den letzten zwanzig Jahren verfolgte Strategie zu einer immer feineren Risikokalibrierung[43] der Eigenmittelanforderungen beruht auf einer Illusion der Messbarkeit von Risiken und sollte aufgegeben werden. Missbräuche der Möglichkeiten, die die Risikokalibrierung bietet, sind eine Ursache für den Mangel an Eigenkapital schon im Vorfeld der Krise." Diese lapidare Tatsachenfeststellung findet sich im Expertenpapier des mit prominenten deutschen Volkswirten besetzten Beirates des Bundeswirtschaftsministeriums vom Frühsommer 2010.[44]

Vor dem Ausbruch der Krise las es sich freilich bei den meisten Vertretern der Finanzmarktökonomie noch ganz anders. Waren doch die Schöpfer von Basel II stolz darauf, dass die Banken mit Einführung ihres Regelwerkes einen so präzisen Überblick über den jeweiligen Risikostatus all ihrer Teil-Portfolios bekommen sollten, wie das nie zuvor der Fall war. Überall dort, wo nicht die externen Ratingagenturen ihre Benotung lieferten, arbeiteten bankinterne Risikoanalyseteams an Ratingeinstufungen jedes einzelnen Engagements.

All die sophistizierten, mit hohem intellektuellem und technischem Aufwand geschaffenen Kontrollsysteme der Einzelbanken konnten jedoch nicht verhindern, dass es zu übergeordneten systemischen Problemen kam, die plötzlich nicht mehr beherrschbar waren.

---

[43] Gemeint ist die bis zur Perfektion getriebene Feinsteuerung des Eigenmitteleinsatzes entlang von „objektiven" Risikoeinschätzungen durch Ratings.
[44] Gutachten 03/10 des Wissenschaftlichen Beirates beim Bundesministerium für Wirtschaft und Technik, S 13 ff.

Vereinzelte Kritiker hatten schon im Vorfeld von Basel II auf die mögliche Gefahr unerwünschter prozyklischer Verschärfungen bei externen Schocks hingewiesen.[45] Das Baseler Komitee und mit ihm alle politischen Adressaten, die das System später in nationale Gesetzgebungen umformten, ließen sich jedoch von den wenigen Warnern nicht von ihrem einmal eingeschlagenen Weg abbringen.

In der Krise aber zeigte sich, wie schwer bis unmöglich es war, bei sich plötzlich flächendeckend verschlechternden Ratings die nun sprunghaft steigenden Eigenmittelerfordernisse zu erfüllen. Woher hätte das Eigenkapital, das für die Unterlegung der nunmehr in schlechtere Bonitätsstufen abgerutschten Ausleihungen erforderlich wurde, kommen sollen: wenn man sich gegenseitig schon kein Kredit mehr gewähren wollte, um wie viel weniger war man dann bereit, einer anderen Bank Eigenmittel zur Verfügung zu stellen. Schon deshalb konnte nur mehr der Staat einspringen, als es galt, die riesigen Kapitalverluste auszugleichen und noch mehr Bankenpleiten zu vermeiden.

Wesentliche Teile jener Mittel, die seitens der europäischen Staaten 2009 für die Eigenmittelstärkung der Banken zur Verfügung gestellt wurden, wurden denn auch für die in der Krise erforderlichen Nachdotierungen von Eigenkapital verbraucht. Die verschlechterten Ratings lösten einen derartig hohen Nachschussbedarf aus, dass für die Ausreichung neuer (ebenfalls mit Eigenmitteln zu unterlegender) Kredit- oder Garantielinien kein Spielraum mehr blieb. In ebendiesem fatalen Zusammenhang liegt die Ursache dafür, warum es zur Kreditklemme kam, obwohl die Banken soviel öffentliches Kapital nachgeschossen bekamen.

Dennoch spielt bis heute die Eigenmittel verzehrende negative Dynamik der Basel-II-Regeln in der öffentlichen Diskussion kaum eine Rolle. Es kann daher nicht verwundern, dass die von der Krise un-

---

[45] Vgl. etwa J. Bärenfänger/A. Pfingsten/M. Ricke, Wirken die neuen Baseler Eigenkapitalvorschriften (Basel II) krisenverstärkend?, Österreichisches Bankarchiv 6/2006, S 397 ff.

mittelbar betroffenen Unternehmen und Medien wenig bis gar kein Verständnis für die Kreditzurückhaltung der Banken hatten.

Hybride Eigenmittel als ergänzender Wachstumstreiber

Die geschilderte, progressiv auf extensives Bilanzwachstum hin wirkende Bilanzierung nach dem „Marked-to-market"-Prinzip war den Finanzmarktteilnehmern noch nicht genug. Wo das innenfinanzierte Wachstum der Eigenmittel oder deren Zuführung über Kapitalerhöhungen von außen nicht ausreichte, suchte man nach Möglichkeiten, echte Eigenmittel durch hybrides Eigenkapital (Nachrangkapital, Partizipationskapital etc) zu ergänzen. Die Bereitschaft, solche Mittel einander zur Verfügung zu stellen bzw bei (vor allem institutionellen) Anlegern einzuholen, nahm im Aufschwung deutlich zu. Das „harte" Kernkapital durfte also „gestreckt" werden. Damit erhöhte sich während der letzten Jahre die Möglichkeit, den Fremdmittelhebel (Leverage) noch weiter auszufahren, deutlich.

Die großen Banken gewährten einander das Nachrangkapital in seinen unterschiedlichen Ausprägungsformen in Gegenseitigkeit. Damit stärkten sie zwar die Bilanz des jeweils anderen Institutes, erhöhten aber auch ihre wechselseitige Abhängigkeit. Das Finanzsystem als Ganzes wurde damit nicht sicherer, sondern im Gegenteil sogar anfälliger. Bei Eintritt eines Extremereignisses, wie es der Schock der Lehman-Pleite darstellte, verstärkte die gegenseitige Kapitalverschränkung die ohnehin schon prekäre Liquiditäts- und Vertrauenskrise.

Ein einzelwirtschaftlich sinnvolles Verhalten – die Investition in Nachrangkapital gut gerateter Konkurrenten – stellte sich auf der Ebene der Systembetrachtung als gefährlich heraus. Die Regulatoren verharrten dennoch in der Vorstellung, die Stabilisierung der wichtigsten Großbanken würde ausreichen, um das System sicherer zu machen.

Ratings: Das Risiko, zu vertrauen

Die Investmentbank JP Morgan Chase gehört zu den von der Finanzmarktkrise am wenigsten betroffenen Großbanken des angloamerikanischen Raumes. Ihr CEO Jamie Dimon, einer der wohl besonnensten Vertreter seiner Branche, mahnte im März 2009 im Geschäftsbericht seiner Bank als eine der wichtigsten Reformnotwendigkeiten die Totalrevision von Basel II ein. Das System stütze sich viel zu stark auf das Urteil von Ratingagenturen und sei in seiner Grundkonstruktion in Bezug auf die Eigenmittelerfordernisse in hohem Maße prozyklisch.[46]

Etwa zur gleichen Zeit verurteilte auch der damalige EU-Finanz-Kommissar Charlie McCreevy das blindgläubige Ratingvertrauen von Basel II und verglich die Wirkung der darauf setzenden Risikomodelle der Banken mit dem traurigen Schicksal eines Truthahns: „Nach 100 Tagen, an denen er gefüttert wurde, fühlt sich der Truthahn sicherer denn je, dass der Bauer nur das Beste für ihn will. Am nächsten Tag dreht ihm der Bauer den Hals um" – zu ebendiesem Effekt führe das eigentlich zur Bankenstabilisierung geschaffene Regelwerk.[47]

Was war geschehen? Warum war das über Jahrzehnte in Stein gemeißelte Urteil der Ratingagenturen mit einem Mal nichts mehr wert? Was hatte sich gegenüber der unbestrittenen Praxis des Vertrauens in die Verlässlichkeit von Ratingurteilen geändert?

---

[46] Wörtlich heißt es im Vorwort von CEO Jamie Dimon zum Geschäftsbericht 2009 von JP Morgan Chase: „Basel II has relied too heavily on rating agencies, and, by its nature, has been highly pro-cyclical in its capital requirements for assets" sowie „the application of fair value accounting for certain categories needs to be reconsidered".

[47] McCreevy bezieht seinen Vergleich aus dem Buch „Der schwarze Schwan" von Nassim Taleb, in dem es um den Eintritt von für unwahrscheinlich gehaltenen Ereignissen in der sich auf Wahrscheinlichkeitsrechnungen stützenden Finanzwirtschaft geht; vgl. K. Gaulhofer, „Basel II sitzt in der Truthahnfalle", Die Presse vom 11.02.2009, S 17.

Erfahrungen aus der Realwirtschaft

Zu Beginn des Jahrzehnts waren Ratingagenturen noch der unentbehrliche Begleiter der Finanzmärkte in die Internationalisierung. Erst eine durch die Arbeit der Agenturen objektivierte Bonitätseinstufung ebnete den Unternehmen den Weg auf internationale Kapitalmärkte. Die Finanzierung von Unternehmen erhielt dadurch einen neuen Handlungsspielraum. Unternehmen kleinerer Länder mit einem entsprechend begrenzten Kreditmarkt konnten größere Investitionen und Expansionsvorhaben nun auf die Finanzierungskraft internationaler Bankenpartner stützen. Gleichzeitig ermöglichte dies den Banken eine bessere Streuung ihrer Risiken. Sie konnten auch Ausleihungen an Unternehmen wagen, die sie nicht aus ihrer unmittelbaren Zusammenarbeit in der eigenen Region kannten.

Die positive Rolle der Ratingagenturen als Risikomakler in einer Welt offener Finanzmärkte fasste ich damals so zusammen: „Ratings schaffen eine Referenz-Plattform für den Handel mit und den Tausch von Unternehmensrisiken. Marktvertrauen und Liquidität wird damit auf breiterer Basis verfügbar. Ratings sind die Symbole einer gemeinsamen Marktsprache, die wegen ihrer Einfachheit auch von globalen Marktpartnern flüssig gesprochen wird. Als kleinster gemeinsamer Verständigungs-Nenner zwischen den Marktpartnern objektivieren sie die Kosten für Fremdmittel je nach Bonität und Laufzeit."[48]

---

[48] Wilfried Stadler, Die neue Unternehmensfinanzierung, Frankfurt 2004, S 21.

Internationale Nomenklatur der Bonitätseinstufung nach Ratingklassen

	Moody's*	S&P**	Fitch Ratings***	Interpretation
Investment-Grade	Aaa	AAA	AAA	**Ausgezeichnet:** Außergewöhnlich gute Bonität, beste Qualität, praktisch kein Ausfallsrisiko
Investment-Grade	Aa1 Aa 2 Aa 3	AA+ AA AA-	AA+ AA AA-	**Sehr gut:** Sehr gute Bonität und hohe Zahlungswahrscheinlichkeit, gringes Ausfallsrisiko
Investment-Grade	A1 A2 A3	A+ A A-	A+ A A-	**Gut:** Angemessene Deckung von Zinsen und Tilgung
Investment-Grade	Baa1 Baa2 Baa3	BBB+ BBB BBB-	BBB+ BBB BBB-	**Befriedigend:** Angemessene Deckung von Zinsen und Tilgung, jedoch mangelnder Schutz gegen wirtschaftliche Veränderungen
Non-Investment-Grade	Ba1 Ba2 Ba3	BB+ BB BB-	BB+ BB BB-	**Ausreichend:** Erfüllung der Verpflichtungen wahrscheinlich, spekulative Anlage, fortwährende Unsicherheit, mäßige Deckung von Zinsen und Tilgung auch in gutem wirtschaftlichen Umfeld
Non-Investment-Grade	B1 B2 B3	B+ B B-	B+ B B-	**Mangelhaft:** Sehr spekulativ, hoch riskante Veranlagung, geringe Bonität, hohes Zahlungsausfallsrisiko
Non-Investment-Grade	Caa1 Caa2 Caa3	CCC+ CCC+ CCC-	CCC+ CCC+ CCC-	**Ungenügend:** Niedrigste Qualität, geringster Anlegerschutz
Non-Investment-Grade	Ca C	CC C	CC C	**Zahlungsstörungen vor Zahlungsunfähigkeit:** Unmittelbar vor Zahlungsverzug oder Zahlungsunfähigkeit
Non-Investment-Grade	D	SD, D	DDD, DD, D	**Zahlungsunfähig:** Insolvenz bzw. sonstige Marktverletzungen des Schuldners

*   Moody's Investors Service (www.moodys.com)
** Standard & Poors (www.standardandpoors.com)
*** Fitch Ratings (www.fitchratings.com)

Ratings: Das Risiko, zu vertrauen

Für Unternehmen der Realwirtschaft hat sich bis heute an dieser wichtigen Rolle der Ratingagenturen als Risikokatalysator nichts geändert. Da das Rating der Banken maßgeblich von der Zusammensetzung ihres fein säuberlich nach Ratingkategorien geordneten Ausleihungsportfolios bestimmt wird, müssen sich auch alle kleinen und mittleren Unternehmen dem Ratingprozess stellen. Nur wird er in ihrem Fall von den Banken selbst vorgenommen und nicht von externen Agenturen.

Dabei schießen die Banken bei der Suche nach „objektiven" Ratingurteilen über ihre Kunden oft weit übers Ziel. Denn nach Meinung der Aufsichtsbehörden kann ein objektives Urteil über Unternehmen nur dann gelingen, wenn in der Bank eine von der Marktbearbeitung und den für die Kreditgewährung zuständigen Bereichen unabhängige Risikoabteilung darüber befindet. Weil aber die Risikospezialisten nicht im direkten Kundenkontakt stehen sollen, entfallen bei der Beurteilung der Zahlungsfähigkeit viele „weiche" Beurteilungsfaktoren, die früher in das Krediturteil einfließen konnten. Es gibt bis heute keine Untersuchung darüber, ob dieses in vielen Fällen zu massiver Entfremdung zwischen Banken und Firmenkunden führende Verfahren die letztlich eingetretenen Kreditausfälle tatsächlich verringern konnte.

Bei allen Schwächen des Ratingprozesses hat er aber auch durch die Krise nichts von seiner grundlegenden Bedeutung verloren. Was die Agenturen über einen Schuldner sagen, hat unverminderte Bedeutung für dessen Chancen am Kapitalmarkt und für die Kosten seiner Finanzierung.

Auf Sand gebaut: Ratings für Finanzinnovationen

Die negative Rolle der Ratingagenturen beim Zustandekommen der Krise erklärt sich durch ihre ganz unterschiedliche Funktion für die Unternehmen der Realwirtschaft einerseits und für bestimmte Finanzprodukte andererseits.

Während nämlich in der Welt der Unternehmen die Zeitreihen, auf denen die Kreditausfall-Geschichten für bestimmte Ratingklassen beruhen, über Jahrzehnte zurückreichen, gab es für die Feststellung des Risikoverlaufes der seit Mitte der Neunzigerjahre neu in den Markt drängenden synthetischen/strukturierten Wertpapiere keinerlei Vorerfahrungen. Im Unterschied zur Realwirtschaft beruhten deshalb die Ausfallschätzungen für die neuen, meist aus vielen Einzelrisiken gebündelten Finanzprodukte nicht auf Erfahrung, sondern auf finanzmathematischen Annahmen.

Diese völlig unhistorische Vorgangsweise bei den synthetischen Wertpapieren hatte ein zusätzliches Gefahrenmoment: Mit einem Mal saßen den Analysten der Ratingagenturen keine Verantwortlichen bestimmter Unternehmen mehr gegenüber, sondern nur mehr die Expertenteams jener wenigen Investmentbanken, die sich auf die Konstruktion solcher Wertpapiere verstanden. Auf beiden Seiten agierten demnach Spezialisten, die weit entfernt von der Realwirtschaft über Korrelationen von Risikofaktoren verhandelten.

Es war eine überschaubare Gruppe von bestausgebildeten Experten, die einander die Bälle zuspielten. Die von ihnen verwendeten Modelle und deren zugrunde liegende Annahmen entfernten sich immer weiter von der Schwerkraft der Realwirtschaft. Sie mussten sich bis zum Ausbruch der Finanzkrise keinem Realitätstest stellen, da die allgemeine Markteuphorie zu einem ständigen Ausbau neuer Wertpapierklassen führte, deren Handelbarkeit im Fall rückgängiger Zukunftserwartungen nicht ernsthaft überprüft wurde.

Die Beurteilung der Kreditwürdigkeit synthetischer Papiere wurde ein so wichtiger Geschäftszweig, dass er zuletzt mehr als vierzig Prozent der Erträge der großen Agenturen ausmachte. Da es sich im Wesentlichen um Schreibtisch-Prüfungen handelte und die Expertisen statt in Einzelfertigung nun in Serien geliefert wurden, war die Profitabilität besonders hoch.

Es gab nur wenige Auftraggeber – und diese durften angesichts der Gewinnträchtigkeit des Geschäftes nicht durch allzu strenge methodische Vorgangsweisen verschreckt werden. Die daraus folgende Dynamik korrumpierte das bisher unangefochtene Qualitätsverständnis der Agenturen, sie wurden immer anfälliger für eine allzu oberflächliche Sicht auf die immer neuen Finanzinnovationen der sie beauftragenden Investmentbanken.

Heute wissen wir von Praktiken der Vorkrisenjahre, mit denen alles über Bord geworfen wurde, wofür die Ratingagenturen traditionellerweise standen. Mitarbeiter der Agenturen wurden mit der Inaussichtstellung künftiger hochbezahlter Jobs bei ihren Kunden milde gestimmt, andere waren unter Hinweis auf die Gefahr, bei zu strenger Prüfung einen profitablen Bankkunden zu verlieren, bereit, methodische Grenzen zu überdehnen oder gar zu überschreiten. Die Schwelle zur echten Korruption wurde in nicht wenigen Fällen überschritten.

E-Mail-Protokolle, auf die die amerikanische Börsenaufsicht SEC gestoßen ist, geben Zeugnis von fahrlässigen Geschäftspraktiken, die so weit eingerissen waren, dass sie auch den handelnden Personen unheimlich zu werden begannen. „Hoffentlich sind wir alle reich und im Ruhestand, wenn dieses Kartenhaus zusammenfällt", schrieb ein Agenturanalyst. Ein anderer drückte seine insgeheime Abscheu vor den verkommenen Qualitätsstandards so aus: „Selbst wenn Kühe diesen Deal zusammenstellten, würden wir ein Rating ausgeben."[49]

Die Ratingagenturen senkten im Kampf um Marktanteile von Jahr zu Jahr die Standards ihrer Beurteilungsmethoden für die Bonität synthetischer Wertpapiere. In einem E-Mail eines Bankers vom Mai 2006 ist dokumentiert, wie die Investmentbanken Druck machten: „Ich habe gehört, ihr überarbeitet eure Ratingmethoden für hypothekenbesicherte Wertpapiere. Habe auch gehört, unsere Ratings könnten dann fünf Stufen schlechter sein als bei Moody's. Dann bring ich euer Geschäft um" – so das Schreiben an einen Angestellten von Standard&Poors.[50]

---

[49] Die Krisenverschärfer, in Der Spiegel 19/2009, S 64 ff.
[50] Vgl. „E-Mails enthüllen Wahrheit über die Krise", Die Presse vom 27.04.2010, S 15.

Ein Jahr später, als der Zusammenbruch der Verbriefungsmärkte bereits manifest war, mailte ein hochrangiger Moody's-Manager an seine Vorgesetzten sein gespenstisches Eingeständnis: „Unsere Fehler legen nahe, dass wir entweder bei der Kreditanalyse unfähig sind oder unsere Seele dem Teufel verkauft haben, um mehr Umsatz zu machen – oder beides."[51]

Systematisch überschätzte Ramsch-Papiere

Wie groß der Kontrast zwischen den auf Einzelunternehmen abgestellten traditionellen Firmenratings und den gegenüber wenigen Investmentbanken erteilten Ratings für synthetische Produkte war, zeigt die Tatsache, dass vor Ausbruch der Krise allein in den USA mehr als 4.000 Wertpapiere Ratings der besten Stufe (AAA oder AA nach Moody's Nomenklatur) genossen. In der Realwirtschaft hingegen maß man nur zwei Unternehmen eine vergleichbar gute Bonität zu.

In der Krise brach das Kartenhaus systematischer Fehleinschätzung tatsächlich zusammen. Eines der unzähligen Ramsch-Papiere mit dem kunstvollen Namen „Balta 2006-8 1A2" steht exemplarisch für seine unter den Trümmern versunkene Gattung. Es erhielt noch am 10. März 2008 von der Agentur Moody's die Bewertung „Aaa". Eine derartige Einstufung kommt der absoluten Sicherheit eines Sparbuches gleich. Nach „Nine-fifteen", als mit dem Zusammenbruch von Lehman Brothers auch die Blase der synthetischen Wertpapiere platzte, erfolgte innerhalb weniger Monate eine Rückstufung desselben Papiers um nicht weniger als 14 Ratingklassen.

Die Ratingagenturen waren zum Schaden der Finanzsysteme dieser Welt im Windschatten ihres in der Realwirtschaft erworbenen guten Rufes innerhalb weniger Jahre zu windigen Maklern zweifelhafter Wertpapierkonstruktionen geworden.

---

[51] Die Presse a.a.O.

Ratingeinschätzung der zwischen 2005 und 2007 begebenen Suprime-Anleihen im Vergleich zu den tatsächlichen Ausfällen in der Finanzkrise 2008		
	Schätzung der Ausfallwahrscheinlichkeit innerhalb von 3 Jahren	Eingetretener Ausfall je Ratingstufe, 2008, in Prozent
AAA	0.001	0.10
AA+	0.01	1.68
AA	0.04	8.16
AA-	0.05	12.03
A+	0.06	20.96
A	0.09	29.21
A-	0.12	36.65
BBB+	0.34	48.73
BBB	0.49	56.10
BBB-	0.88	66.67

Quelle: Donald MacKenzie, University of Edinburgh

Hans-Werner Sinn, Präsident des Münchner ifo-Institutes und Bestsellerautor, findet dafür nicht weniger scharfe Worte und sympathisiert mit der Hypothese, „... dass die US-Ratingagenturen geholfen haben, die Welt an der Nase herumzuführen, indem sie ihren amerikanischen Kunden für die strukturierten Wertpapiere meistens Triple-A-Ratings gaben und gleichzeitig ausländische Kreditnehmer aggressiv herabstuften".[52]

Auf der langen Bank: eine europäische Ratingagentur

Die Frage nach einer möglichen Verzerrung von Ratingaussagen zugunsten angloamerikanischer Emittenten und zum Nachteil insbe-

---

[52] Hans-Werner Sinn in Die Presse vom 07.01.2010.

sondere europäischer Schuldner stellt sich in aller Brisanz im ersten Halbjahr 2010. Ausgehend von der Griechenland-Krise und einer ganzen Reihe nachfolgender europäischer Staatshaushalte mit gravierenden Schuldenproblemen kam es zu politisch sensiblen Einschätzungen durch die großen Ratingagenturen.

Schon im Jahr davor hatten sie Osteuropa krankgeredet, bevor ein gut instrumentiertes Zusammenwirken der Europäischen Zentralbank und des Internationalen Währungsfonds einen konstruktiven Weg aus der Krise zu beschreiten half. Wenig anders – nämlich opportunistisch statt langfristig – reagierten sie auf die Griechenland-Krise.

Nach wochenlangem Ringen hatte die europäische Politik endlich mit einem gemeinsamen Haftungsrahmen von 700 Mrd Euro einen währungspolitischen Wall errichtet, hinter dem die Euro-Staaten über die nächsten Jahre wieder zu gesunden Staatshaushalten kommen können, ohne an spekulativ überteuerten Refinanzierungskosten zu scheitern. Da setzten die Ratingagenturen ausgerechnet nach dem Einigungswochenende kaltblütig noch eins drauf und bliesen mit einer Herabstufung Portugals zum Halali auf das nächste Euro-Land.

In derselben Woche setzten sie die Bonität des über die Halskrause verschuldeten Kaliforniens um drei Stufen hinauf. Man hatte eilends neue Einstufungskriterien für US-Bundesstaaten geschaffen.

Zum wiederholten Mal wurden daraufhin Forderungen laut, man möge doch die schon lange in Rede stehende europäische Ratingagentur endlich in die Welt setzen. Eine Einigung zu diesem überfälligen Schritt gibt es bis heute nicht, das Projekt wird seit mehr als einem Jahrzehnt immer wieder auf die lange Bank geschoben.[53]

Ganz anders die Situation in China. Um mit dem immer vitaleren Unternehmens- und Kapitalmarkt des größten Landes der Welt nicht

---

[53] Die in Diskussion stehenden Modelle gehen meist von einer Non-Profit-Organisation mit gemischter Eigentümerschaft der Mitgliedsstaaten, der EZB und europäischer Börsen aus.

von den angloamerikanischen Agenturen abhängig zu sein, besteht dort schon seit Mitte der Neunzigerjahre die private chinesische Ratingagentur Dagong. Sie deckt bereits 25 % des chinesischen Ratingmarktes ab und drängt mittlerweile auf Internationalisierung. Wegen der hohen chinesischen Engagements in den USA will sie künftig auch dort tätig sein. Die Zulassung für direkte Aktivitäten am US-Markt wurde seitens der amerikanischen Bankaufsicht SEC bisher allerdings verweigert.

In einem Bonitätsrating von 50 Staaten der Welt wurden die USA von Dagong im Sommer 2010 auf Platz 13 gesetzt. Die Schuldnerqualität von China selbst sieht die Agentur immerhin auf Platz zehn.

Experimente im globalen Finanzlabor

Paul Volcker, Berater von Präsident Barack Obama und Vorsitzender des Weisenrates zur Bekämpfung der Finanzkrise[54], hält mit seiner Meinung nicht hinter dem Berg: Die Erfindung des Bankomaten sei die einzige sinnvolle Finanzinnovation der letzten zwanzig Jahre gewesen, all die komplexen, strukturierten Produkte hingegen hätten keinen wirklichen ökonomischen oder sozialen Gewinn gebracht. Konsequenterweise entwickelte er die nach ihm benannte Volcker-Regel: Die Eigenhandelstätigkeit von Banken soll beendet, alle spekulativen Anlagegeschäfte auf ausdrückliche Kundenaufträge beschränkt werden.

Was so einleuchtend klingt, gehört zu den umstrittensten Reformthemen nach der Krise. Noch ist nicht klar, wer es wagen soll, die ungehemmte Expansion all jener Finanzinstrumente einzudämmen, die in den letzten Jahren zu einer immer größeren Kluft zwischen Finanzwirtschaft und Realwirtschaft geführt haben.

---

[54] Paul Volcker war von 1979 bis 1987 einer der Vorgänger von Alan Greenspan im Vorsitz der US-Notenbank. Präsident Barack Obama setzte ihn als Vorsitzenden des „Economic Recovery Advisory Board" ein.

Die Kernaufgabe der Banken, Spar- und Investitionspläne von Privaten und Unternehmen durch bedachtes Fristen- und Risikomanagement von Einlagen und Ausleihungen aufeinander abzustimmen, ist längst überwuchert worden von Finanzaktivitäten, die keine unmittelbare Verbindung zu realer Wertschöpfung mehr haben.

Zunächst ergänzten Banken ihr Hauptgeschäft mit Privat- und Firmenkunden durch die Vermittlung von Kapitalmarktprodukten wie Aktien und Anleihen. So konnten ihre Kunden an der Entwicklung der Realwirtschaft durch Beteiligung an der Substanz von Unternehmen (Aktien) oder als deren Gläubiger (Anleihen) teilnehmen.

In der Folge entwickelten sich Veranlagungsformen, bei denen keine Einzeltitel mehr erworben wurden, sondern professionelle Managerteams mit der möglichst ertragreichen Investition in verschiedene Vermögens- oder Schuldtitel beauftragt wurden: die Bedeutung der Fonds als wichtige Spieler auf den Märkten wuchs seit den Achtzigerjahren enorm an.

Weiteres Gewicht bekamen sie durch das Auftreten alle jener „Kapitalsammelstellen",[55] die von Institutionen mit der Vermögensverwaltung und Ertragsmaximierung beauftragt wurden. Wichtigste Triebfeder für den rasanten Ausbau dieses Bereiches waren vor allem die Pensionsfonds und Pensionskassen. Parallel dazu breiteten sich Formen der Eigenvorsorge aus, die die Menge des nach optimalen Veranlagungen suchenden Kapitals vermehrten.

Derivative Instrumente – eine unverzichtbare Spekulation?

Die nächste Erweiterungsstufe der Finanzprodukte bestand in Absicherungsinstrumenten für Währungs- und Zinsrisiken, die in erster Linie

---

[55] Kapitalsammelstellen sind Institutionen bzw. Unternehmen des Finanzsektors, die ihnen anvertraute Beträge verwalten, meist mit dem Ziel der gewinnbringenden oder zumindest werterhaltenden Veranlagung.

Unternehmen zur Stabilisierung ihres Geschäftsverlaufes dienten. Die dafür gebräuchlichen Instrumente entlasten Unternehmen und sind längst unverzichtbar geworden. So kann etwa sichergestellt werden, dass bei Übernahme eines Exportauftrages in fremder Währung die Kalkulation nicht durch überraschende Verschiebungen im Währungsgefüge gefährdet wird. Oder es wird bei einem längerfristigen, kreditfinanzierten Investitionsvorhaben die anteilige Zinsbelastung durch Fixierung des Zinsniveaus oder Fixierung einer bestimmten Bandbreite der Zinsschwankung über die Laufzeit berechenbar gemacht. Für das professionelle Management von Finanzrisiken in Unternehmen sind solche Instrumente nicht mehr wegzudenken.[56]

Jede Entscheidung über ihren gezielten Einsatz beinhaltet letztlich auch ein spekulatives Element, beruht sie doch auf der Einschätzung künftiger Entwicklungen. Erst die Unterschiedlichkeit der Zukunftseinschätzungen durch unterschiedliche Gruppen von Marktteilnehmern macht es überhaupt möglich, für das Bedürfnis der Absicherung der eigenen Position (dh des Kurses einer Währung oder des fixierten Zinssatzes für einen Langfristkredit) auf Marktpartner zu treffen, die – eben weil sie von einer anderen Einschätzung der Zukunft ausgehen – bereit sind, einen der Absicherung dienenden Kurs bzw Zinssatz zu stellen.

Strittig wird ein spekulatives Instrument erst, wenn es sich von einem abzusichernden Grundgeschäft vollständig löst. Dann nämlich geht es letztlich nur mehr um Wettgeschäfte auf künftige Entwicklungen. Das Volumen solcher Wetten ist in den vergangenen zwei Jahrzehnten dramatisch angestiegen. Eine immer noch anwachsende Zahl von Finanzprodukten befriedigt ausschließlich das Bedürfnis, Wetten einzugehen und damit Geld zu verdienen, dass man hofft, schlauer zu sein als der Markt.

---

[56] Vgl. A. Buder/G. Rux, Instrumente des Zins- und Währungsmanagements, in: Wilfried Stadler (Hrsg.), Die neue Unternehmensfinanzierung, Frankfurt 2004.

So dient auch die Produktfamilie der Zertifikate und Optionen nichts anderem als dem Abschluss von Wetten darauf, wie sich die Preise bestimmter Produkte, die Kurse von Aktien oder Anleihen, die Kurse von Währungen oder ganze Indizes entwickeln werden.

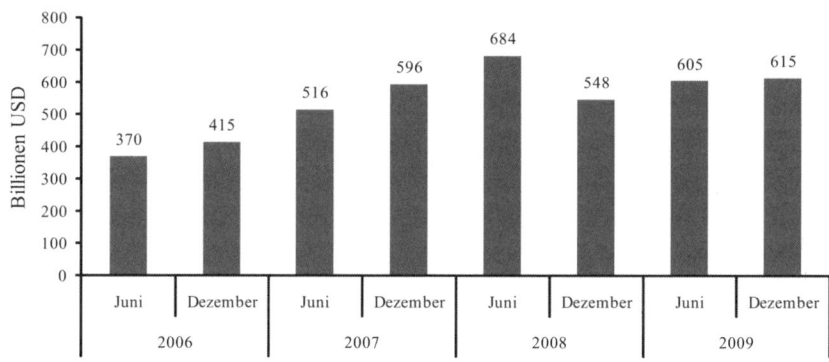

Abb. 11: Globaler Derivatemarkt in Billionen USD; ausstehende Beträge zum Stichtag (außerbörslich gehandelt)

Längst hat das Spekulieren mit Derivaten ein Ausmaß angenommen, das die Erfüllung des ursprünglichen Zwecks einer Stabilisierung des Handlungsrahmens für Unternehmen zu gefährden droht. Der gesamte Derivatemarkt ist bereits zehnmal so groß wie die gesamte Wirtschaftsleistung der Welt.

Der höchst erfolgreiche Textilindustrielle Dionys Lehner (Linz Textil Holding) warnt am Beispiel der Baumwolle vor wirtschaftsfeindlichen Spekulationsexzessen: „Ich glaube, dass wir bei der Sanierung des Systems zur Realwirtschaft und deren Bedürfnissen zurück müssen. Wieso ist bei Baumwolle von 25 bis 30 Kontrakten nur mehr einer für jemanden, der tatsächlich Baumwolle braucht? Die Kursausschläge bei Rohstoffen sind in den vergangenen Jahren so groß wie in der Geschichte nicht einmal bei Weltkriegen. In so einem verrückten System wird es für die Realwirtschaft extrem schwierig."[57]

Eine Untersuchung der deutschen WGZ-Bank belegt die Aussagen Lehners und zeigt, dass Derivate ihre Funktion, für einen effizienten Kapitalmarkt zu sorgen, immer weniger erfüllen. Im Gegenteil: Sie erhöhen die Marktschwankungen und sorgen für zusätzliche Risiken.[58]

Das typische Muster der langfristigen Dynamik spekulativer Preise beschreibt der österreichische Wirtschaftsforscher Stefan Schulmeister so: „Sie schwanken in „manisch-depressiven" Zyklen um den Bereich des realwirtschaftlichen Gleichgewichts ohne eine Tendenz, zu diesem Gleichgewicht zu konvergieren."[59]

Versuche der Gesetzgeber, aus der Krise lernend das Überschießen der Derivate durch verbesserte Regulierung einzudämmen, würden allerdings regelmäßig nicht nur durch Lobbyisten der Finanzwirtschaft, sondern auch durch Vertreter der Industrie bekämpft. Auch in anderen Bereichen zeigt sich die Unternehmerwirtschaft, obwohl sie eigentlich allergrößten Wert darauf legen müsste, dass man tatsächlich wieder zur Realwirtschaft und ihren Bedürfnissen zurückkehrt, in Lobbyfragen erstaunlich häufig an der Seite der Banken.

Abgehoben: Veranlagungen durch Banken

Endgültig problematisch wird das Geschehen dort, wo Banken den Umgang mit solchen Risikopositionen und den dazugehörenden Produkten nicht nur für ihre Kunden managen, sondern in immer höherem Maße auch selbst ins Risiko gehen. Denn solange Anleger und

---

[57] Dionys Lehner, „Exzesse muss man drosseln", Interview in den Salzburger Nachrichten, 02.08.2010, S 21.
[58] „Derivate sorgen für Turbulenz", Welt am Sonntag, 20.06.2010, S 44.
[59] Stefan Schulmeister, Mitten in der großen Krise – Ein „New Deal" für Europa, Wien 2010, S 40.

Finanzinvestoren auf Eigenrisiko Entscheidungen über die Investition in Finanzinstrumente treffen, trifft sie ein Misserfolg immer persönlich oder als Institution in einer Weise, die gegenüber den Anlegern direkt zu verantworten ist.

Diesbezügliche Misserfolge schmälern jedoch direkt das Banken-Eigenkapital und damit auch deren Risiko- und Kreditfähigkeit. Und seit der Finanzkrise wissen wir, dass darüber hinausgehende Verluste direkt zu Lasten der Öffentlichkeit gehen. Sie muss nämlich geradestehen, wenn zur Aufrechterhaltung der unverzichtbaren Grundfunktionen des Finanzsystems mit Rettungspaketen geholfen werden muss.

Nach vorübergehenden Einbrüchen in den beiden auf die Lehman-Pleite folgenden Quartalen gewann das Investmentbanking im zweiten Halbjahr 2009 wieder kräftig an Schwung. 2010 machten allein die Geschäfte mit Anleihen, Devisen, Rohstoffen und Derivaten bereits wieder die Hälfte der weltweiten Erträge im Investmentbanking aus.[60] Die andere Hälfte stammt aus dem Handel mit Aktien und Transaktionen im Zusammenhang mit Börsengängen und Firmen(ver)käufen.[61]

Die von den G20 geplante Zähmung des Derivatewildwuchses zielt daher vor allem auf jene fünf Investmentbanken, die mehr als 80 Prozent des einschlägigen Marktes auf sich vereinen.[62]

Stroh für das Finanzmarktfeuer: Synthetische Wertpapiere

Das gigantische Volumenswachstum aller Derivate, Zertifikate, Optionsscheine und sonstiger Finanzinnovationen hätte genügt, um in Verbindung mit zunehmenden Marktschwankungen die Gefahr spekula-

---

[60] Die Abkürzung FICC steht für das gesamte Geschäftsfeld Fixed Income (Anleihen), Currencies (Währungen) und Commodities (Rohstoffe).
[61] D.i. Aktien- und Wertpapierhandel sowie der Bereich Mergers & Acquisitions (M&A).
[62] Es handelt sich dabei um die Deutsche Bank, Goldman Sachs, JP Morgan, Morgan Stanley und Citigroup.

tiver Blasen zu steigern. Es hätte aber wohl nicht ausgereicht, um die größte Finanzkrise seit 80 Jahren auszulösen.

Dazu bedurfte es zweier zusätzlicher Elemente:
Einerseits der synthetischen Wertpapiere und Verbriefungsinstrumente, mit denen Risiken – meist unterstützt durch systematisch nach oben geschönte Ratingnoten – gestreut und weltweit an Gläubiger verteilt werden konnten, die zum ursprünglichen Schuldner in keiner direkten Verbindung mehr standen.

Und andererseits jener Garantieinstrumente (Credit Default Swaps/CDS), mit denen bestgeratete Finanzinstitute bereit waren, anderen Banken gegen eine entsprechende Risikoprämie (Credit Spread) Teile ihrer Risiken abzunehmen.

Die Idee, Risiken vom zugrunde liegenden Grundgeschäft zu trennen, über Ratings in ihrer Funktion als Marktsprache handelbar zu machen und an andere Investoren weiterzugeben, war auf den ersten Blick bestechend. Sie ermöglichte es den Marktpartnern, ein über Regionen und Branchen diversifiziertes Portfolio von Ausleihungen und Garantierisiken aufzubauen, das ein sogenanntes „Klumpenrisiko" im traditionellen Einzugsbereich einer Bank vermeiden half.

Niemand ahnte in der Frühphase der Entstehung dieser ganz neuen Investitionsklassen von synthetischen Wertpapieren und Garantieprodukten, dass daraus Jahre später vielfache systemische Bedrohungen erwachsen würden, die gefährlicher waren als alles bisher Gekannte:

- Ein Liquiditätsrisiko bisher unbekannter Dimension wurde schlagend, als mit dem Vertrauens- und Wertverlust in die synthetischen Wertpapiere die Refinanzierung von damit beladenen Banken und Schattenbanken zusammenbrach.
- Ein Marktrisiko ebenfalls bisher unbekannter Dimension trat auf, als im Gefolge der Subprime-Krise ein radikaler Wertverfall praktisch aller synthetischen Wertpapiere die gesamte Produktkategorie zu einem einzigen globalen Klumpenrisiko machte.

Für Banken mit (regulatorisch) ausreichendem Eigenkapital, die unter dem Druck der Kapitalmärkte standen, ihren Return on Equity (ROE) zu maximieren, gab es allem Anschein nach keinen besseren Weg, über ihren Ursprungsmarkt hinauszuwachsen, als schrittweise in die Märkte der synthetischen Wertpapiere zu expandieren. Wir wissen bereits, dass ausgefeilte Risiko-Kontrollmethoden („value at risk") entlang von Fristen und Risikoklassen erlaubten, diese Expansion stets im Einklang mit den prozyklisch mitwachsenden (Schein-)Eigenmitteln zu steigern.

Immer sophistiziertere Konstruktionen führten zu einer unüberblickbaren Vielfalt von Ausformungen synthetischer Wertpapiere, die fast alle auf die „Optimierung" der regulatorischen Situation abzielten. Am besten war diese mit Eigenmittel schonenden Top-Ratings für bestimmte Risikoschichten erreichbar. Die Zinsmarge war für solche Veranlagungen zwar schmal – aber das korrespondierte ja mit den minimierten Eigenmittelkosten und brachte doch beträchtliche Zusatzerträge.

Im Wesentlichen handelt es sich dabei um in Wertpapiere gebündelte Risiken einer Grundgesamtheit von zugrunde liegenden Einzelrisiken („asset backed securities" – ABS). Diese Wertpapiere können entweder so erworben werden, dass ein Anteil an ihnen jeweils eine aliquote Risikoteilhabe quer durch das Gesamtportfolio der dahinter stehenden Assets darstellt. Oder – und diese Form war unter Ratinggesichtspunkten und vor dem Hintergrund des Zieles, nur möglichst wenig Eigenmittel einsetzen zu müssen, vorteilhafter – sie wurden in gedankliche Risikoschichten aufgesplittet. Daraus ergab sich die Möglichkeit, nur in eine bestimmte Risikotranche eines Wertpapiers zu investieren – beispielsweise in jene, die einen Querschnitt durch die bestbesicherten Teile darstellten und deshalb von den Ratingagenturen die höchsten Bonitätsnoten erhielten.

Kaum jemand zweifelte an den Ratingeinstufungen dieser neuen Finanzprodukte durch Ratingagenturen, die sich bei der Einschätzung der Kreditwürdigkeit von Unternehmen über Jahrzehnte einen soliden

Ruf erarbeitet hatten. Dass sie diesmal nicht auf die Realität zurückgreifen konnten und stattdessen bei den wenigen auftraggebenden Investmentbanken profitable Gefälligkeitsgutachten auf Basis zweifelhafter finanzmathematischer Modelle erstellten, wurde nicht wahrgenommen.

Das Instrument der Verbriefung erlaubte die Bündelung vieler Einzeldarlehen zu ganzen Wertpapieren. Diese „asset backed securities" wurden wiederum in besonders strukturierte, synthetische Wertpapiere verpackt, die als Collateralized Debt Obligations (CDOs) den Investoren die Möglichkeit geben sollte, sich für bestimmte Risikoschichten zu entscheiden. Eine idealere Welt konnte es aus der Sicht expansionshungriger, von der Verlässlichkeit der auf Ratings basierenden Risikosteuerungssysteme vertrauender Bankmanager nicht geben.

Am Ende stellte sich fast die gesamte, lange als pionierhafte Finanzinnovation angesehene Produktkategorie der Verbriefung von Schuldtiteln als Todesstoß für das ohnehin spekulativ überreizte System heraus. Am Gift dieser bald als „toxisch" bezeichneten Papiere leiden viele Großbanken der Welt bis heute.

Der Großteil der einschlägigen Produkte entstand in den USA. Mehr als die Hälfte davon wurden von dort in die internationalen Märkte verkauft – vorzugsweise an Europa und die vor Überschussliquidität strotzenden ölexportierenden Länder. Der Internationale Währungsfonds schätzt den Schaden aus toxischen Papieren, der allein westeuropäischen Banken entstanden ist, auf mehr als 1,5 Billionen Dollar. Bis Ende 2010 entsprach das etwa 50 Prozent des gesamten Eigenkapitals des europäischen Bankensystems.[63]

---

[63] Hans-Werner Sinn, „Der Ruin des amerikanischen Verbriefungsmarktes", Die Presse, 07.01.2010.

Die weißen Flecken der Regulierung

„Finanzinnovationen, wie die zunehmende Verbriefung von Hypothekenschulden, mildern die Risiken für den Bankensektor." So lautete noch im Dezember 2006 das beruhigende Urteil im „Finanzstabilitätsbericht" der Europäischen Zentralbank.[64] Diese fatale Einschätzung der Situation durch Notenbanken und Aufsichtsbehörden legitimierte bis zuletzt die expansiven Strategien der Banken.

Die EZB wies mit Stolz auf die Einhaltung ihres Stabilitätsversprechens hin. Es war ihr gelungen, all den seit Einführung des Euro immer wieder geäußerten Inflationsängsten die beeindruckende Wirklichkeit stabiler Preise entgegenzuhalten. Das Ziel, die Inflation nicht über eine Höchstmarke von zwei Prozent klettern zu lassen, war erreicht.

Hinter dem Rücken der Notenbanker jedoch baute sich, von ihnen unbemerkt, längst eine gefährliche Asset-Inflation auf. Gemeint ist die unkontrollierte Mengensteigerung all jener Finanztitel, die im Laufe der sich immer schneller drehenden Spirale von Marktwertsteigerung und Kreditausweitung die Bücher der Banken und einer wachsenden Zahl von Schattenbanken und sonstigen Finanzinstitutionen füllten.

Es galt nun einmal als Hauptaufgabe der Notenbanken, stabile Verbraucherpreise zu garantieren. Asset Bubbles und spekulative Entwicklungen auf boomenden Sondermärkten zu beobachten, zählten sie nicht zur ihren Aufgaben. Jegliche Abweichungen von der gewünschten Wirklichkeit meinte man durch Drehen an der Zinsschraube korrigieren zu können.

Dass der blinde Fleck von auf Geldmengensteuerung fokussierten Notenbanken in Bezug auf eine gefährliche kreditgetriebene Buchgeldvermehrung durch das Bankensystem schon in den Dreißigerjahren zur

---
[64] Vgl. Handelsblatt vom 19.04.2010, S 22.

Entstehung der damaligen Krise beigetragen hatte, war offensichtlich in Vergessenheit geraten.[65]

Wohl auch deshalb wurde übersehen, dass das ungehemmte, durch die prozyklischen Auftriebskräfte zusätzlich angetriebene Kreditwachstum destabilisierende Kräfte aufbaute, die schon bald eine Großkrise auslösen würden.

Wild wuchernde Schattenbanken

Im Rückblick ist kaum nachvollziehbar, wie all jenen, die für die Überwachung der Stabilität der Finanzmärkte zuständig waren, entgehen konnte, dass sich in den Schattenbanken zunehmend unüberschaubare Größenordnungen an Veranlagungen in synthetischen Wertpapieren anhäuften, waren doch allein in Europa etwa 3.000 Expertinnen und Experten in den Notenbanken, Aufsichtsbehörden und Ratingagenturen tätig. Aus damaliger Sicht bewegten sie sich jedoch durchaus im optimistischen Grundkonsens der Finanzmarktökonomie.

„Special Investment Vehicles" (SIVs) aller Art entstanden in den Steueroasen dieser Welt. Sie waren so konstruiert, dass pro forma kein direkter bilanzieller Zusammenhang mit den Banken bestand, die solche Sondergesellschaften einrichteten. Spezialteams der Investmentbanken entwickelten ständig neue Produkte, um die durch die Bilanzierungs- und Regulierungssituation möglichen Spielräume zur „Schonung" von Eigenkapital und damit zur Alimentierung weiteren Wachstums auszureizen.

In Präsentationsgesprächen bei Banken stellten sie Möglichkeiten vor, durch das, was schon in der Überschrift „regulatory hedge" hieß,

---

[65] Kurt Richebächer in „The Worst in History", Wirtschaftspolitische Blätter 2-3/2001, S 240: „The habit of American economists to focus exclusively on the money supply and to ignore credit has a long tradition."

die gegebene regulatorische Situation bestmöglich zu nutzen. Alle diese Übungen dienten dem Ziel, im Rahmen der geltenden Spielregeln die Profitabilität der Banken zu stärken und damit den „Shareholder Value" zu maximieren.

Auf diese Weise wurden synthetische Wertpapiere häufig eben auch in außerbilanzielle „special investment vehicles" investiert. Derartige Investitionsgesellschaften waren nicht konsolidierungspflichtig, befanden sich meist auf Steuerinseln mit dem Vorteil geringerer Ertragsbesteuerung und erlaubten eine noch weiter gehende Verlängerung des (Fremd-)Finanzierungshebels auf knappe Eigenmittel.

Der Zweck dieser Sondergesellschaften bestand aber nicht nur darin, unter Nutzung von Doppelbesteuerungsabkommen Steuern zu minimieren. Im Vordergrund stand das Ziel, den in Banken immer noch gegebenen regulatorischen Zwängen dadurch auszuweichen, dass Investitionsvehikel ohne Bankenstatus geschaffen wurden. Diese nach allen Regeln der Kunst unter Beiziehung der besten Wirtschaftsprüfungs-, Rechts- und Investmentbanking-Spezialisten geschaffenen Konstruktionen refinanzierten sich meist kurzfristig über sogenannte Commercial-Paper-Programme (CPs).

Die Gläubiger, Finanzinvestoren aus aller Welt, stützten sich bei Investitionen in solche Commercial Papers auf das gute Rating der Sondergesellschaften. Die Ratingagenturen, die schon bei der Grundkonstruktion synthetischer Papiere zu Zweckoptimismus neigten, gaben den Schattenbanken Bestnoten, weil die dahinter stehenden Banken ihre Darlehen an die Schattenbanken zum Teil nachrangig stellten. Man vertraute also nicht nur der Qualität der Assets, sondern letztlich auch einer impliziten Unterstützung durch die initiierenden Banken.

In der Subprime-Krise verloren die Schattenbanken ihre Unschuld. Sobald das Vertrauen in die Rückzahlbarkeit der Subprime-Kredite erstmals bröckelte, riss der Liquiditätsstrom ab. Die Banken, in deren Schatten die Investitionsgesellschaften entstanden waren, mussten mit eigener Liquidität einspringen – und waren damit meist überfordert.

Notenbanken und Bankenaufsicht schauten weg

Nun rächte sich, dass die Aufsichtsverhältnisse ungeordnet und zersplittert waren. Schon die Kontrolle des offiziellen Bankensystems war unübersichtlich – es fehlte die einer globalen Liberalisierung entsprechende Koordination der nationalen Aufsichtsbehörden. Die Schattenbanken aber waren den Bankaufsehern weder den Standorten noch den Volumina nach bekannt – man hatte einfach darauf verzichtet, für Transparenz zu sorgen.

Etwa eineinhalb Jahre vor Ausbruch der Krise fasste ich in einem Kommentar meine Bedenken so zusammen: „Während die Handlungsspielräume von Banken durch immer dichtere regulatorische Zäune eingeschränkt werden, tummeln sich schon über 8.000 Fonds in den unregulierten Wildbahnen der Welt-Finanzmärkte. Die Finanzmarktaufseher und Notenbanken sehen sich mit einer neuen Finanzmarkt-Realität konfrontiert, die mit den traditionellen Instrumenten der Geldmengensteuerung nicht in den Griff zu bekommen ist. Zudem sind viele Hedgefonds mit Krediten hochgehebelt und die Banken ihrerseits großvolumig in schwer durchschaubare Investment-Vehikel investiert. Letztlich bauen sie alle darauf, dass es unbegrenzte Möglichkeiten zum Aufbau von Marktpositionen gibt, die eines Tages auch realisiert werden können. Niemand will an die Möglichkeit eine plötzlichen Illiquidität von überbuchten Märkten denken." Und schließlich: „Eine Regulierung der für Zocker anfälligen Branche ist überfällig."[66]

Ich erinnere mich noch gut an ein Gespräch, das ich damals mit einem hochrangigen Notenbanker führte. Nachdem ich ihm die Frage nach einer besseren Kontrolle der außerhalb des Bankensystems wuchernden Finanzmärkte gestellt hatte, meinte er sinngemäß, zum einen würden sich Amerikaner und Engländer gegen strengere Regulierung in diesem Bereich wehren – und zum anderen handle es sich um eine

---

[66] Wilfried Stadler, Wirtschaftsblatt vom 21.12.2005.

durchaus willkommene „Umgebungs-Liquidität" für das Bankensystem, die dessen Funktionieren eher fördere als behindere.

So war die Stimmung der Mehrheit der Experten in dieser vom Optimismus der Bewältigung der New-Economy-Krise und der erfolgreichen Implementierung des Euro geprägten Vorkrisenzeit. Nach „Nine-fifteen" jedoch stellte Jochen Sanio, der wortgewaltige Präsident der deutschen Finanzmarktaufsicht BaFin, nüchtern fest, es hätten sich nicht nur große Anteile des Bestandes an synthetischen Wertpapieren als „toxisch" erwiesen – sondern das Regulierungssystem selbst.[67]

Erst seit Sommer 2010 sind aus einer Forschungsarbeit von Experten der US-amerikanischen Notenbank FED die im wahrsten Sinn des Wortes „Atem beraubenden" Größenordnungen des Schattenbankensystems ablesbar.[68] Dabei fällt es schwer, von einem „System" zu sprechen, handelt es sich doch um den wohl größten unkontrollierten Geld- und Institutionen-Wildwuchs der Finanzgeschichte.

Und so sehen die Relationen zwischen dem regulierten und dem unregulierten Teil des Finanzsystems aus: Im Sommer 2008, also noch vor dem Höhepunkt der Finanzkrise, betrug das Gesamtvolumen aller Schattenbanken etwa 20 Billionen Dollar – beinahe das Doppelte der kumulierten Bilanzsumme aller Banken, die damals bei 11 Billionen Dollar lag. Und noch heute, bei einem auf 13 Billionen Dollar angestiegenen Gesamtumfang aller Bankenbilanzen, ist das auf 16 Billionen „geschrumpfte" Reich der Schattenbanken deutlich größer als das im Zentrum der Aufmerksamkeit der Regulierer stehende offizielle Bankensystem.

Es ist kein Zufall, dass der größte Wachstumsschub in diesem Schattenreich erst einsetzte, als die bevorstehende Einführung von Basel II einen gleich zweifachen Anreiz dafür schuf: Einerseits war es plötzlich

---

[67] Jochen Sanio in Die Bank 8/2008, S 12.
[68] Z. Pozsar/T. Adrian/A. Ashcraft/H. Boesky, Shadow Banking, Federal Reserve Bank of New York, Staff Report no 458; www.ny.frb.org/research.

attraktiv, zur „Optimierung" des Eigenmitteleinsatzes auf außerbilanzielle Konstruktionen auszuweichen. Andererseits lohnte es sich, zu vermeintlich geringen Risikokosten hohe Volumina an synthetischen Wertpapieren mit immer höheren Fremdmittelhebeln anzuschaffen – innerhalb, aber außerhalb der Bankbilanz, in den wie Pilzen aus dem Boden schießenden Sondergesellschaften.

Die Experten der amerikanischen Notenbank lassen keinen Zweifel daran, dass die damit einhergehenden Effekte einer völlig unregulierten Fristentransformation und exzessiver Kreditschöpfung ursächlich für das Entstehen der Finanzkrise waren.

Auf den Spuren der Steueroasen

Auch in Europa erwachte das Interesse von Regierungen und Aufsichtsbehörden an den unzähligen, bis dorthin völlig intransparenten Sondergesellschaften in den Steueroasen dieser Welt erst nach der Krise. In zwei Umfragen vom November 2008 und Mai 2009 gaben deutsche Banken im Rahmen einer Studie der Finanzmarktaufsicht BaFin erstmals Selbstauskünfte über ihr Engagement in solchen „Vehikeln". Demnach zeichnete allein die Deutsche Bank von der Schweiz aus für 566 Stiftungen und Trusts verantwortlich, die nicht nach Schweizer Recht gemanagt wurden, sondern dem Recht einschlägiger Steueroasen wie Curaçao oder den britischen Jungferninseln unterliegen.[69] Dazu kamen über 200 Tochtergesellschaften und Rechtseinheiten in 13 Offshore-Zentren mit zusammen mehr als 2.400 Kundenbeziehungen, von denen etwa ein Drittel auf Singapur entfiel.

Erstaunlich offen wurde auf der Website der Bank der Vorteil dieser außergewöhnlichen Standorte so erklärt: „Schlüsselattraktion für anspruchsvolle Kunden ist oft die Möglichkeit, Offshore-Rechtsstruktu-

---

[69] Vgl. Die Zeit vom 03.09.2009, S 21.

ren zu erreichen, die Steuerverpflichtungen eliminieren oder reduzieren."

Im Rückblick muss man feststellen: Wären es doch „nur" Steuerschäden gewesen, die durch solche Konstruktionen der Banken angerichtet wurden! Der eigentliche Großschaden jedoch entstand durch die Tatsache, dass über einige der Sondergesellschaften das Geschäftsmodell von „Schattenbanken" mit hohem Leverage und mit der Folge einer fast unlimitierten, unkontrollierten Ausdehnung des Finanzsystems gefahren wurde.

Anders gesagt: Auch dann, wenn es durch den Weckruf der Finanzkrise nun erste Ambitionen auf internationaler Ebene gibt, mehr Licht in das Dickicht von Steueroasen zu bringen, bedarf es darüber hinaus besonderer Achtsamkeit im Umgang mit all jenen Sondergesellschaften, in denen nach wie vor außerhalb des Radarschirms der Bankenaufseher und Notenbanken Geldschöpfung stattfindet.

Wird die Regulierung des Schattenbankensystems auch diesmal wieder verabsäumt, besteht die Gefahr, dass Basel III erst recht wieder zum Anstoß für weitere unkontrollierte Entwicklungen des Finanzsystems wird, die sich in einer neuerlichen Finanzkrise entladen.[70]

Aggressives Spekulieren auf den Wertverfall

Die Bankenaufseher ließen unter dem Einfluss der angloamerikanischen Ideologie möglichst unregulierter Kapitalmärkte Praktiken von Investmentbanken zu, die im Rückblick gesehen schädlich waren und die Krise noch verschärften. Exemplarisch dafür sind die bei den Untersuchungen durch den US-Kongress zu Tage gekommenen Unvereinbarkeiten beim Verkauf von synthetischen Wertpapieren durch Gold-

---

[70] Vgl. Gillian Tett, „Road map that opens up shadow banking", Financial Times, 18.11.2010.

man Sachs. Als deren gefährliche Wertlosigkeit schon erkennbar war, wurden immer noch weitere Emissionen im Markt platziert, obwohl die Händler der selben Bank bereits mit Leerverkäufen auf deren Wertfall setzten.

Wörtlich hieß es im Mail eines hochrangigen Managers: „Lasst uns die Dinge aggressiv verteilen, also das Risiko verringern, denn der Markt wird noch stärker in Not geraten – und von den Möglichkeiten, die sich daraus ergeben, wollen wir profitieren."[71]

Bekannt wurde auch jener Fall, bei dem ein Hedgefonds-Manager, der auf fallende Kurse eines gerade an Anleger vertriebenen Fonds setzte, sogar die Möglichkeit erhielt, das Produkt durch Auswahl der – in diesem Fall vorzugsweise schlechten – Schuldner mitzugestalten. Damit erhöhte er nicht nur seine Gewinnchancen, sondern vor allem auch den Schaden der Anleger. Der Fall wurde schließlich gerichtsanhängig.[72]

Laut Klageschrift beauftragte der Hedgefonds-Manager John Paulson Goldman Sachs, ein komplexes Derivat aufzulegen und zu vermarkten. Diese sogenannte Collateralized Debt Obligation (CDO) basierte auf zweitklassigen Hypothekenkrediten. Anfang 2007 – der Häusermarkt in den USA zeigte schon Schwächen – vermarktete Goldman Sachs dieses „Wertpapier". Paulson stand zu diesem Zeitpunkt bereits auf der anderen Seite und wettete darauf, dass die Kreditblase platzen würde. Seine Mitwirkung bei der Auswahl der problematischen Assets zahlte sich aus: Schon neun Monate später waren 99 Prozent des Abacus-Portfolios von den Ratingagenturen auf den Status der Wertlosigkeit herabgestuft. Die gutgläubigen Investoren verloren eine Milliarde Dollar. Paulson hingegen machte mit seiner Gegenwette rund eine Milliarde Dollar Gewinn.

Zwar sollen im Zug der Finanzmarktreform derartige Praktiken durch deutlich restriktivere Spielregeln schon im Vorfeld unterbunden

---

[71] „E-Mails enthüllen Wahrheiten über die Krise", Die Presse vom 27.04.2010, S 15.
[72] Der Fonds trug den etwas rätselhaften Namen Abacus 2007-AC1.

werden. Es ist aber anzunehmen, dass es wieder Schlupflöcher geben wird, weil es den Streitern für eine missverstandene Total-Liberalisierung immer wieder gelingt, strengere Rahmenbedingungen als nachteilig für den Kapitalmarkt darzustellen.

„These new regulations will fundamentally change the way we get around them."

Kreative Verschleierung von Staatsschulden

Das Interesse der Staaten und ihrer Aufsichtsbehörden an geradlinigen, transparenten Strukturen der Finanzmärkte war wohl auch deshalb begrenzt, weil sie selbst bis zum Ausbruch der Krise auf dem Klavier der „Gestaltung" von Schuldenbilanzen mitspielten. Der ständig steigende Kredithunger der Staaten traf auf eine mit den sich auftürmenden Kreditbergen ebenso kräftig steigende Nachfrage insbesondere von Finanzinvestoren. Die Rolle der Investmentbanken bei der Aufbringung und Strukturierung der Staatsschulden wurde immer wichtiger. Zu ihren – durchweg kostspieligen – Beratungs„produkten" gehörten Sonderkonstruktionen, mit denen die wirkliche Höhe der Staatsschuld verschleiert werden konnte. Für diese Vorgangsweise wurde Griechenland Anfang 2010 das prominenteste Beispiel.

Damals kam auf, dass die sogenannten „Goldman-Swaps" im Jahr 2001 dazu beigetragen hatten, dass Griechenland die Kriterien für den Euro-Beitritt schaffte. Die Konstruktion sah vor, dass Schulden Griechenlands im Wert von rund 10 Mrd Dollar – sie lauteten auf Dollar und japanische Yen – in Euro umgewandelt wurden. Dabei legte Goldman allerdings Wechselkurse zugrunde, die unter den tatsächlichen Marktpreisen lagen. Auf diese Weise kam Griechenland in den Genuss einer Einmalzahlung, die bei genauer Betrachtung ein Kredit von Seiten der Investmentbank war. Erst über die darauf folgenden Jahre musste dieser – verschleierte – Kredit mit Zins über den Umweg komplexer Sonderkonstruktionen zurückgezahlt werden. Diese glatte Mitwirkung zur Fälschung der tatsächlichen Verhältnisse des griechischen Staatshaushaltes soll damals mit den Aufsichtsbehörden der Europäischen Union vorbesprochen worden sein.[73]

Ebenfalls zur kurzfristigen Entlastung der öffentlichen Haushalte trugen all jene Sonderkonstruktionen bei, mit welchen künftige Erträge und vorgezogene Erlöse etwa aus Wohnbaudarlehen, Lotterieeinnahmen oder Erlösen aus der Flugsicherung verbrieft und am Kapitalmarkt platziert wurden. Die einmaligen Sondererträge senkten dann die für die „Maastricht"-Kriterien relevanten ausweispflichtigen Schuldenstände.[74]

---

[73] Vgl. Michael Maisch, Handelsblatt 38/2010, S 4.
[74] Die „Maastricht-Kriterien" wurden anlässlich der Einführung des Euro in den Verträgen von Maastricht festgehalten. Diese sogenannten Konvergenz-Kriterien legen fest, welche Eckdaten ein Land, das der Euro-Zone angehört, einzuhalten hat, d.i.: eine Netto-Neuverschuldung von zuhöchst drei Prozent, einen Anteil der Staatsschulden am Bruttoinlands-

Erst ab 2002 wurde die europäische Statistikbehörde bezüglich der kreativen Buchführung der Staaten strenger und verbot alle jene Konstruktionen, bei denen zwar Staatsschulden durch Verbriefungen liquiditätswirksam vermindert worden waren, in Wirklichkeit aber der Staat über Garantien weiterhin in einer Schuldverpflichtung stand.

Es ist wohl keineswegs Zufall, dass in den aktuellen Diskussionen um die Grenzen öffentlicher Verschuldung neben den expliziten – also offiziell ausgewiesenen – auch die impliziten Schulden eine immer größere Rolle spielen. Es geht dabei vor allem um Verbindlichkeiten aus den Bereichen Pension und Gesundheitssicherung. Sie scheinen zwar nicht im offiziellen Haushalt auf, stellen aber doch verbindliche Zukunftsverpflichtungen dar. Ihr relativer Anteil ist auch deshalb angestiegen, weil in den Jahren davor so viel Budgetkosmetik durch vorgezogene Einmalerträge betrieben wurde. Einmalige Entlastungseffekte – darüber wollte man sich wohl hinwegtäuschen – lassen sich jedoch definitionsgemäß nicht wiederholen.

Weiße Flecken erforschen und klug regulieren

Finanzkrisen werden meist als überraschende Ereignisse erklärt oder als das Ergebnis des plötzlichen Auftretens höherer Gewalt. Bei dieser größten Krise seit 80 Jahren jedoch lassen sich konkrete Ursachen benennen, die meist mit Weichenstellungen in Richtung unüberlegter Liberalisierung zu tun haben.

So fiel etwa 1996 eine wichtige Entscheidung der US-Regulatoren zu den damals erst in geringeren Volumina verbreiteten Kreditausfallversicherungen (Credit Default Swaps, CDS). Die US-Notenbank Fed

---

produkt von zuhöchst 60 %, eine Inflationsrate, die zuhöchst 1,5 % über jener der drei stabilsten EU-Länder liegt, sowie einen Langfrist-Zinssatz, der zuhöchst 2 % über jenem der drei stabilsten EU-Länder liegt.

verfügte damals, dass sich einerseits für Banken, die Kredite absichern lassen, das Eigenmittelerfordernis reduziert – entsprechend dem meist höheren Rating des Garantiegebers. Andererseits aber gestattete man dem Garantiegeber, seine übernommene Verpflichtung unterhalb der Bilanz auszuweisen und dafür keine gesonderten Eigenmittel vorhalten zu müssen. Obwohl das Kreditrisiko des Letztschuldners in Summe gleich blieb, wurde das Eigenmittelerfordernis durch diese Maßnahmen einfach wegdefiniert, der Sicherheitspolster des Bankensystems verkleinert und der Fremdmittelhebel für Banken weiter verlängert. Der unkontrollierten Ausweitung der CDS waren damit Tür und Tor geöffnet.[75]

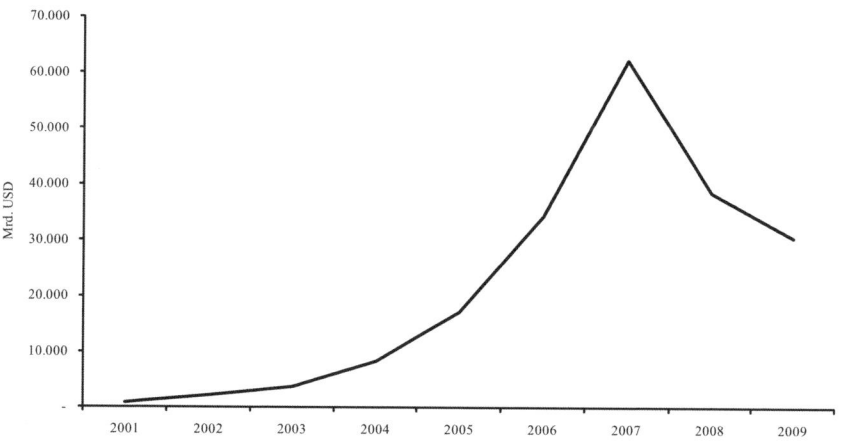

Abb. 12: Kumulierte US-Bestände an Kreditgarantien (Credit Default Swaps/CDS) in Mrd US-Dollar

Die blinden Flecken der Regulierung reichten quer über fast alle Geschäftsfelder von Investmentbanken. Nach der Krise geht es nun darum, dass sie wirklich lückenlos erforscht, neu vermessen und klug re-

---

[75] Vgl. Olaf Storbeck, Handelsblatt vom 10.05.2010, S 21.

guliert werden. Noch ist die Gefahr nicht gebannt, dass man allzu früh zum „business as usual" zurückkehrt.

Die Bonusfalle: Mehr Fremdkapital – höhere Prämien

Die gängigen Managementregeln einer an den Kapitalmärkten orientierten Finanzmarkttheorie beruhen bis heute auf der Überzeugung, dass es nur zum Besten der Unternehmen sein kann, wenn die Aktionärsinteressen bedingungslos vorangestellt werden. Mit der Zeit führte diese Einstellung zu Veränderungen, die Rakesh Khurana von der Harvard Business School als die Ablösung einer „Manager-Marktwirtschaft" durch eine „Investoren-Marktwirtschaft" beschrieb.[76]

Erst die Finanzmarktkrise zeigte drastisch auf, dass eine einseitige Ausrichtung von Unternehmen an den Shareholder-Interessen höchst nachteilig sein kann – und zwar nicht nur für das einzelne Unternehmen, sondern für das Finanz- und Wirtschaftssystem als Ganzes.

Der US-Ökonom René Stulz wies gemeinsam mit in Studien nach, dass besonders aktionärsfreundliche Bankinstitute überdurchschnittlich viele Wertpapiere abschreiben mussten und größere Kurseinbrüche aufwiesen. Vor allem aber: Je enger das Gehalt eines Bankchefs an die Interessen der Aktionäre gekoppelt war, desto heftiger stürzte das von ihm geleitete Institut in der Krise ab.[77]

Unter dem Eindruck der „New-Economy"-Krise hatte ich 2001 in Alpbach Bedenken formuliert, die in eine ähnliche Richtung gingen: „Der Fetisch Marktkapitalisierung hat sich als problematisch erwiesen. Viele der an die Kursentwicklung gekoppelten Anreizsysteme (etwa die sogenannten ‚stock options', also begünstigte Bezugsprogramme

---

[76] Rakesh Khurana, „Eine neue Art von Druck", Die Zeit vom 14.12.2006.
[77] Vgl. Olaf Storbeck, „Weniger Staat, mehr Krise", Handelsblatt vom 08.07.2010.

für Aktien des eigenen Unternehmens) verleiten zu extremer Kurzfristigkeit und verdrängen auf Nachhaltigkeit setzende Verhaltensweisen. Mit heroischer Shareholder-Value-Rhetorik wurde von so manchen Kapitalmarkt-Spielern Missbrauch getrieben und in die eigene Tasche gearbeitet. ... Erst im Nachhinein fällt auf, dass die einseitige Fixierung auf die Eigenkapitalrendite (Return on equity/ROE) bei vielen Unternehmen dazu führte, dass sie eben diese Kennzahl durch erhöhte Fremdmittelaufnahmen – einen erhöhten ‚leverage' – hochgetrieben haben, ohne real ebenso viel mehr verdient zu haben.

Während der Return on equity der untersuchten US-Unternehmen seit 1991 um erstaunliche 108 % gestiegen war und damit um immerhin 30 % über dem langjährigen Schnitt lag, konnte innerhalb des gleichen Zeitraums der Return on capital, also die Rendite bezogen auf das Gesamtkapital, nur um – wesentlich weniger spektakuläre – 13 % zulegen."[78]

Mit anderen Worten: Die gestiegenen Gewinne der Finanzwirtschaft spiegelten nicht etwa ebenso positive Entwicklungen der Realwirtschaft wider, sie waren vielmehr das Resultat reiner – meist spekulativer – Finanztransaktionen. Höhere Gewinne in der Finanzwirtschaft lassen sich immer nur auf Zeit aufrechterhalten – langfristig können sie nicht über jenen der Realwirtschaft liegen.

Ganz deutlich zeigt sich das in der kumulativen Betrachtung der Wertentwicklung am US-Markt zwischen 2000 und 2009. Alle in der Phase des Aufschwungs in der Finanzwirtschaft aufgebauten „Werte" wurden mit der Finanzmarktkrise wieder vernichtet.[79]

Die damals in Alpbach angesprochenen Trends verstärkten sich im Vorfeld der Krise noch weiter – und heute, nach der Krise, rückt die Finanzbranche offenkundig weniger denn je vom Dogma ab, die Ho-

---

[78] Wilfried Stadler, New Economy – New Finance – Krise und Zukunft der Unternehmensfinanzierung in Europa, Referat beim Finanzsymposium Alpbach 2001.
[79] Vgl. dazu „A special report on financial risk", Economist vom 13.02.2010.

norarsysteme ihrer Führungskräfte an augenblicksbezogenen Marktwerten und am Shareholder Value auszurichten.

Im Oktober 2010 machten denn auch Meldungen die Runde, wonach die Boni für Investmentbanker in den USA 2010 wieder auf einem neuen Rekordniveau liegen würden – und das, nachdem die Krise nur dank staatlicher Intervention und internationaler Kooperation nicht zur Katastrophe ausgeartet war.

Inflationäre Geldschöpfung wird belohnt

Hinter dem selbstbewusst vorgetragenen Anspruch der Banken- und Finanzbranche, die bestbezahlten Manager und Mitarbeiter zu haben, steht die Behauptung, dort würde die höchste Wertschöpfung erzielt. Bis heute ist es mir unbegreiflich, warum die gesamte „Realwirtschaft", also die Vertreter jener Unternehmen, die sich mit Produkten und Dienstleistungen am Markt behaupten müssen, dieser Lebenslüge nicht heftig widerspricht.

Die Krise hat mit nicht zu überbietender Deutlichkeit gezeigt, dass ein sehr großer Teil der Bankengewinne der Vorjahre innerhalb kürzester Zeit durch drastische Verluste ausgelöscht wurde. Offensichtlich gab es in den Jahren davor aus dem Finanzsystem keine reelle Wertschöpfung, sondern lediglich eine durch die prozyklischen Auftriebskräfte herbeigeführte Serie von Augenblickserfolgen. Diese verdankten sich vor allem der Ausweitung der Verschuldungsspielräume und einer extremen Expansion neuen, durch Kredite geschaffenen Buchgeldes.

Denn Wertschöpfung, die den Namen verdient, kann in der Finanzwirtschaft nur in jenen Geschäftsbereichen entstehen, in denen sie ihre Funktionen für Unternehmen und Haushalte durch Risikoübernahme und entsprechende Dienstleistungen erfüllt. Der entsprechende Ertrag unterliegt in der Regel keinen großen Schwankungen und schwankt im Wesentlichen mit den Veränderungen der Realwirtschaft.

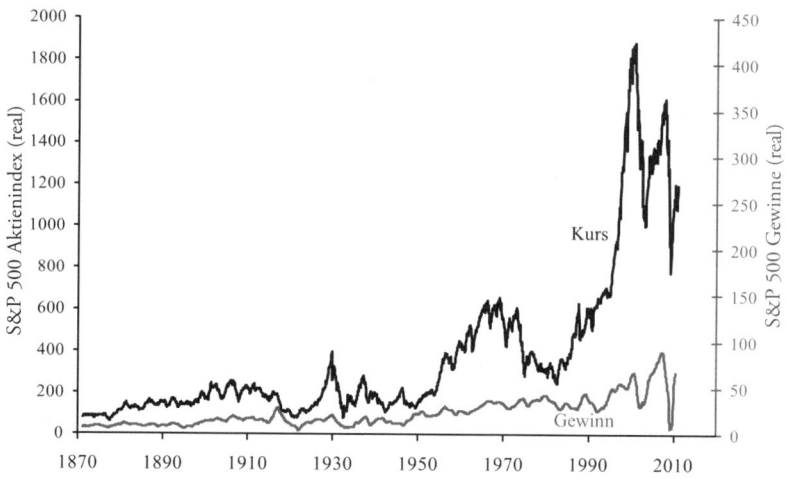

Abb. 13: Historische Entwicklung der Börsenkurse von US-Unternehmen im Vergleich zu den erzielten Gewinnen

Eine darüber hinausgehende Wertschöpfung, die nur auf exzessiver, vorübergehend erhöhter Geldschöpfung beruht, sollte daher nicht mit außergewöhnlich hohen Gehältern und Boni belohnt werden. Weil Geldschöpfung Wertschöpfung nicht ersetzen kann, gibt es keinen plausiblen Grund, die extensive Ausdehnung der Verschuldungsspielräume von Banken mit strukturell höheren Gehältern und Bonussystemen zu belohnen, als es vergleichbaren Leistungen in der Realwirtschaft zukommt.

Die „Incentive"-Systeme für Bankmanager steigerten die gefährlichen Effekte einer durch prozyklisch wirkende Spielregeln geförderten Geldmengenvermehrung, indem sie den Maßstab des „Return on Equity" über alles stellten.

Die Verzinsung des Eigenkapitals – der Return on Equity (ROE) – wurde zum Fetisch. Deutsche-Bank-Chef Josef Ackermann ging seinen Branchenkollegen mit der im Grunde völlig unrealistischen Forderung nach einer 25%igen Eigenkapitalrendite voran.[80] Diese fällt bekanntlich umso höher aus, je niedriger im Vergleich zu den Fremdmitteln das eingesetzte Eigenkapital ist. Wir wissen inzwischen, dass dieses Eigenkapital bis zum Exzess ausgedünnt wurde und dass es dafür bilanzielle und regulatorische Erleichterungen gab. Aber es ist wohl bis heute noch zu wenig klar geworden, wie kontraproduktiv die Erfolgsmessung am ROE war, indem sie diese Tendenzen noch weiter verschärfte.

Nobelpreisträger Joseph Stiglitz stellte in einer Ursachenanalyse der Finanzkrise die fehlgeleiteten Incentive-Systeme sogar an die Spitze der auslösenden Probleme. Sie hätten in Verbindung mit den Bilanzierungsregeln dazu verleitet, Erträge in der Gewinn- und Verlustrechnung wohl auszuweisen, Risiken jedoch kleinzurechnen oder – gemeint sind Kreditgarantien – gar unterhalb der Bilanz auszuweisen.[81]

Eine Untersuchung des amerikanischen Bankensystems hat gezeigt, dass die laufenden Erträge der Banken aus ihrem „normalen" Geschäft mit Unternehmern und Sparern seit Mitte der Neunzigerjahre weitgehend konstant waren. Von daher wären also auch überproportionale Steigerungen bei den Boni nicht zu rechtfertigen gewesen. Der entscheidende Grund dafür, dass viele Banken über Jahre hinweg einen durchschnittlichen ROE von über 15 % halten konnten, war die in dieser Zeit stattfindende Verlängerung der Bilanzen. Bei dünnerer Eigenmitteldecke eine ständig höhere Verschuldung für Neuinvestitionen in Finanzprodukte einzugehen, führte zu „nachhaltigen" Scheingewinnen, bis die Blase 2008 letztlich doch platzte. Und dennoch werden bis heute die Incentives für Händler nach den Buchgewinnen berechnet.[82]

---

[80] Nach der Finanzkrise beginnt auch die Deutsche Bank ihre Eigenkapitalrenditeziele auf realistischere Niveaus zurückzuschrauben. Die Integration der Postbank, die als klassische Retail-Bank mit vielen kleineren Kunden ein solides Grundgeschäft mit weniger spektakulären Renditemöglichkeiten hat, trägt dazu bei. Die neue – immer noch sehr ambitionierte – Zielgröße dürfte etwa bei etwa zwölf bis 14 Prozent liegen.
[81] Joseph E. Stiglitz, The economic crisis of 2007/8 and its macroeconomic consequences, S 1.
[82] „The Goldman Show", Financial Times vom 05.05.2010.

Während des Zeitraums von 1980 bis 2009 stieg der Anteil des Finanzsektors an der gesamten Marktkapitalisierung aller amerikanischen Unternehmen von fünf Prozent auf deutlich über 35 Prozent an. Zu beachtlichen Teilen spiegelt diese Steigerung jene krisenhafte Überhitzung wider, die später zu einem großen Rückschlag führte. Dennoch knüpfen die Vertreter der Finanzbranche an ebendiese ungesunde Aufblähung ihres Sektors den Anspruch auf ihre unanfechtbare Vorrangstellung bei Entlohnungs- und Bonussystemen.

Ein Legitimationsproblem

Die Selbstverständlichkeit, mit der von der Finanzbranche, aber auch von jenen Unternehmen der Realwirtschaft, die am stärksten an der „reinen" Shareholder-Value-Lehre orientiert sind, für sich ein strukturell gegenüber der sonstigen Wirtschaft höheres Gehaltsniveau fordern, hat dem Image von Führungskräften Schaden zugefügt. Das lässt sich durch Umfragen nachweisen, drückt sich aber auch in einer so merkwürdigen Rückmeldung aus, wie sie etwa das deutsche „Manager-Magazin" im Mai 2009 in einem Leserbrief folgenden Inhalts erreichte: „Mir gefällt Ihr Magazin. ... Ich könnte mir durchaus vorstellen, auch weiterhin Ihr Leser zu bleiben. Aber es gibt etwas, was mir keineswegs gefällt. Das ist der Name des Magazin. Das Wort „Manager" ist für mich in den letzten Jahren zum roten Tuch geworden. Für mich gehört ein Großteil der Manager zu den Leuten, die in erster Linie nur an sich selbst gedacht haben."[83] So wenig ich mich mit diesem Pauschalbefund identifiziere, kann ich doch verstehen, wie es zu einem solchen Zerrbild kommen konnte.

Jahrzehntelang hatte sich weltweit ein Entlohnungssystem für Führungskräfte bewährt, das im Wesentlichen marktgerechte Jahresgehäl-

---

[83] Manager-Magazin 5/2009, S 174.

ter über eine zuhöchst fünfjährige Vorstandsperiode vorsah. Besondere Erfolge wurden durch Prämien abgegolten. Selbst in den USA gab es bis Ende der Achtzigerjahre eine über lange Zeit konstante Relation zwischen den Gehältern von Beschäftigten der unteren Gehaltsstufen eines Unternehmens zu jenen der Chefs. Sie betrug damals in etwa eins zu 40. In den Jahren des – letztlich künstlichen, durch Finanzinstrumente getriebenen – Booms stieg diese Relation bei den 500 Unternehmen des Standard&Poors-Aktienindex auf etwa eins zu 450. Um mehr als einen Zehnerfaktor also in nur eineinhalb Jahrzehnten.

Weniger drastisch fielen die Steigerungen in Europa aus. Am Beispiel des deutschen Top-Börsensegments DAX lässt sich ablesen, dass der Chef eines DAX-Konzerns 1998 zwanzigmal so viel wie der Durchschnitt seiner Mitarbeiter verdiente. 2008 war es dann bereits das 49fache.[84]

Eine kritische Untersuchung der Unternehmensberatung ATKearney zeigte schon 2002, dass die kapitalmarktorientierten Entlohnungssysteme der Spitzenkräfte weit überproportional zu den Gewinnen gestiegen waren. Ein noch deutlicheres Delta entstand gegenüber den Steigerungen der Löhne für Arbeiter. Die Kluft zwischen unten und oben erreichte eine nie gekannte Größenordnung. Verloren geht die Mitte – längst messbar an den stagnierenden Einkommen des Mittelstandes und der drohenden Verarmung jener Schichten, die trotz Arbeit keine ausreichendes Einkommen verdienen, um sich und ihre Familie zu ernähren (working poor).

Hauptgrund für die exorbitanten Steigerungen der Spitzeneinkommen für Manager insbesondere von börsennotierten Banken war die Einführung der Aktienoptionen als Anreiz zur Steigerung des Shareholder Value. Die vermeintliche Gleichschaltung der Interessen von Management und Aktionären an Kurssteigerungen lieferte den Anlass, alle bilanziellen Möglichkeiten und Gestaltungsspielräume rund um Bilanzen und das „Story Building" aufsteigender Unternehmen zu nutzen.

---

[84] „Der große Bluff", Manager-Magazin 12/2009.

Man tat es ja nie nur sich selbst zuliebe, sondern konnte damit immer auch dem Shareholder Freude bereiten.

Legendär wurde die bildhafte Begründung von Chuck Prince, dem damaligen Chief Executive Officer (CEO) der Citigroup, für das Verhaltensmuster der Bankmanager bis zum Ausbruch der Krise: „As long as the music is playing, you´ve got to get up and dance." Nun, Teil des offensichtlich zur kollektiven Euphorie führenden Musikrausches waren wohl auch die verlockenden Schalmeientöne der Bonusprogramme, die sofortigen Geldsegen für Kurzfristerfolge auf dem Tanzparkett der Finanzinnovationen in Aussicht stellten.

Wer zu früh von der Tanzfläche ging, hatte mit Sanktionen des Kapitalmarktes und der Medien zu rechnen. Um es dennoch zu tun, musste man ein eigenständiges Urteil und einen breiten Rücken haben. Als eines der wenigen positiven Beispiele für eine solche Haltung gilt Jamie Dimon, der 2007 mit der von ihm geführten Investmentbank JPMorgan im ROE-Konkurrenzvergleich um fünf Prozentpunkte zurückblieb. Er stieß damit auf heftige Kritik von Investoren, bis die bald danach auftretende Krise seinem vorsichtigeren Kurs recht gab.

Die Verantwortung der Aufsichtsräte

Selbst bestgeführte Unternehmen mit perfekter, regelkonformer Corporate Governance[85] waren im vergangenen Jahrzehnt Teil einer immer stärker kapitalmarktorientierten Finanzmarkt- und Unternehmenskultur, die sich nun als höchst korrekturbedürftig erweist.

Ein besonders sensibles Anwendungsfeld solcher Systemkorrekturen liegt im Bereich der Remunerations- und Incentive-Systeme für Führungskräfte. Sie haben zu sonderbaren Auswüchsen geführt, die tole-

---

[85] Corporate Governance ist der Überbegriff für das möglichst ausgewogene Zusammenspiel von Unternehmensführung und Aufsichtsorganen in Unternehmen.

riert wurden, solange die Erwartungen der Shareholder erfüllbar waren. Nachdem das Bankensystem durch Staatsgarantien und Steuermittel aufgefangen werden musste, ist die Bereitschaft, überzogene Bonussysteme zu akzeptieren, in den Medien und in der von den Krisenschäden betroffenen Bevölkerung weitgehend verschwunden.

Die meisten Entlohnungssysteme für Führungskräfte waren auf zeitpunktbezogene Maßstäbe wie die jeweilige Börsenkapitalisierung und kurzfristige Markterfolge abgestellt. „Ein Bonussystem, das einem Verantwortlichen in einem Jahr hohe Einkünfte gibt, wenn das von ihm praktizierte Geschäftsmodell hohe Buchgewinne erzeugt, in einem anderen Jahr aber, wenn dieses Geschäftsmodell Verluste erzeugt, keine entsprechenden Rückzahlungen verlangt, schafft einen künstlichen Anreiz zum Eingehen von Risiken nach dem Prinzip „Kopf – ich gewinne; Zahl – die Bank verliert", heißt es dazu treffend im Beiratsgutachten für das deutsche Wirtschaftsministerium.[86]

Mittlerweile scheint sich in diesem Bereich die Meinung durchzusetzen, man müsse nun wieder auf nachhaltigere, echte Wertschöpfung messende Indikatoren setzen und kurzfristige, an Markt- und Kurswerten orientierte Stock-Option-Programme abbauen. Die lapidare Begründung liefert Joseph Stiglitz: „The use of stock options encourages bad accounting practices."[87]

Es irritiert bisweilen, dass dieselben hochspezialisierten Berater, aus deren Feder die – so ist zu hoffen – auch zuvor nicht leichtfertig und ohne Bedachtnahme auf Nachhaltigkeit geschaffenen Incentive-Programme stammen, nun wieder zu den Avantgardisten der neuen Mode gehören. Und es sind oft die gleichen Aufsichtsräte, die sich nun mit der Revision der einst unter dem Beifall der Analysten von ihnen selbst eingeführten Programme zu befassen haben.

---

[86] Studie des Wissenschaftlichen Beirates im Bundesministerium für Wirtschaft und Technologie, a.a.O., S 39.
[87] Joseph E. Stiglitz, a.a.O., S 1.

Jedenfalls sollten im Bereich der Remuneration Regeln zu finden sein, die faires und maßvolles Verhalten besser stellen als „moral hazard". Der deutsche Gesetzgeber verpflichtet mittlerweile Aufsichtsräte ausdrücklich dazu, die Angemessenheit von Gehaltsstrukturen zu überprüfen und bei nachteiliger Geschäftsentwicklung eine solche Angemessenheitsprüfung sogar bis zu drei Jahre nach dem Ausscheiden von Führungskräften vorzunehmen.

Die diesbezüglichen EU-Richtlinien sehen vor, dass in Zukunft ein wesentlicher Teil (mindestens 40 Prozent) der variablen Vergütung für Manager über mehrere Jahre hinweg (wenigstens fünf) ausgezahlt werden. Weiters sollen 50 % der variablen Vergütung in Aktien oder gleichwertigen „unbaren" Zahlungsinstrumenten abgegolten werden. Verstärkte Eingriffsrechte und Gehaltsobergrenzen sind bei all jenen Instituten vorgesehen, die auf direkte staatliche Unterstützung angewiesen sind.

Verstörend an diesen Neuregelungen erscheint mir das Festhalten an Regelungen, die eng an die Aktienentwicklung gekoppelt sind und damit am Systemfehler der Orientierung an Augenblickswerten und nicht realisierten Buchgewinnen festhalten.

Vorstands-Trading – ein Insidergeschäft?

Ein verwandter Bereich, in dem gerade im Gefolge der Krise kapitalmarktorientierte Spielregeln korrigiert werden, ist der Eigenhandel von Führungskräften mit Aktien des von ihnen geführten Unternehmens. Seit kurzem ist eine EU-Richtlinie in Diskussion, mit der Vorstands-Trading wegen seiner Anfälligkeit für Insidervorfälle sogar verboten werden soll.

Schon bisher war es naheliegend, gegenüber Vorstands-Trading aus grundsätzlichen Gründen skeptisch zu sein – aber angesichts der übermächtigen Mainstream-Argumentation, das Engagement von Vorständen als Aktionär im eigenen Unternehmen fördere die Übereinstimmung der Managementmotivation mit den Zielen der Shareholder, wäre eine solche Skepsis bis vor kurzem noch als kapitalmarktschädlich eingeschätzt worden.

Nun scheint die Ansicht an Raum zu gewinnen, dass die Ermunterung an das Management, Kursschwankungen des eigenen Unternehmens für private Vermögensvorteile zu nützen, auch zu Interessenkonflikten und zur Trübung des Urteilsvermögens in kritischen Unternehmenssituationen führen kann.

Das Menschenbild hinter den Incentive-Systemen

In den oft hitzigen Diskussionen um die Angemessenheit von Bonussystemen fällt auf, dass nur selten die Frage nach dem damit verbundenen Menschenbild gestellt wird. Immer wieder wird behauptet, man verliere gute Leute, wenn nicht entsprechend kompetitiv bezahlt würde. Derber ausgedrückt: Man müsse Spitzenkräften eine „Karotte" vorhalten, damit sie aktionärskonform funktionieren. Diese Aussage verwundert nicht nur vor dem Hintergrund der meist weitgehend starren Entlohnungssysteme bei der großen Zahl der Mitarbeiterinnen und Mitarbeiter, die nicht in Führungspositionen ihr Geld verdienen. Sie weist auch auf ein Menschenbild hin, das überall dort, wo es um Fragen der guten Managementpraxis geht, längst überholt schien.

Schon allzu lange zurück liegt die Hochkonjunktur von Gegenthesen, in denen statt einseitiger Betonung rein monetärer Anreize der Stellenwert anderer Formen von Motivation betont wird. Im Gegenteil, der „Mythos Motivation"[88] scheint gerade in der Finanzwirtschaft eine Sonderstellung einzunehmen.

---

[88] Vgl. Reinhard Sprenger, Mythos Motivation, 17. Auflage, Frankfurt am Main 2004.

Zur Legitimation extremer Prämiensysteme werden nicht selten die Gebräuche im teuren Starwesen des Spitzensports herangezogen. Warum daraus folgt, dass die Boni gerade in börsennotierten Unternehmen, insbesondere aber in der Finanzwirtschaft, regelmäßig strukturell wesentlich üppiger auszufallen haben als in den übrigen Unternehmen der Realwirtschaft, bleibt dennoch offen.

Neben dem Argument hoher Renditen wird meist auf die Notwendigkeit verwiesen, mit dem Wettbewerb mithalten zu müssen, um die besten Spezialisten zu binden.[89] Schließlich hätten die Banken eine wichtige gesamtwirtschaftliche Funktion, weshalb dort auch entsprechend qualifizierte Leute gefragt seien – was allerdings zweifellos auch für Führungskräfte in Krankenhäusern oder in Industrieunternehmen gelten müsste.

Letztlich bestehen die Vertreter der Branche, insbesondere aus dem Bereich Investmentbanking, auf einer herausgehobenen Sonderrolle ihres Tuns gegenüber allen anderen Berufszweigen. Man möge den Banken nur ja keine zu engen regulatorischen Zügel anlegen, weil sie sonst ihrer wichtigsten Funktion nicht nachkommen könnten: Märkte zu schaffen.[90]

Die gesamte Argumentationskette, mit der unter anderem begründet wird, warum an die Mitarbeiter der 35 wichtigsten amerikanischen Finanzhäuser 2010 bereits wieder eine absurd überhöhte Rekordsumme von 144 Mrd US-Dollar an Bonuszahlungen ausgeschüttet wird, bricht allerdings in sich zusammen, wenn man den Wertschöpfungsbeitrag der Branche grundsätzlich für weit überschätzt erachtet, weil er zu weiten Teilen auf Scheingewinnen beruht.

---

[89] Vgl. Interview mit Brady Dougan, CEO der Schweizer Großbank Credit Suisse, „Wir zahlen nicht mehr als nötig", Die Zeit, 28.10.2010, S 28.
[90] Alexander Dibelius, Leiter von Goldman Sachs Deutschland, Gastkommentar „Zurück aus der Parallelwelt" im Handelsblatt 210/2010, S 72.

Elemente einer neuen Finanzmarkt-Architektur

Die Folgen der Finanzkrise sind so gravierend und werden uns noch so lange beschäftigen, dass die gesamte Öffentlichkeit und mit ihr Politik und Medien immer drängender die Frage nach Auswegen aus dieser menschengemachten Wirtschaftskatastrophe stellen. Die Schätzgrößen für den seit Mitte 2007 erlittenen Wohlstandsverlust liegen mit Berücksichtigung der Verluste an den Börsen, der geringer bewerteten Immobilien und der Wohlstandsverluste durch geringeres Wirtschaftswachstum in den betroffenen Ländern in einer Größenordnung von 15 Billionen Dollar.[91]

Wenn etwas so gründlich schiefläuft wie das in den vergangenen Jahren mit Eigenlob üppig wuchernde Finanzsystem, dürfen sich dessen Protagonisten über massive Kritik nicht wundern. Wer jahrelang höhere Renditen versprach als die von ihrer Krise nun doppelt betroffene Realwirtschaft, dem will man heute kaum glauben, das alles sei nicht vorhersehbar gewesen.

Dennoch meine ich, dass die Erklärung weder in einer außer Rand und Band geratenen Gier von Finanzmanagern und Anlegern zu finden ist noch in dem Versuch, das Verhalten der Marktteilnehmer ex post zu kriminalisieren. Ja, es gab nicht wenige, die vorhandene Spielregeln so exzessiv überdehnt haben, dass sie sich damit nicht nur charakterlich disqualifiziert, sondern sogar die Grenzen der groben Fahrlässigkeit überschritten haben. Und es gab Einzelne, die die Spielregeln mit kri-

---
[91] „Lehren aus der Finanzkrise", Handelsblatt 176/2010, S 6.

mineller Energie bewusst missbraucht haben und damit zum Fall für die Strafgerichte wurden.

Aber die Summe ihrer schlechten Eigenschaften würde multipliziert mit ihrer Gesamtzahl nicht ausreichen, um damit das Finanzmarktdesaster zu erklären. Denn die ganz große Mehrzahl der Finanzprofis, Kommunikationsspezialisten, Rechtsexperten, Bilanzprüfer, Regulatoren und in der Politik Tätigen hat sich darum bemüht, im Jahrzehnt der Kapitalmarktorientierung einen anständigen Job zu machen.

Gelernt hatten sie von Professoren, die an kapitalmarktorientierte Bilanzen und Regulierungen glaubten, und gehandelt haben sie nach Theorien von bestechender, mehrfach nobelpreiswürdiger Eleganz, unter dem Applaus der Medien, mit dem Segen der Wirtschaftsforschungsinstitute, unter den Auspizien strenger Aufsichtsbehörden und Notenbanken.

Die Erklärung der Ursachen muss daher ebenso wie die Suche nach geeigneten Auswegen auf einer übergeordneten, systemischen Ebene liegen. Tiefgreifende Korrekturen werden nur dann durchsetzbar sein, wenn auch eine Neuorientierung jener wirtschaftstheoretischen Mainstream-Konzepte in Gang kommt, die dem Bau von Einbahnstraßen in die Krise zugrunde gelegen sind.

Die neue Finanzmarkt-Ökonomie: Der Markt hat nicht immer recht

Es ist ein königliches Privileg, die ganz einfachen Fragen zu stellen. Queen Elizabeth brachte wenige Wochen nach der Lehman-Pleite anlässlich der Eröffnung eines Erweiterungsbaus der Universität Cambridge im Herbst 2008 die versammelte Prominenz der renommiertesten Ökonomen der London School of Economics mit der einfachen Frage in Verlegenheit: „Why did no one see the financial crisis coming?"

Ein erster, entwaffnend ehrlicher Antwortversuch des Dekans lautete so: „Es verließen sich immer alle auf die anderen und dachten, sie machten es im Grunde richtig."[92] Später, nach einer mehr als halbjährigen Schrecksekunde, ermannte sich schließlich die Professorenschaft und schrieb an ihre Königin unter der Federführung des Forschungsdirektors einen offenen Brief.

Darin bekannten die Gelehrten, dass all jene Finanz-Zauberer („financial wizards"), die von der Unfehlbarkeit ihrer Methoden des Risikomanagements so überzeugt waren, einer unheilvollen Kombination von Wunschdenken und Hybris erlegen waren. Die Unfähigkeit, Zeitpunkt und Ausmaß der Krise rechtzeitig vorherzusehen, sei ein kollektives Versagen vieler intelligenter Menschen in Bezug auf das Erkennen grundlegender systemischer Risiken gewesen – ein „failure of the collective imagination of many bright people".

Die systemischen Risiken blieben ausgeblendet

Tatsächlich hatte nur eine verschwindend kleine Minderheit von Experten davor gewarnt, dass die über Jahre aufgetürmten spekulativen Buchgeldbestände eines Tages in einen Zusammenbruch münden würden. Die ganz große Zahl der „Mainstream"-Ökonomen glaubte bis zuletzt auch in turbulenten Zeiten an die ausgleichenden Kräfte des Marktes und war darin eines Sinnes mit den Analysten der Finanzbranche. Vor allem aber: es waren nur Einzelpersonen, jedoch keine einzige namhafte Institution oder Forschungseinrichtung, von denen skeptische Einschätzungen zu hören waren.

Warum auch sollte der sich selbst überlassene Markt mit einem Mal nicht mehr auf die bewährten Methoden konjunktureller Feinsteue-

---

[92] Im englischen Original: „At every stage, someone was relying on somebody else and everyone thought they where doing the right thing."

rung reagieren? Und warum hätte man sich nicht auf die Notenbanken mit ihrem wirkungsmächtigen Instrumentarium der Zins- und Geldpolitik verlassen sollen? Und war nicht das Bankensystem durch immer strengere Risikoklassifizierungen entlang von Ratingstufen so transparent wie noch nie zuvor? Erst heute wissen wir mehr über die fatale Ursachenkette, die zu einer Katastrophe geführt hat, die vom Zeitpunkt und von ihrer Dimension her für alle Experten überraschend war.

Der österreichische Wirtschaftsforscher Gunther Tichy hat sich der Mühe unterzogen, die gesamte ökonomische Vor-Krisenliteratur auf warnende Hinweise durchzusehen. Er stellt fest, dass „keine einzige Arbeit gefunden werden konnte, die die Tiefe der Krise und ihre weltweite Ausbreitung vorausgesehen hat".[93] Wohl seien zahlreiche Problembereiche thematisiert worden, die Anlass zur Sorge gaben: Probleme auf den zur Bildung spekulativer Blasen neigenden Asset-Märkten, Schwächen der Regulierung und die Problematik bestimmter Finanzinnovationen. Alle die heute als entscheidend angesehenen Ursachen, vor allem aber deren Zusammenspiel, wurden jedoch kaum erkannt oder in systemischer Weise miteinander verknüpft.

Dem Wissenschaftstheoretiker Thomas S. Kuhn verdanken wir den Begriff des „Paradigmenwechsels".[94] Er verwendet ihn für wissenschaftliche Revolutionen wie eben jene, vor der nun die Nationalökonomie steht. Noch lässt sich allerdings nicht abschätzen, wie lange es dauern wird, bis Ökonomen nicht nur plausible Antworten auf einfache Fragen zu den Ursachen der Finanzmarktkrise geben können, sondern auch ihre Theorien so adaptiert haben, dass sie nicht ständig neuen Krisen auf die Sprünge helfen.

Vor jedem Neubeginn muss das Eingeständnis stehen, dass die herkömmliche Finanzmarktökonomie an der Wirklichkeit gescheitert ist.

---

[93] Gunther Tichy, War die Finanzkrise vorhersehbar?, Verein für Sozialpolitik, Perspektiven der Wirtschaftspolitik 2010, S 356–382.
[94] Thomas S. Kuhn, Die Struktur wissenschaftlicher Revolutionen, Frankfurt/Main 1976.

Eine der Hauptursachen dafür liegt in ihrer Entfernung von einer tragfähigen Einbettung in den gesamtgesellschaftlichen Zusammenhang. Adair Turner, Chef der britischen Finanzaufsicht, wagte als einer der ersten Repräsentanten aus dem Herzen des Systems dieses Defizit anzusprechen. „Auf der ganzen Welt haben wir uns zu sehr auf die Effizienz und die Selbstheilungskräfte der Märkte verlassen. Das ist ein grundsätzliches Problem des ökonomischen Denkens. In den vergangenen 25 Jahren haben die Volkswirte mit immer ausgefeilteren mathematischen Modellen zu beweisen versucht, dass Märkte effizient sind und sich Übertreibungen von selbst korrigieren. Sie haben den Zentralbanken und Aufsichtsbehörden geraten, sich herauszuhalten. Heute erleben wir nicht nur eine Krise des Finanzsystems, wir erleben eine Krise bestimmter intellektueller Annahmen, die sich schlicht und einfach als falsch herausgestellt haben."[95]

Der Siegeszug der Marktfundamentalisten

Anfang der Siebzigerjahre wurde in den USA die aus der Nachkriegszeit gewohnte Arbeitsteilung zwischen Markt und (Wohlfahrts-)Staat erstmals in Frage gestellt. Hatte sich sogar der republikanische Präsident Nixon noch als Keynesianer und damit als Befürworter von Staatsinterventionen bekannt, änderte sich das Meinungsklima nach dem Zusammenbruch des Nachkriegswährungssystems mit seinem an den Dollar – und damit indirekt an den Goldstandard – gebundenen Wechselkursen. Nun entschieden nicht mehr Politiker, sondern Marktkräfte über Wechselkurse.

Auch zeigte sich nach dem Ölpreisschock von 1973 mit der ihm nachfolgenden Stagflation, dass der steigenden Arbeitslosigkeit und Inflation mit keynesianischer Nachfragesteuerung nicht mehr beizu-

---
[95] Adair Turner, Gespräch in der Zeit vom 04.06.2009, S 28.

kommen war. Die Antwort des „Monetaristen" Friedman und seiner Schüler („Chicago-Boys") auf diese Situation lautete, die Regierung solle sich besser aus der Konjunkturpolitik heraushalten und sich auf ein moderates Wachstum der Geldmenge konzentrieren. Später wurde diese Strategie durch das Konzept der „Angebotsorientierung" ergänzt. 1976 erhielt Milton Friedman den Wirtschaftsnobelpreis. Seine Theorie der Geldmengensteuerung wurde zum Leitmodell auch der europäischen Notenbanken. Schon zwei Jahre davor hatte die Verleihung des Nobelpreises an den gebürtigen Österreicher Friedrich August von Hayek eine Schneise für wirtschaftsliberale Theoriegebäude geschlagen. Bald darauf wurde zunächst in England und den USA und ab Mitte der Neunzigerjahre auch in Europa die wirtschaftsliberale Doktrin zur vorherrschenden Triebkraft politischer Reformen.[96]

Über lange Zeit kam es nun nach schlechten Erfahrungen mit zu hohem Staatseinfluss zu erfolgreichen Reformen in Richtung Privatisierung, Liberalisierung und Deregulierung. In vielen Ländern Kontinentaleuropas gelang eine fruchtbare Synthese mit den dort vorherrschenden sozialmarktwirtschaftlichen Traditionen. Problematisch wurde die Sache erst, als die unbestreitbaren Erfolge im Lauf der Jahre zu einer unkritischen Monopolisierung marktfundamentalistischer Haltungen führten.

Der Wirtschaftspublizist Olaf Storbeck beschreibt das Problem der schleichenden Dogmatisierung wirtschaftsliberalen Denkens so:[97] „Die Mainstream-Makroökonomen leben in einer Scheinwelt, die mit der Wirklichkeit nur zufällige Parallelen besitzt." In weiten Teilen der etablierten Makroökonomie habe sich eine fast religiöse Marktgläubigkeit etabliert. Aus der richtigen Erkenntnis, dass der Markt in den meisten Fällen die besseren Ergebnisse liefert, hätten liberale Ökonomen den falschen Schluss gezogen, dies sei immer und auf allen Märkten der Fall.[98]

---

[96] Nikolaus Piper, „Die unheimliche Revolution", Die Zeit vom 05.09.1997, S 37.
[97] Olaf Storbeck, Die Jahrhundertkrise, Stuttgart 2009.
[98] Olaf Storbeck, Ein Leben in der Scheinwelt, Handelsblatt vom 24./25.09.2010, S 10 f.

Schönheit mit Wahrheit verwechselt: die ausgeklammerte Wirklichkeit

Besonders fatal wirkte sich die um sich greifende Monokultur in den Wirtschaftswissenschaften auf die Finanzwirtschaft aus. Denn während in der Realwirtschaft die Messung konkreter Erfolge an tatsächlichen Umsatzerlösen, aufgewendeten Kosten und erzielten Erträgen letztlich immer für eine gewisse „Bodenhaftung" der darauf angewendeten Theorien sorgt, drohen die Wertmaßstäbe in der Finanzwirtschaft zu entgleiten.

Schon nach Milton Friedmans Durchbruch tauchte die Frage auf, ob überhaupt und welche Geldmenge denn zu steuern sei. Diese Unschärfe wurde im Laufe der Zeit größer. Weitgehend ausgeblendet blieb der analytische Blick auf jene Mechanismen der ungezügelten Kredit- und Buchgeldvermehrung im Bankensystem, mit denen die Krise beschleunigt wurde.

So groß war das Vertrauen in effiziente Märkte, dass man zwar alles über die Mengen- und Preisbewegungen von Gütern und Dienstleistungen modellhaft abzubilden suchte, die Entwicklung der Asset-Preise jedoch ausgeklammert blieben. Diese müssen tatsächlich nicht gesondert Berücksichtigung finden, wenn effiziente Märkte bei vollständiger Information dafür sorgen, dass sie stets ein genaues Abbild der ökonomischen Wirklichkeit sind. Erst seit der Krise wird klar, dass es eben gerade die verzerrten Asset-Preise auf entfesselten Finanzmärkten waren, die das Funktionieren „rationaler" Preisfindung phasenweise ganz außer Kraft setzen konnten.

Bis heute kommen jedoch in den Methoden und Modellen der Makroökonomie, also jenem Teil der Volkswirtschaftslehre, der sich mit den Zusammenhängen zwischen gesamtwirtschaftlichen Größen befasst, Banken gar nicht oder nur ganz am Rande vor. So klammert etwa das makroökonomische Modell der Bank of England Finanzintermediäre – also Banken und andere Kapitalsammelstellen – explizit aus.

Im „Beipackzettel" liest sich das dann so: „The model is not, therefore, directly useful for issues where financial intermediation is of first-order importance", mit anderen Worten: es kann zur Erklärung der Finanzkrise nichts beitragen.[99]

Ausgeklammert bleibt damit auch das gesamte Feld der finanzwirtschaftlichen Phänomene – vom irrationalen Überschwang über die Reflexivität des Marktverhaltens bis zur prozyklischen Kapitalaushöhlung. Die Schnittstellen zwischen der Finanzwirtschaft und der Realwirtschaft sind noch immer wirtschaftswissenschaftliches Neuland.

Zwar gibt es bedeutende Randfächer der Ökonomie, in denen die beobachtbaren neuen Wirklichkeiten wichtige Nischenplätze erobern konnten. Ein Beispiel dafür ist „Behavioral Finance". In diesem verhaltenswissenschaftlich orientierten Fach werden menschliche Handlungsmuster in wirtschaftlichen Entscheidungssituationen untersucht, die über das vorherrschende Modell des stets rational handelnden „Homo oeconomicus" hinausgehen, indem sie Opportunismus, Machtstreben, Nachahmung oder auch Herdentrieb in finanzwissenschaftliche Modelle integrieren. Aber nur in raren Ausnahmefällen schaffen es die dort gewonnenen Erkenntnisse in die heiligen Hallen der reinen Theorie vom allzeit effizienten Markt.

Paul Krugman begründet dieses kognitive Ausblenden wesentlicher, für das Verstehen der Funktionsweise von Finanzmärkten unverzichtbarer Wirklichkeiten mit der verführerischen Ästhetik der ökonomischen Modelle. Mit immer feineren Algorithmen wird darin – unter Ausblendung störender Abweichungen – nachgewiesen, dass sich zu jeder Zeit wegen der angenommenen Vollständigkeit der Information aller Marktteilnehmer „richtige" Preise für jegliches Wirtschaftsgut, also auch für Finanzmarktprodukte, herausbilden.

„Economists as a group mistook beauty, clad in impressive-looking mathematics, for truth", meint Krugman dazu in jener Ironie, die ihm

---

[99] „The state of economics", Economist vom 18.07.2009, S 69.

einen Nobelpreis einbrachte, der nicht nur seiner theoretischen, sondern auch seiner wirtschaftspublizistischen Leistung galt.[100]

Nobelpreise für die reine Lehre

Die von Krugman apostrophierte Verwechslung von Schönheit mit Wahrheit stand jedenfalls einer ganzen Reihe von Nobelpreisverleihungen Pate. So etwa bei Myron Scholes, der 1997 für das bis heute meistverwendete Modell zur Berechnung von Optionspreisen ausgezeichnet wurde, mit dem sich die Welt der Derivate und Verbriefungen optimieren ließ. Weniger schön ist die bekannte Tatsache, dass ausgerechnet Scholes gemeinsam mit seinem Nobelpreis-Kollegen Robert Merton jenen Long-Term-Capital-Management-(LTCM)-Fonds gegründet hatte, der 1998 bereits zu einem Beinahe-Zusammenbruch der Finanzmärkte geführt hätte.

Seit damals warnte Scholes glaubwürdig, weil aus eigener Erfahrung, vor der unterschätzten Gefahr überraschend ausbleibender Liquidität bei flächendeckendem Einbruch der Marktwerte von Finanztiteln. Im Vorfeld der Krise von 2007/08 blieb er jedoch ungehört.

Scholes wurde nach seiner LTCM-Erfahrung überdies zum Skeptiker jener verbreiteten „Value-at-Risk"-Modelle, mit denen die Banken ihren Eigenmitteleinsatz steuerten. Dahinter stand die Annahme, man könne für jede Asset-Klasse – also für jede Form der Veranlagung von Finanzmitteln – entlang des mit Ratings festgestellten Ausfallrisikos und der Laufzeit der Aushaftung einen exakten Risikoprozentsatz ermitteln.

Die fortschrittlichsten Banken entwickelten einen immer größeren Ehrgeiz, mit hohem technischem Aufwand und unter Einsatz brillanter Spezialisten möglichst täglich die Summe des gerade aushaftenden

---

[100] Paul Krugman, „How did Economist get it so wrong?", Recherche 3/2009, S 4 ff.

Risikos zu kennen. In perfekter Feinsteuerung konnte so das jeweils notwendige Maß der vorzuhaltenden Eigenmittel bestimmt werden – „überschüssige" Mittel waren augenblicklich frei für weitere Expansion. Daraus erst nährte sich die Ambition, mit der nun auch mittelgroße, bisher im regionalen Umfeld gut verankerte Banken begannen, ihre Risiken zu diversifizieren. Um kein regionales „Klumpenrisiko" zu haben, kauften sie sich in fremde Märkte ein, die sie zwar nicht kannten, die ihnen aber über verbriefte Wertpapiere Einstiegsmöglichkeiten boten. Angesehene Ratingagenturen lieferten die dazugehörigen Bonitätseinschätzungen.

Wirklich sinnvoll einsetzbar sind diese Modelle allerdings nur unter der Nebenbedingung, dass die einzelnen Risikoklassen nicht untereinander korrelieren. In der Finanzkrise aber taten sie das aufs heftigste: mit einem Mal deuteten alle Pfeiler in den Süden, sämtliche Wert-Indikatoren stürzten gleichzeitig ab. Zerstört war damit das jahrelang gepflegte, durchaus plausible Bild von einer idealen Investitionswelt, in der es gilt, Risiken möglichst breit zu streuen, um die Bank krisenfest zu machen.

Schönwetter-Theorien im Realitätstest

Die vom Chicago-Ökonomen Eugene Fama stammende Theorie vom allzeit effizienten Markt[101] bildete den theoretischen Background dieser heilen Welt der nicht korrelierenden, diversifizierten Investitionsentscheidungen. Sie besagt nicht mehr aber auch nicht weniger, als dass der Preis eines Finanzproduktes – ob Anleihe oder Aktie – immer die gesamte zugängliche, für die Bewertung relevante Information enthält.

Unter der Voraussetzung vollständiger Information aber konnte es nie länger anhaltende Abweichungen vom „wahren" Marktwert geben.

---

[101] Englisch: Efficient market hypothesis (EMH).

Jede Marktunvollkommenheit – etwa ein vorübergehend zu niedriger Preis einer Aktie – würde von Investoren sofort erkannt und ausgenützt, sodass sich neue Gleichgewichte rasch wieder einstellen. Spekulative Blasen größeren Umfanges können in einer solchen Welt definitionsgemäß gar nicht entstehen.

Nun führen diese Konzepte in der großen Masse der vielen einzelnen Transaktionen, in denen die Preise für Währungs-, Zins- oder Rohstoffderivate und andere Finanzprodukte festgezurrt werden, durchaus zu verlässlichen Ergebnissen. Das nährte fatalerweise die Illusion, die beste aller Finanzwelten sei ausgebrochen, in der jederzeit alles steuerbar ist und Preissignale immer das richtige Mengensignal geben.

Nachdem die damit einhergehenden Gefahren systemischer Verwerfungen jahrelang aus den Modellen herausgehalten worden waren, entluden sich die über lange Zeit verdrängten Spannungen in einem Krisengewitter, wie es seit vielen Jahrzehnten nicht mehr vorgekommen war. All die wegen der Ausblendung hässlicher Wirklichkeiten so ästhetischen Gedankengebäude erwiesen sich in Wahrheit als Schönwetter-Theorien.

Es war der spätere Nobelpreisträger Joseph Stiglitz, der schon 1980 auf ein Modellparadoxon der Hypothese von der vollständigen Information in effizienten Märkten hinwies: Würden Preise immer alle Information beinhalten, könnte niemand aus einem Informationsvorsprung Vorteile ziehen. Es bedarf also zumindest kleiner Marktineffizienzen, um Investoren den Anreize zu geben, durch ihr – in subjektiver Einschätzung auf besserer Information beruhendes – Handeln erfolgreich zu sein und damit einen Beitrag zur Findung eines neuen Marktgleichgewichtes zu leisten.

Die Beobachtung des Marktverhaltens von Börsenhändlern zeigte allerdings, dass es über kleine Ineffizienzen hinaus zu durchaus längeren Phasen der Marktverzerrung kommen kann. Spekulatives Verhalten im Sinne der von George Soros hervorgehobenen „Reflexivität", also das Eingehen auf erwartete Reaktionen anderer Marktteilnehmer, kann dann zu immer größeren Ausschlägen der Preise führen, bis hin zu der von der vermuteten Bewertungswahrheit längst abgehobenen „irrationalen Übertreibung".

Irrationales Verhalten folgt dem Trend

Während sich solche Marktsituationen aufbauen, kann es für Investoren rational sein, so lange wie möglich dem – vermuteten – Trend zu folgen, statt der eigenen Einschätzung zu trauen. Damit wird aber der informierte Investor plötzlich zu einem die Märkte destabilisierenden Faktor. Er tut damit ziemlich genau das Gegenteil von dem, was die reine Lehre bis heute unterstellt.

Wie sehr die gängigen Marktmodelle die Risiken einer Destabilisierung ausblenden, zeigt die typische Reaktion einer Bank auf schlechte Nachrichten zu einem bestimmten Wertpapier. Während es für den einzelnen Händler rational ist, auszusteigen, tun alle anderen Mitbewerber aufgrund des gleichen Informationsstandes dasselbe. Und weil jene, die in das Wertpapier bisher gar nicht investiert waren, diese Bewegung nach unten wahrnehmen und auf das Herdenverhalten zählen, setzen sie vielleicht Instrumente ein, mit denen sie vom Kursverfall profitieren können. Derartige Abwertungsspiralen verstärkten sich in der Krise gegenseitig und beschleunigten den Weg in die Katastrophe. Eine Theorie, die sich an derartigen Wirkungsmechanismen vorbeischwindelt, sollte eigentlich ihr Erklärungsmonopol längst eingebüßt haben.

Robert Shiller, Professor an der Yale-University, spricht in seinem gemeinsam mit George Akerlof verfassten Buch in Anlehnung an eine Wortprägung von J. M. Keynes von „Animal Spirits".[102] Keynes meinte damit alle psychologischen Kräfte, die auf Märkte einwirken, und

---

[102] George A. Akerlof, Robert J. Shiller, Animal Spirits – Wie Wirtschaft wirklich funktioniert, Frankfurt, 2010.

begründete damit seine Skepsis gegenüber unregulierten, entfesselten Finanzmärkten. Sie können mit ihrer geradezu triebhaften Eigendynamik der Realwirtschaft großen Schaden zufügen und begünstigen damit eine Wirtschaftsordnung des Casino-Kapitalismus.

Die ideologisch gefestigten Anhänger der Hypothese allzeit effizienter (Finanz-)Märkte lassen sich durch all diese Unebenheiten ihrer Theorie allerdings nicht irritieren. Für sie besteht auch nach dieser Krise mit ihren verheerenden Folgen Grund zur Annahme, der Markt habe auch hier wieder recht behalten – schließlich hätte er ja auf spekulative Blasen mit Preisverfall reagiert.

Allerdings wünschen wir uns wohl kaum eine Wirtschaftsordnung, die ständig von den manisch-depressiven Schwankungen der Finanzwirtschaft in ihrer Existenz bedroht ist. Viel spricht dafür, die für Märkte typischen Volatilitäten zu dämpfen, statt diese durch falsche, auf wirklichkeitsfremden Theorien beruhende Spielregeln noch zu forcieren.

Ein Modellversuch mit Finanzexperten

Einer jener wissenschaftlichen Ansätze, die sich nach der Krise darum bemühen, endlich auch die Wirklichkeit der Finanzmärkte in ihren Modellen vorkommen zu lassen, stammt von den in Princeton tätigen Ökonomen Markus Brunnermeier und Yuliy Sannikov. In ihrer Arbeit „Ein makroökonomisches Modell mit einem Finanzsektor" lassen sie all jene Akteure, die das Geschehen auf den Kapitalmärkten prägen, mit den für sie typischen Handlungsweisen vorkommen.[103]

Wenig überraschend, aber eben doch erstmals in klassische Konzepte eingebaut, wird geschildert, wie sich die Finanzakteure aus Banken, Versicherungen oder Hedgefonds in Aufschwungphasen immer stärker

---

[103] Markus Brunnermeier, Juliy Sannikov: A Macroeconomic Model with a financial sector, Princeton 2010.

verschulden, um die Rendite ihres Eigenkapitals dank hoher Fremdmittelhebel zu verbessern. Dabei handeln sie durchaus rational, denn sie würden zweifellos Wettbewerbsnachteile erleiden, wenn sie in dieser Phase nicht mit von der Partie wären. Ebenso rational ist es, Risiken durch Kreditversicherungen abzufedern oder über synthetische, forderungsbesicherte Wertpapiere an andere Marktteilnehmer weiterzuverkaufen.

Bricht allerdings der Markt ein, kommt es quer über den Gesamtmarkt zu „negativen Feedbackschleifen". Der Grund für die hohe Korrelation der einzelnen Teilmärkte in der Krise liegt in dem Zwang aller Marktteilnehmer, sich zu entschulden und sich von möglichst vielen ihrer Aktiva zur gleichen Zeit wie die Mitbewerber zu trennen, um liquide zu bleiben – mit allen flächendeckend negativen, wertzerstörenden Folgen für die Realwirtschaft. Offen bleibt bis heute, welche Schlüsse aus dieser Modellbeschreibung gezogen werden.

Im Wettbewerb der Ideen – die Suche nach einem neuen Paradigma

Warnungen vor einer einseitigen Ausrichtung der Wirtschaftswissenschaften haben durchaus Tradition. Gemeinsam mit einer Gruppe anderer Ökonomen zeigten sich schon 1992 die Nobelpreisträger Paul Samuelson und Franco Modigliani im „American Economic Review" über die Bedrohung der Wirtschaftswissenschaften durch ein „intellektuelles Monopol" beunruhigt und forderten einen „pluralen Geist in den Wirtschaftswissenschaften, der unterschiedliche Ansätze würdigt und einen kritischen und toleranten Dialog untereinander mit sich bringt". Sie warfen den Mainstream-Ökonomen vor, zwar den freien Wettbewerb zu propagieren, diesen aber auf dem Marktplatz der Ideen nicht zuzulassen.[104]

---

[104] Vgl. auch Egon Matzner, „Wider die Behinderung von Wissen", in Der Standard vom 22.01.1999.

Seit 2000 gibt es in Frankreich eine mittlerweile auch in Deutschland in Gang kommende Forscherfraktion, die sich als Bewegung „post-autistischer" Ökonomen definiert. Sie setzen sich für eine Einbindung der Wirtschaftswissenschaft in die Gesellschaftswissenschaften ein, für interdisziplinäre Forschung gemeinsam mit Disziplinen wie Psychologie, Philosophie oder auch den Naturwissenschaften, insbesondere der Ökologie im Zusammenhang mit Fragen nach den Grenzen des Wachstums. Man mag über die pointierte, vielleicht auch etwas selbstgerechte Bezeichnung der Bewegung geteilter Meinung sein – sie ist jedenfalls ein Weckruf für die längst notwendige Erneuerung einer vom Sterben in Schönheit bedrohten, überholten Finanzmarktökonomie.

Woher soll Orientierung kommen? Von Carl Friedrich von Weizsäcker stammt die Beobachtung, dass die jeweils geltende, „normale" Wissenschaft meist über längere Zeit mit einem Paradigma arbeitet, dessen letzte Rechtfertigung sie selbst nicht kennt und nicht befragt, solange es den Kredit des Erfolges genießt.

Erst mit wachsenden Schwierigkeiten des geltenden Paradigmas und damit einhergehender Krisenerfahrung bereiteten sich wissenschaftliche Revolutionen vor. In solchen Situationen helfe dann nicht mehr beschönigender Optimismus, sondern nur das Nachdenken darüber, durch welche neue Theorie die Selbstwidersprüche der alten aufgehoben werden können. Damit ist beschrieben, wie überfällig ein grundlegender Wandel in der Finanzmarktökonomie ist. Denn deren bisher vorherrschendes Paradigma hat seinen Kredit in der Krise tatsächlich eingebüßt.

Es ist eine schmerzhafte Wahrheit, dass die meisten bis zum Ausbruch der Krise im Rang von Glaubenssätzen stehenden Spielregeln der Finanzwirtschaft ursächlich für deren Entstehung waren und deshalb neu geschrieben werden müssen. Das Eingeständnis, dass eine ganze Gesellschaft mehrheitlich einem ideologischen Herdentrieb auf dem falschen Weg gefolgt ist, kann uns nicht leicht fallen. Aber es lohnt sich, den Blick für neue Sichtweisen freizumachen.

Abschied von wirklichkeitsfremden Theorien

Einer jener Querdenker, die uns das Einnehmen einer neuen Perspektive erleichtern, ist Nassim Taleb. Seine unkonventionelle Analyse über die Macht unerwarteter Ereignisse wäre wohl in Normalzeiten ein fachliterarischer Insidertipp geblieben.[105] Als Erklärungshilfe für die Ursachen der Krise jedoch wurde sie zum Welt-Bestseller.

Taleb warnt vor jenem falschen Sicherheitsdenken, das mit der Theorie stets effizienter Märkte verbunden ist. Es ist eine Illusion, in einem offenen Marktsystem Wertschwankungen und spekulative Ausschläge vermeiden zu wollen. Entscheidend ist, dass solche Ereignisse verkraftbar bleiben und nicht zu einer Krise des Gesamtsystems führen. Ebendiese Grenzen der Verkraftbarkeit wurden aber mit der leichtgläubigen Deregulierung des Finanzsystems überschritten. Das Vertrauen auf wirklichkeitsfremde Wirtschaftstheorien führte zu immer größeren, inflationären Kredit- und Schuldenblasen „systemrelevant" gewordener Banken. Diese wurden für sicher gehalten, solange sie sich im Rahmen der vorgeschriebenen Eigenmittel-Kontrollmarken bewegten.

Diese Kontrollmaßstäbe jedoch waren durch kapitalmarktorientierte Bilanzierung und blindes Vertrauen in Ratings in Wirklichkeit kraftlos. Der Kredithebel („Leverage") des Finanzsystems wurde immer länger, die dadurch geschaffenen Ansprüche so lange höher, bis die unerfüllbaren Versprechen eine negative Spirale des Vertrauensverlustes auslösten.

Auch Taleb plädiert deshalb für die Redimensionierung eines Bankensystems, das sich über zu hohe Kredit- und Geldschöpfung von der Dynamik der Realwirtschaft viel zu weit entfernt hat. Es bedarf einer Korrektur jener finanzmarktpolitischen Weichenstellungen, die zur inflationären Expansion der Bankbilanzen durch Scheinvermehrung von Eigenkapital geführt haben. Wenn Banken sich wieder auf ihre Kern-

---

[105] Nassim Taleb, Der schwarze Schwan, München 2008.

funktionen für Unternehmen und Anleger konzentrieren, können sie nicht selbst zum Auslöser systemischer Risiken werden.

Für ein Bankensystem, das der Realwirtschaft dient

„Niemand kann sagen, dass das Hereinnehmen von Einlagen und das Vergeben von Krediten die Finanzkrise ausgelöst hat." Andreas Treichl, Chef der österreichischen Erste-Bank, plädiert für eine Stärkung des klassischen Bankgeschäftes und ist einer der wenigen Topmanager seiner Branche, die für eine massive Einschränkung jener komplexen Produktbereiche eintreten, die zum Auslöser der Krise geworden sind.[106]

Einige seiner Kollegen gehen sogar noch weiter. John Varley, CEO der britischen Barclays Bank, beantwortete in einem Gastkommentar für die Financial Times die Frage nach der Erwartung von Bürgern und Bankkunden an eine Reform der Finanzmärkte sinngemäß so:[107] Zum einen dürfe es nie mehr zu Situationen kommen, in denen Banken mit Steuergeldern gerettet werden müssen – und zum anderen sollten sich Banken darauf konzentrieren, solide Kredite zu vergeben und die ihnen anvertrauten Einlagen abzusichern. So viel Empathie ist erfreulich und hebt sich wohltuend ab von der Selbstverständlichkeit, mit der viele Banker die Staatshilfen für das Finanzsystems angenommen haben, um dann wieder so rasch wie möglich zur alten Tagesordnung zurückzukehren.

---

[106] Andreas Treichl, „Gier unterscheidet Mensch vom Tier", Gespräch in Format 36/2010, S 30.
[107] John Varley, Casino gibes that do our banks no justice, Financial Times 24.09.2010, S 9.

„Too big to fail": große Banken in kleinen Ländern

Während in den Theoriemodellen der meisten Volkswirte Geld- und Finanzinstitutionen kaum eine Rolle spielen, wird die Realität seit dem Fall der Investmentbank Lehman Brothers von der Sorge um den Bestand „systemrelevanter" Banken dominiert. Systemrelevant – oder „too big to fail" – ist eine Bank dann, wenn ihr Untergang wesentliche weitere Teile des Finanzsystems – und damit letztlich der Gesamtwirtschaft – destabilisieren würde.

Da als „Retter" letztlich nur Staaten in Frage kommen, spielte in der Krise das Verhältnis der Größe der Banken zu der Leistungsfähigkeit der Länder, in denen sie ihren Hauptsitz haben, plötzlich eine überragende Rolle. Gleich zu Beginn des Zusammenbruchs der Märkte für synthetische Wertpapiere fielen die extremen Relationen am Beispiel Islands auf: Die drei zusammengebrochenen Banken wiesen eine Bilanzsumme aus, die in Summe beim Vielfachen der Leistungsfähigkeit der kleinen isländischen Volkswirtschaft lag.

Aber auch in großen, etablierten Volkswirtschaften zeigten sich per Ende 2008 erstaunliche Relationen.

Setzt man nicht nur einzelne Institute sondern die gesamte Finanzwirtschaft einzelner Länder in Beziehung zu deren Größe, zeigen sich bestürzende Relationen. In Großbritannien belaufen sich die Zahlungsverpflichtungen aller Geldinstitute auf das 5,5fache der Wirtschaftsleistung, in der Schweiz sogar auf das 6,3fache.[108]

In der Schweiz führte dieses durchaus bedrohliche Ungleichgewicht mittlerweile zu einem Abkommen zwischen der Bundesregierung und den beiden größten Banken des Landes, das Sonderbestimmungen und einen fast doppelt so großen Eigenmittelpolster vorsieht, wie er in den neuen Regeln von Basel III gefordert wird. Darüber hinaus werden die Schweizer Banken ihr Regulativ auch durch eine maximale

---

[108] Olaf Storbeck, „Etliche Banken sind zum Retten zu groß", Handelsblatt 12.07.2010, S 17.

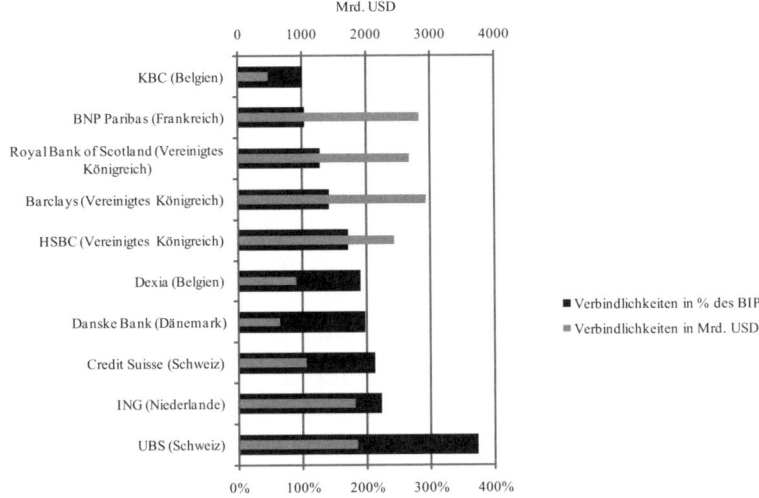

Abb. 14: Summe der bilanziellen Verbindlichkeiten einzelner Banken im Verhältnis zum BIP des Staates, in dem sich der Konzernsitz befindet

Verschuldungsquote ergänzen. Vorgesehen sind auch ergänzende Eigenmittelzuschläge, deren Höhe in Abhängigkeit von der Größe, der Marktposition sowie dem globalen Vernetzungsgrad einer Bank steht. Damit sollen Anreize für Banken geschaffen werden, ihre Systemrelevanz selbst zu reduzieren.[109]

Aus dem „too big to fail", also dem Zwang, eine Bank wegen der verheerenden Folgen ihres Zusammenbruchs für das übrige Finanzsystem und die Realwirtschaft retten zu müssen, ist längst die Angst vor einem „too big to be bailed out" geworden. Es droht die Überforderung der Retter und das Zerreißen der aus öffentlichen Budgets finanzierten

---

[109] Philipp Hildebrand, Chef der Schweizer Notenbank, „Bankpleiten möglich machen", Gastkommentar im Handelsblatt vom 12./13.11.2010, S 80.

Rettungsschirme. Die Staatsschuldenkrise ist dafür Symptom und Beweis zugleich. Dazu kommt das komplexe Problem der globalen Vernetzung der Finanzmärkte: Welche Jurisdiktion soll für die Abwicklung von Bankinsolvenzen zuständig sein, welche Finanzaufsichtsbehörde letztverantwortlich?

Hauptproblem bei der Schaffung einer länderübergreifenden Insolvenzordnung ist die Unterschiedlichkeit der Interessenlage der betroffenen Staaten. Die Teilung der Verantwortung, aber auch der Lasten im Gefolge des Scheiterns von Großbanken lässt sich daher nur sehr schwer im Vorhinein klären.

Große Banken sind auch nach der Krise von einer zwar unausgesprochenen, aber faktischen Staatsgarantie begünstigt. Die Kapitalmärkte verwöhnen sie deshalb mit kostengünstigeren Refinanzierungen. Freilich geraten Banken in Nachteil, deren Heimatländer als zu schwach erachtet werden, um im Krisenfall einzuspringen. Man muss daher in der langfristigen Sicht davon ausgehen, dass Banken kleinerer Staaten strukturell gegenüber Mitbewerbern aus großen Staaten benachteiligt sind. Schon werden Überlegungen angestellt, jene Finanzinstitute, deren Stabilität von Bedeutung für das globale Finanzsystem ist, mit noch höheren Eigenmittelerfordernissen krisenfester zu machen.

Trennbankensystem – ein Ausweg?

Das Fernziel lautet: Große, systemrelevante Institute, die unterzugehen drohen, müssen auf eine ordnungsgemäße Weise so abgewickelt werden können, dass gleichzeitig die Weiterführung ihrer systemrelevanten Funktionen – wie etwa des Zahlungsverkehrs oder auch ihrer Rolle als Depotbank für Kundengelder – nicht gefährdet ist.

Die aktuelle Diskussion um richtige Lösungen für das Rettungsdilemma geht sowohl in Richtung Trennbankensystem als auch hin zu einer supranationalen Insolvenzordnung für Großbanken. Darüber hinaus sollen jene internationalen Großbanken, deren Stabilität von Bedeutung für das globale Finanzsystem ist, zusätzliche Auflagen erhalten. Die Hoffnung ist, dass sie bei noch besserer Eigenmittelausstattung systemische Schocks überstehen könnten, ohne die mit den Rettungskosten überforderten Ursprungsländer beanspruchen zu müssen.

Vater des Trennbankensystems ist Paul Volcker, früher Chef der amerikanischen Notenbank Federal Reserve, heute Vorsitzender des ökonomischen Weisenrates von Präsident Obama. Volcker plädiert für die Trennung der klassischen Funktionen eines gut regulierten Bankwesens – Hereinnahme von Spargeldern, Ausleihung von Krediten, Durchführung des Zahlungsverkehrs, Ermöglichung von Veranlagungen, Finanzierungen über den Kapitalmarkt – von jenen Geschäftsfeldern, in denen die Banken in den letzten Jahren immer höhere spekulative Risiken eingegangen sind. Gemeint ist damit vor allem der Eigenhandel auf den Wertpapier- und Derivatemärkten sowie die Veranlagung von bankeigenen Mitteln in Private-Equity-Fonds und Hedgefonds.

Bezeichnenderweise sind alle diese Sondermärkte bis heute weitgehend unreguliert geblieben. Dazu kamen Risiken durch Garantieübernahmen[110] in ebenfalls unkontrollierter Weise. Es konnte daher nicht verwundern, dass die Finanzkrise nicht von den inhärenten Risiken des klassischen (Kommerz-)Bankgeschäftes ausgelöst wurde, sondern umgekehrt dieser gesamte Kernbereich des Bankensystems durch spekulative Entgleisungen auf den unregulierten Sondermärkten in Gefahr geriet.

Unmittelbar vor dem Höhepunkt der Finanzkrise flüchteten sich die in den USA bis vor kurzem dem Trennbankensystem unterliegenden Investmentbanken in den Status von Universal- bzw. Kommerzbanken, weil sie nur so in den Genuss staatlicher Schutzmechanismen kamen. Volcker plädiert nun für die Wiederherstellung eines Trennbankensystems, um eine Wiederholung dieses Vorganges zu vermeiden.

---

[110] Credit Default Swaps/CDS.

Europa weist in dieser Hinsicht eine andere Tradition auf. Fast alle Banken waren und sind „Universalbanken" im Sinne klassischer Geschäftsbanken. Die Investmentbanken-Funktionen waren nie so ausgeprägt, dass sie deren Funktion überschattet oder in Frage gestellt hätten. Erst im Vorfeld der Finanzkrise, mit der Übernahme der angloamerikanischen Finanzierungsformen, wurden Geschäftsfelder, die dem klassischen Bankgeschäft fremd waren, bedeutungsvoll. Dies galt besonders für den Bereich der Verbriefungen und synthetischen Wertpapiere.

Die Trennbank-Idee heißt im Klartext: In Hinkunft werden nur mehr jene Banken mit Steuer- und Notenbankgeldern gerettet, die sich auf klassische (Kommerz-)Bankenfunktionen beschränken. Reine Investmentbanken hingegen sollen ebenso wie alle sonstigen außerhalb des Banksystems agierenden Finanzinstitute, in denen veranlagtes Geld disponiert wird, scheitern können. Ihre Aktionäre, Kreditgeber und Anleger müssen wissen, dass sie im Krisenfall über keinerlei Garantien verfügen. Ja, es soll sogar „Testamente" („living will") geben, in denen solche Institute vorrechnen müssen, wie sie im Krisenfall ihre Geschäfte abwickeln können, ohne andere über Gebühr zu gefährden.

Überraschenderweise nimmt sich gerade der neue britische Schatzkanzler George Osborne dieses Themas mit unkonventioneller Offenheit an. Die konservativ-liberale Koalition will innerhalb eines Jahres geprüft haben, wie sich große Geldhäuser in eine (spekulative) Investment- und eine („normale") Geschäftsbank aufspalten lassen. Wirtschaftsminister Vince Cable lässt sich mit dem Satz zitieren: „Die Reise geht klar in Richtung einer Trennung von Privatkundengeschäft und Kasino-Banken."

Allerdings wird auch mit diesem auf den ersten Blick bestechenden Rezept gegen ein „too big to fail" kein Wundermittel gegen den Fall geliefert, dass es wiederum nicht um die Krise eines einzelnen Institutes, sondern um jene des ganzen Systems gehen würde.

Der wirksamste Brandschutz: Banken als Dienstleister der Realwirtschaft

Oft bedarf es katastrophenhafter Ereignisse, um neue Sicherheitsstandards einzuführen. Nachdem 1881 in Wien das Ringtheater vollständig niedergebrannt war und mehr als 380 Menschen ums Leben gekommen waren, schuf man völlig neue Brandschutzvorschriften. Damit nie mehr ein Feuer vom Bühnenraum auf den Zuschauerraum übergreifen konnte, wurde ein Jahr danach der sogenannte „eiserne Vorhang" zur Vorschrift.

Das Trennbankensystem erinnert an die Idee dieses eisernen Vorhanges: Die Zuschauer – und das sind in diesem Fall wir Steuerbürger – sollen nie mehr dadurch in Gefahr kommen, dass ein Brand auf der Bühne des Finanzsystems auf die Realwirtschaft übergreift.

Vom ersten Erkennen der Notwendigkeit, einen eisernen Vorhang zwischen spekulativen und klassischen Geschäftsfeldern zu ziehen, bis zur Umsetzung eines solchen Konzepts ist allerdings noch ein weiter Weg zurückzulegen. Denn jene Geschäftsbereiche, die nicht zu den klassischen Bankenaufgaben gehören, sind in den vergangenen Jahren am stärksten gewachsen. Erst das kreditgetriebene Investmentbanking hat jene Renditen ermöglicht, mit denen die Finanzwirtschaft sich immer weiter von der Realwirtschaft entfernte.

Am Ende wurde das System in seiner Fokussierung auf finanzmarktbezogene Geschäftsfelder zusehends selbstreferentiell. Es hörte damit nicht nur auf, für Unternehmer und Anleger Nutzen zu stiften, es wurde sogar für beide Kundengruppen zu einer existentiellen – und am Ende für die Gesellschaft als Ganze.

Schon aus diesem Grund wird sich das Bankensystem in einem mehrjährigen, schmerzhaften Prozess gesundschrumpfen müssen und sich wieder an den Bedürfnissen der Unternehmen und Anleger ausrichten, wenn es wieder die ihm zukommenden volkswirtschaftlichen Aufgaben erfüllen soll. Denn wirklich nachhaltige Wertschöpfung kann nur aus einer Finanzwirtschaft kommen, die der Realwirtschaft dient. Der Verzicht auf rasche Erfolge durch virtuelle Geldschöpfung mag mühsam sein – auf lange Sicht führt er auf den einzigen volkswirtschaftlich nachhaltigen Erfolgspfad.

Auch der kanadische Notenbank-Gouverneur Mark Carney, dessen Land durch kluge Regulierung von großen Finanzpleiten weitgehend verschont blieb, ermahnt die Banker, endlich wieder „servants of real economy" zu werden.[111] In den Worten von Jakob von Uexküll, dem Stifter des alternativen Nobelpreises, hört sich diese Forderung so an: „Die Finanzwirtschaft muss radikal verkleinert werden und wieder der Realwirtschaft dienen; sie darf diese nicht dominieren."[112]

Diese Neuausrichtung ist wohl der einzige Weg, um jenes übergeordnete Ziel zu erreichen, das Mario Draghi, Präsident des neugeschaffenen „Financial Stability Board", als zentral für die Vermeidung künftiger Systemkrisen ansieht: nämlich die Anreize für Banken so zu setzen, dass sie im Falle von Missmanagement untergehen können, ohne dabei großen volkswirtschaftlichen Schaden anzurichten. Einen wirksameren Brandschutz gibt es nicht.

Anforderungen an die Finanzmarktarchitektur der Zukunft – eine Agenda zur Erneuerung der Finanzmärkte

Die Wiederholung einer Situation, in der eine selbstzweckhaft und dysfunktional agierende Finanzwirtschaft zu einer globalen Wirtschaftskrise führt, wird sich nur durch eine grundlegende Neuausrichtung der

---

[111] Mark Carney, What are banks really for?, Rede an der University of Alberta School of Business, Originaltext auf der Website des US Federal Reserve Systems abrufbar.
[112] Jakob von Uexküll, „Ein Staatsbankrott ist keine Katastrophe", Interview in der Frankfurter Allgemeinen Sonntagszeitung vom 23.05.2010, S 49.

Rahmenbedingungen vermeiden lassen. Zwar haben Finanzpolitiker im Zusammenspiel mit Notenbankern einen Totalzusammenbruch der Finanzmärkte verhindert. Dies geschah jedoch um den Preis einer dramatischen Zunahme der Verschuldung der öffentlichen Haushalte. Für eine zweite Rettungsaktion in vergleichbarer Dimension stehen keinerlei freie Mittel mehr zur Verfügung.

Die Finanzmärkte müssen wieder in die Lage versetzt werden, vorrangig und nachhaltig ihre vitalsten Funktionen für die Bedürfnisse der Unternehmen und Privatpersonen zu erfüllen. Vorbild ist jenes erfolgreiche Zusammenspiel von Banken und Unternehmen, wie es jahrzehntelang für das kontinentaleuropäische Universalbankensystem kennzeichnend war – aber unter den neuen, herausfordernden Bedingungen einer globalisierten Weltwirtschaft.

Die folgende Zehn-Punkte-Agenda enthält die wichtigsten Leitlinien und Anforderungen an eine Finanzmarktarchitektur der Zukunft. Sie fasst in stark verknappter Form wesentliche Aussagen der ersten Hälfte dieses Buches zusammen und bietet einen Ausblick auf die in den nächsten Kapiteln folgende Darstellung des aktuellen Diskussionsstandes zur Neuregulierung des Banken- und Finanzsystems.

Im „Word-Rap" extremer Verkürzung lauten die Kerninhalte so:

- Mehr und besseres Eigenkapital für Banken
- Zurück zur Bilanzierung nach dem Vorsichtsprinzip
- Ende der Prozyklizität im Regelwerk von Basel III
- Nachhaltige, an realer Wertschöpfung orientierte Anreizsysteme
- Banken, die der Realwirtschaft dienen
- Keine neuen Risiken ohne Eigenverantwortung
- Produktgenehmigung für Finanzinnovationen
- Unabhängigkeit von Ratingagenturen und Wirtschaftsprüfern
- Transparenzgebot für alle Teilnehmer am Kapitalmarkt
- Globalisierung der Spielregeln und Überwachungssysteme

Mehr und besseres Eigenkapital für die Banken

In der Krise hat sich das Eigenkapital der Banken als viel zu schwach erwiesen. Mehr noch: vermeintliches Eigenkapital schmolz wie der Schnee im Frühling, als sich herausstellte, dass es an Augenblicksbewertungen auf den Kapitalmärkten und einbrechende Ratingeinschätzungen geknüpft war. Das Regelwerk von „Basel III" wird dafür zu sorgen haben, dass die Banken ihr Geschäft in Zukunft nur mehr auf der Grundlage eines nachhaltig höheren Eigenmittelsockels machen. Dazu bedarf es nicht nur einer deutlichen Anhebung der erforderlichen Kapitalquoten, sondern auch strengerer Voraussetzungen für die Anerkennung verschiedener Formen von Nachrangkapital als Kernkapital.

Zurück zur Bilanzierung nach Vorsichtsprinzip

Die Orientierung von Bankbilanzen an kapitalmarktorientierten Bilanzierungsprinzipien hat zu schwerwiegenden systemischen Fehlentwicklungen geführt. Marktwertbedingte Wertsteigerungen von Veranlagungen lösten scheinbare Erhöhungen von Eigenkapitalpositionen aus. Dies ermöglichte entlang der üblichen Relationen von Eigenmitteln zur Bilanzsumme eine Erweiterung des den Verschuldungsspielraums, ohne dass dem realisierte Wertsteigerungen gegenübergestanden wären. In einer langen, prozyklischen Marktbewegung kam es – gemessen am echten, haftenden Eigenkapital – zu exzessiven Erhöhungen des Fremdmittelhebels und zur Entstehung gefährlicher Schuldenblasen.

Die Aufblähung der Bilanzsummen gegenüber einer immer dünneren Decke an echtem Eigenkapital führte in der Krise zu einem umso heftigeren Eigenmittelverzehr. Die Marktwerte für viele Assets – insbesondere für synthetische Wertpapiere und Immobilien – wurden so dramatisch korrigiert, dass in der Folge die Mehrzahl aller Großbanken unterkapitalisiert war.

Vordringlich ist daher eine bilanzierungsmethodische Korrektur in Richtung des Vorsichts- und Realisationsprinzips. Nur mehr tatsächlich realisierte Werte sollen gewinnerhöhend wirken. Erst damit können in Zukunft prozyklische Verstärkungseffekte verhindert werden, die durch zeitpunktbezogene Marktbewertungen verursacht wurden.

Ende der Prozyklizität im Regelwerk von Basel

Von dem Baseler Bankenregulativ geht eine schädliche, destabilisierende Wirkung aus, seit den Banken die Möglichkeit eingeräumt wurde, den Einsatz von Eigenkapital zur Unterlegung von Ausleihungen je nach deren Bonitätseinstufung in gewichteter Form vorzunehmen. Diese „Risikogewichtung" führte zu einer drastischen Ausweitung der Investitionen in hoch geratete, synthetische Wertpapiere – also in eine Produktklasse, die noch nie eine reale Bewährungsprobe bestehen musste – bei gleichzeitig extrem geringem „Verbrauch" an Eigenmitteln.

Das ausgewiesene Kernkapital nach den Richtlinien der sogenannten Kapitaladäquanz von Basel II war damit meist optisch höher, als es der Wirklichkeit der plötzlich auftretenden Krise entsprach: massive Korrekturen der Ratings mussten daher prozyklisch zu einem extrem erhöhten Eigenmittelbedarf führen. Wesentliche Teile der von den Regierungen zur Verfügung gestellten Eigenmittel werden auf diese Weise regulatorisch verbraucht – als zwingender Gegeneffekt zu den davor im Vertrauen auf stabile Ratings und entsprechend niedrige Ausfallquoten ausgedünnten Eigenkapitalquoten. Vordringlich ist daher die konsequente Entfernung aller prozyklischen Elemente aus Basel II.

Nachhaltige, an realer Wertschöpfung orientierte Anreizsysteme

Mit der Prozyklizität der Bilanzierungs- und Regulierungssysteme kam es auch zu einer Verzerrung der Messmethoden für die Erfolge von Bank- und Finanzmanagern. Die Orientierung von Incentive-Systemen an Marktwerten und artifiziellen, von cash-wirksamen, nachhaltigen Erträgen weitgehend abgehobenen Kennzahlensystemen führte zu exorbitant überzogenen Ausschüttungen und Bonuszahlungen. Künftig sind Anreizsysteme konsequent an nachhaltiger Wertschöpfung zu orientieren. Das Risiko, Teile der in Aussicht gestellten Boni wieder zu verlieren, muss umso höher sein, je stärker die über das Basisgehalt hinausgehende Erfolgsbeteiligung ist.

Banken, die der Realwirtschaft dienen

Systemrelevante Finanzinstitute sind definitionsgemäß „too big to fail". Sie müssen im Krisenfall aufgefangen werden, um einen Zusammenbruch des Systems und den Ausfall ihrer Grundfunktionen für die Unternehmer und Anleger zu vermeiden. In Zukunft muss es jedoch möglich werden, Banken in geordneter Form scheitern zu lassen, ohne den Rest des Systems zu beschädigen.

Um das zu erreichen, müssen sie durch wettbewerbs- und ordnungspolitische Maßnahmen so im Zaum gehalten werden, dass sie in ihrer relevanten volkswirtschaftlichen Umgebung nicht zu unsinkbaren Schiffen werden – oder gar so groß, dass eine Rettung gar nicht mehr leistbar wäre.[113]

---

[113] Die Gefahr eines solchen Zustandes der Unrettbarkeit wegen der schieren Größe des Problems („too big to be bailed out") wird aktuell im Zusammenhang mit dem europäischen Rettungsschirm diskutiert. Länder wie Spanien und Italien könnten die Kräfte der wirtschaftsstarken „Schutzmächte" überfordern.

Beste Voraussetzung dafür ist eine Kombination von konsequenter Stärkung der Eigenmittelbasis der Banken mit einem gleichzeitigen Abrücken von der Aushöhlung der Bankensubstanz durch prozyklische Bilanzierungs- und Regulierungseffekte. Als pragmatischer Ansatz zur Verhinderung ausufernder Fremdmittel-Hebeleffekte eignet sich die absolute Begrenzung der Relation des echten Eigenkapitals von Banken zu ihrer Bilanzsumme.

Keine neuen Risiken ohne Eigenverantwortung

„Moral hazard" heißt unter Ökonomen jenes Verhalten, das darin besteht, Risiken auf Kosten anderer einzugehen, ohne Nachteile zu haben, wenn diese Risiken schlagend werden. Investmentbanken, die synthetische Wertpapiere aus Risiken bündeln, die sie nicht selbst tragen, müssen in Hinkunft verpflichtet werden, eine Selbstbehaltsuote in den eigenen Büchern zu halten. Derartige Selbstbehalte verhindern Nachlässigkeit bei der Prüfung von Risiken und sollten für jede Form der Weitergabe von Risiken an Dritte verpflichtend sein.[114]

Produktgenehmigung für Finanzinnovationen

Aus vielen Produkt- und Finanzinnovationen sind in den Jahren vor der Finanzkrise systemische Risiken erwachsen. Es ist daher erforderlich, für derivative Produkte, synthetische Wertpapiere[115] und ähnliche Finanzinnovationen umfängliche Transparenz herzustellen bzw. sie der Beobachtung durch die Notenbanken und Finanzmarktaufsichten zu unterwerfen. Darüber hinaus bedarf es eines Produkt-Genehmi-

---

[114] Praktikabel wäre eine Größenordnung von zumindest zehn Prozent.
[115] Z.B. Asset Backed Securities (ABS) oder Collateralized Debt Obligations (CDOs).

gungsprozesses für sonstige Derivate, Optionsprodukte und Zertifikate. Auch die Rolle von rein spekulativen Produkten wie ungedeckten Leerverkäufen ist grundsätzlich zu hinterfragen.

Unabhängigkeit von Ratingagenturen und Wirtschaftsprüfern

Ratingagenturen kommt in den kapitalmarktorientierten Finanzsystemen eine Schlüsselrolle zu, die auch durch die evidenten Fehlleistungen im Zuge der Finanzmarktkrise kaum geschmälert wurde. Umso wichtiger ist die Implementierung eines strikten, internationalen Kontrollregulativs für Ratingagenturen im Hinblick auf Qualitätskontrollen und allfällige Unvereinbarkeiten in den Auftragsbeziehungen zu ihren Kunden. Gerade bei Finanzprodukten sollten in Hinkunft die Ratingagenturen nicht mehr direkt von den Emittenten der Wertpapiere bezahlt werden.

Auch die Unabhängigkeit von Wirtschaftsprüfungsgesellschaften steht nach dieser Finanzkrise auf dem Prüfstand. Angesichts der Komplexität von Bankbilanzen und der weitgreifenden Interpretationsspielräume der Bilanzierungsregeln ist künftig eine Supervision der Bilanzierungspolitik von Banken durch die für Finanzmarktaufsicht zuständigen Gremien unverzichtbar.

Transparenzgebot für alle Teilnehmer am Kapitalmarkt

Schattenbanken, Sonderinvestitionsgesellschaften, Hedgefonds und sonstige Veranlagungsgesellschaften sind in den systemischen Beobachtungsradius der Notenbanken und Finanzmarktaufsichten vollständig mit einzubeziehen. Nur mit einer konsolidierten, gesamthaften Betrachtung aller Finanzströme, auch jener außerhalb des seit langem streng kontrollierten Bankensystems, kann künftig das Auftreten unbemerkter systemischer Gefahrenquellen – wie etwa das Entstehen von spekulativen Vermögenspreisblasen („Asset Bubbles") – erkannt werden.

Globalisierung der Spielregeln und Überwachungssysteme

Die Liberalisierung der Finanzmärkte ist als Parallelentwicklung zur weltweiten Liberalisierung der Märkte für Güter und Dienstleistungen grundsätzlich sinnvoll und irreversibel. In Anbetracht der Sonderrolle der Finanzwirtschaft muss sie allerdings besonders achtsam in Szene gesetzt werden. Es ist offenkundig, dass Transparenz, Regulierungsreichweite und -qualität mit dem Ausmaß und der Reichweite der globalen Liberalisierung in keiner Weise Schritt gehalten haben. Vordringlich sind deshalb Vereinheitlichung, Koordination und Transparenz der Finanzmarktaufsicht in allen von der Liberalisierung umfassten Staaten.

Die neuen Spielregeln: Was ist machbar?

In der Zeitspanne seit „Nine-fifteen" – jenem Tag im September 2008, an dem die bis wenige Stunden davor für unsinkbar gehaltene Investmentbank Lehman Brothers in Insolvenz ging – ist wahrlich viel geschehen, um eine Wiederholung der nachfolgenden größten Finanzkrise seit den Dreißigerjahren zu vermeiden. Politiker, die der Bevölkerung ihrer hochverschuldeten Länder erklären mussten, warum die Rettungspakete für Banken unvermeidbar und notwendig waren, wurden aktiv, um das Gesamtsystem sicherer zu machen. In vielen Fällen setzten sie ihre Schritte gegen den argumentativen Widerstand einer Bankenlobby, die strengeren Regulierungen entgegenarbeitete und darauf drängte, so schnell wie möglich wieder zur Tagesordnung überzugehen.

Der deutsche Finanzminister Wolfgang Schäuble nahm bei einer Grundsatzrede im September 2010 – also zwei Jahre nach dem Ausbruch der Krise – auf diese Haltung Bezug. Die Finanz- und Wirtschaftskrise habe gezeigt, wie verletzlich unser marktwirtschaftliches System geworden sei. Das habe einerseits mit der Geschwindigkeit der modernen Kommunikationswege und der Offenheit der Märkte zu tun. „Andererseits haben Politik und Aufsichtsbehörden durch die Deregulierungsmode der letzten zehn Jahre, auch angefeuert durch weite Teile der Medien, die umfassende Kontrolle über die Finanzmärkte eingebüßt."[116]

---

[116] Wolfgang Schäuble, Die ungehaltene Rede, Handelsblatt 176/2010, S 6 f.

Während die Gewinne aus immer riskanteren Finanzgeschäften bei den einzelnen Akteuren verbucht wurden, seien die Verluste in der Krise mit hohen Summen von Steuergeldern sozialisiert worden. Nun erwarte er als Finanzminister dafür keine Dankbarkeit, aber zumindest konstruktive Zusammenarbeit bei den Anstrengungen, solche Prozesse in Zukunft zu vermeiden. Wenn von den Vertretern der Finanzbranche meist zu hören sei, dass jede erdenkliche Reformmaßnahme zwangsläufig unmittelbar zu einer Verschlechterung der Kreditvergabe an Unternehmen und damit zu einer Wachstumsdämpfung führt, mache ihn das jedenfalls skeptisch, denn: „Wenn man eine Umfrage unter Löwen machte, wäre das Ergebnis wohl auch: Sie lehnen den Käfig ab, wollen aber weiter eine gute Verpflegung."[117]

Wenn die Dringlichkeit einer strengeren Bankenregulierung mit Analogien zum Reich der Zirkusraubtiere begründet werden muss, wirft das ein bezeichnendes Licht auf das Verhalten einer Branche, die in der Tat bis heute wenige Eigeninitiativen zur Stabilisierung und besseren Beherrschbarkeit von systemischen Risiken gesetzt hat.

Trotz aller Widerstände wurden seit Ausbruch der Krise so viele regulatorische Initiativen gesetzt, dass man durchaus auf ein halbvolles Glas gelungener Reformen verweisen kann. Nicht weniger Berechtigung hat jedoch der Blick auf ein halbleeres Glas unzulänglicher Erneuerungsschritte. Beide Sichtweisen lassen sich anhand des Diskussionsprozesses rund um die neuen Spielregeln von „Basel III" trefflich begründen.

Basel III – Haben wir dazugelernt?

„Es gibt einen Preis dafür, das Bankensystem sicherer und stabiler zu machen: und dieser Preis wird unvermeidbar von der Realwirtschaft

---

[117] Wolfgang Schäuble, a.a.O.

getragen." Dieser Satz stammt von Peter Sands, dem Geschäftsführer jenes Weltbankenverbandes, der im Sommer 2010 seine Jahrestagung in Wien abhielt. Es ist ein merk-würdiger Satz.[118]

Als hätten wir nicht schon genug an den Schäden zu tragen, die ein mit schweren Konstruktionsmängeln ausgestattetes Finanzsystem angerichtet hat, warnt uns also der Sprecher der großen Geldhäuser davor, ihr unkontrolliertes Wirken in weniger gefährliche Bahnen zu lenken. Die geforderten neuen Eigenkapitalvorschriften („Basel III") würden den Banken einen so hohen Kapitalbedarf auferlegen, dass man in Hinkunft weniger Kredite vergeben und in Summe 9,7 Millionen Arbeitsplätze gefährden würde.

Das Argument ist ungefähr so zwingend wie das eines Öl-Managers, der nach Auftreten des größten ausdenkbaren Unfalls auf einer Ölplattform vor strengeren Sicherheitsstandards warnt, weil sie letztlich „von der Realwirtschaft" (uns allen) getragen werden müssten.

Wahr ist: Das Welt-Bankensystem hat in der Finanzmarktkrise so viel (Schein-)Geld vernichtet und Bankkapital verbraucht, dass eine sofortige Reparatur des Systems alle überfordern würde. Wir brauchen daher Zeit und dürfen die neuen Anforderungen nicht abrupt stellen. Das Erfordernis längerer Übergangsfristen ändert aber nichts an der Notwendigkeit, die neuen Spielregeln endlich verbindlich festzulegen.

Das Eis, auf dem wir tanzen, wird dicker

Die Stärkung der Eigenkapitaldecke sämtlicher Banken steht im Zentrum aller Bemühungen, Basel III krisenfester zu machen als seinen Vorgänger Basel II. Dafür wird zunächst die Quote des sogenannten harten Kernkapitals deutlich angehoben. Darüber hinaus soll es einzel-

---

[118] Zitiert in Die Presse 10.06.2010, Weltbankenverband – Kein Institut „too big to fail".

nen Staaten offenstehen, von den Banken einen „antizyklischen Krisenpuffer" einzufordern. Dieser muss in Zeiten starken Wachstums und zunehmender Kreditvolumina angelegt werden, um in Krisenzeiten verfügbar zu sein. Darüber hinausgehende, zusätzliche Aufschläge für systemrelevante Großbanken werden diskutiert.

Es soll also das bisher viel zu dünne Eis, auf dem die Tanzfeste der Finanzbranche ausgetragen werden, in Zukunft dicker sein als vor der Krise. Mindestens so wichtig wäre aber, auch die Heftigkeit, mit der immer größere Schwankungen auf das immer noch einbruchsgefährdete Eis treffen, zu reduzieren. Mit anderen Worten: Prozyklizität zu reduzieren ist mindestens so wichtig wie Eigenmittelstärkung. In dieser Hinsicht bleibt Basel III fast alles schuldig.

Zwar kommt es zu etwas strengeren Regeln bei der Gewichtung von Risiken bestimmter, bisher vernachlässigter Finanzprodukte – diese reichen aber nicht aus, um wirkliche Stabilität zu bringen. Bis heute fehlt der Mut, von der Risikogewichtung, der eigentlichen Ursache der gefährlichen Prozyklizität von Basel II, abzurücken. Es bleibt also dabei, dass in guten – und damit risikoschwachen – Zeiten zu wenige Eigenmittel vorgehalten werden und diese in schlechteren – risikostärkeren – Zeiten fehlen.

Einer der wenigen Bankenchefs, die davor warnen, ist Vikram Pandit, CEO der Citibank-Gruppe. Er sieht die Gefahr eines neuerlichen Over-Leveraging – also extensiver Kreditausweitung – mit gefährlichen Auswirkungen auf die Konjunktur, sobald das Pendel wieder in eine Rezession zurückschwingt.[119] Von den Basel-Schöpfern und ihren Vordenkern selbst ist jedoch bis heute keine Distanzierung vom Grundsatz der Risikogewichtung zu hören.

Im Gegenteil: die beim Gipfel der G-20 im November 2010 in Seoul gutgeheißenen Empfehlungen des Baseler Komitees sehen eine äußerst

---

[119] Vikram Pandit, „We must rethink Basel, or growth will suffer", Financial Times 11.11.2010.

lasche Begrenzung des Kredithebels gegenüber den Eigenmitteln bei zuhöchst 33 vor – und auch das erst ab 2018. Was nichts anderes bedeutet, als dass es auch in Zukunft zu kreditgetriebenen, spekulativen Blasen in den Märkten kommen wird.

Basel III zielt am Kern des Problems vorbei

Welche Gefahren von solchen Blasenbildungen ausgehen, hat die Finanzkrise in drastischer Deutlichkeit gezeigt. Das Baseler Expertenkomitee gibt sich davon jedoch wenig beeindruckt und geht im Grund über Systemkosmetik nicht hinaus. All die engagierten Diskussionen um Eigenmittelanhebungen sind jedoch vergeblich, wenn nicht auch das Problem des zu hohen „leverage" gelöst wird.

Ja, es ist sinnvoll, die Qualitäten von Kernkapital künftig genauer festzulegen und in diesem Zusammenhang auch auf eine Harmonisierung der Bilanzierungsvorschriften zu drängen. Es ist auch unbestreitbar klug, den Bereich der Handelsaktivitäten von Banken, deren Engagements in Schattenbanken und deren Exponiertheit gegenüber derivaten Produkten durch höhere Eigenmittelunterlegung sicherer zu machen. Und es kann nicht falsch sein, das bisher bestehende – im Rückblick unfassbar niedrige – Mindesterfordernis an hartem Eigenkapital von zwei (!) Prozent auf 4,5 anzuheben, was zusammen mit dem neu eingeführten Kapitalpuffer von 2,5 % ein Mindest-Kernkapital von immerhin sieben Prozent ergibt.

All diese Anstrengungen sind jedoch unzureichend, solange das Baseler Komitee als das zentrale Beratungsgremium der globalen Politik an einem Modell der Finanzmarktsteuerung festhält, das gerade erst den größten ausdenkbaren Schaden angerichtet hat. Wer das Baseler Berichtspapier an den G-20-Gipfel liest[120], findet darin keine einzige

---

[120] The Basel Committee's response to the financial crisis: report to the G20; www.bis.org.

Passage, in der grundsätzliche Korrekturerfordernisse des bisherigen Denk- und Handlungsrahmens eingeräumt werden.

Die erzielten Verbesserungen werden als bloße technische Reaktion auf gewisse Schwächen der bisherigen Praxis begründet. Die Prinzipien des Regulativs selbst werden jedoch nie in Frage gestellt.

... obwohl es auch echte Fortschritte gibt

Aber bleiben wir beim Vorhaben, auch das halbvolle und nicht nur das halbleere Glas zu sehen: Viele Korrekturen des geplanten Regelwerks von Basel III sind durchaus nicht gering zu schätzen und stellen gegenüber dem bis heute geltenden Spielregel-Rahmen einen substanziellen Fortschritt dar.

Einer der wichtigsten davon ist die Einbeziehung der außerbilanziellen und aus derivaten Produkten stammenden Risiken in die Berechnung der notwendigen Eigenmittelbasis. Auch aus dem Debakel mit den im alten Basel-II-Regime von der Pflicht zur Eigenmittelunterlegung ausgenommenen Risiken aus Haftungen und Garantiekrediten (CDS) hat man gelernt. Solche Risiken werden künftig in die Kapitalverpflichtungsregeln einbezogen. Durchaus sinnvoll erscheinen auch die – bis zur Umsetzung allerdings auf eine sehr lange Zeitachse hinausgeschobenen – Ansätze, für systemrelevante Banken zusätzliche Eigenmittelpuffer zu fordern.

Niemand wird weiters etwas dagegen einwenden wollen, dass es künftig eine genauere Beobachtung der Liquiditätsstandards gibt. Das plötzliche Austrocknen der Refinanzierungsquellen von Großbanken in der Krise sitzt der gesamten Finanzbranche bis heute im Nacken. Allerdings hilft ein noch so großer Liquiditätspuffer wenig, solange eine Bank von externen Quellen abhängt und damit gegen systemische Schocks exponiert bleibt.

Grünes Licht für die nächste Systemkrise

Insgesamt aber verharmlost der für die Neuregulierung der internationalen Finanzwelt maßgebliche Text die grundlegenden Gefahren einer immer noch auf der weitgehend ungezügelten Schaffung von Kreditgeld beruhenden Bankwirtschaft.

Merkwürdig spitzfingrig tastet man sich an die Frage heran, ob es überhaupt praktikabel sein würde, künftig eine Leverage-Ratio von drei – also einen Kredithebel vom etwa 33fachen des „harten" Eigenkapitals – vorzuschreiben. Man will dieser aus heutiger Sicht erst für 2018 geplanten „Einschränkung" eine Testphase mit umfassenden Begleitstudien vorausgehen lassen, die ab 2013 einsetzen sollen.

Unterstellt wird dabei, dass die zugrunde gelegten Modelle eine empirische Beobachtungsschärfe haben, die Krisenprognostik zulässt. Die immer noch – trotz der eben erst überstandenen Akutphase der Finanzkrise – ungebrochene Illusion der Steuerbarkeit der Finanzmärkte prägt das gesamte Modell. Nur von daher ist erklärbar, dass man den nationalen Finanzmarktaufsichtsbehörden überlassen möchte, ob und in welchem Umfang sie zusätzliche Eigenmittelpuffer fordern oder deren Auflösung freigeben.

Die Bankenlobbys haben offenbar wirksame Arbeit geleistet. Um nur ja nicht dem Zwang ausgesetzt zu sein, aus Spiel-Banken wieder zu soliden Geschäftsbanken zu werden, hat man bei der überfälligen Aufstockung der Eigenmittel möglichst laute Gegenwehr betrieben – und damit zugleich davon abgelenkt, dass die eigentlich entscheidenden Stellgrößen der Prozyklizität und der viel zu hohen Fremdmittelhebel unangetastet bleiben.

Denn solange nicht die Risikogewichtung in Frage gestellt und die „leverage ratio" stark zurückgenommen wird, bleibt den Banken auch in Zukunft genügend Spielraum auf den rein finanzmarktbezogenen, spekulativen Geschäftsfeldern. Dem „Business as usual" stünde dann nach einer lästigen Periode regulatorischer Intervention nichts mehr entgegen. Selbst wenn gemäß dem Trennbankensystem einige Geschäftsfelder nicht mehr über die Bankbilanz geführt werden dürfen, wird man Wege finden, sich an ausgelagerten Finanzgesellschaften zu beteiligen, um diese indirekt doch wieder zu betreiben.

Geradezu schüchtern heißt es im Basel-Papier, strengere Kapital- und Liquiditätsstandards müssten künftig von besserem Risikomanagement und verbesserter Bankaufsicht begleitet werden. Dies sei „particularly important in an environment of continuously rapid financial innovation". Kein Satz darüber, dass die beste aller Risikomanagement- und Bankaufsichtswelten, wie sie ja mit Basel II hätte geschaffen werden sollen, vor unser aller Augen gescheitert ist. Und kein Zeichen der regulatorischen Demut vor dem Faktum, dass wir nichts darüber aussagen können, ob ein Basel III, das auf denselben Prinzipien wie sein Vorgängermodell aufsetzt, nun wirklich ausreichende systemische Sicherheit bietet. Sondern grünes Licht für die nächste Welle an Finanzinnovationen, mit denen auch diese Regulierung wieder so weit wie möglich abgeschwächt oder umgangen zu werden droht.

Ein teurer Tribut an die Banken-Lobbys

Den Autoren des Baseler Expertenpapiers ist dabei durchaus bewusst, dass systemische Risiken in Hinkunft genauer zu beobachten sein werden. „Macro prudential measures" nennen sich die damit verbundenen Maßnahmen – im Gegensatz zu den bisher vor allem auf die Einzelbanken-Stabilität zielenden Vorschriften, den „micro prudential measures".

Während Basel II das ganze Augenmerk auf Bankenstabilität legte, ohne ausreichend auf das System als Ganzes zu achten, will man nun systemischen Querverbindungen zwischen den Teilmärkten und einzelnen Großbanken mehr Beachtung schenken. Die enge, schicksalshafte Verflochtenheit der gesamten globalen Finanzwirtschaft war ja eine der uns von der Finanzkrise aufgezwungenen Erkenntnisse.

Auch Basel II war allerdings niemals als ein Regulativ konzipiert, mit dem lediglich Einzelbanken-Stabilität sichergestellt werden sollte. Man war vielmehr von der Überzeugung ausgegangen, damit das System als Ganzes robuster zu machen. Dass der eingeschlagene Weg auf Systemebene letztlich zur Destabilisierung führen würde, war naturgemäß nicht geplant.

Nach dem Eintritt des Krisenfalls läge der Schluss nahe, gerade jene Regeln zu korrigieren, die auf diesen Irrweg geführt haben. Basel III zieht diesen Schluss jedoch bedauerlicherweise nicht. Es fügt lediglich einem in seinen Grundsätzen – vor allem wegen der Risikogewichtung – immer noch zur Destabilisierung hinführenden Regelwerk eine Ebene der systemischen Beobachtung hinzu.

Das ist besser als gar nichts, löst aber nicht das Grundproblem. Immerhin wird die Prozyklizität ausdrücklich als Problem angesprochen und es werden Instrumente entwickelt, mit denen im Aufschwung zusätzliche Kapitalpuffer vorgeschrieben werden sollen. Der entscheidende Schritt aber, nämlich die Prozyklizität auf Einzelbankenebene durch erneuerte Bilanzregeln und den Verzicht auf Risikogewichtung auszuschalten, unterbleibt.

„Insofern fügen sich die Vorschläge des Basler Ausschusses nahtlos ein in eine Tradition der Entwicklung und Verfeinerung der Eigenkapitalregulierung im Diskurs der Aufseher und der Regulierten, ohne dass eine theoretische oder empirische Analyse zur Wirkungsweise der vorgesehenen Maßnahmen geliefert würde", heißt es dazu kritisch im Bericht zur Bankenregulierung, den ein Beratungsgremium deutscher Ökonomen im Frühjahr 2010 für das Bundeswirtschaftsministerium verfasste.[121]

---

[121] Gutachten des Wissenschaftlichen Beirates beim Bundesministerium für Wirtschaft und Technologie, Reform von Bankenregulierung und Bankenaufsicht nach der Finanzkrise, S 20.

Eine ehrliche Ursachenanalyse fehlt bis heute

Eine ernsthafte Analyse zur Frage, wie es dazu kommen konnte, dass die Eigenkapitalausstattung der Banken in den Jahren vor der Krise so niedrig war, hat es seitens der Regulierungsverantwortlichen nie gegeben. Obwohl man bei der Einführung von Basel II in Aussicht gestellt hatte, dass die im ersten Baseler Abkommen für Bankenaufsicht von 1988 vorgeschriebene Mindestquote von 8 % Eigenkapitalunterlegung auch weiterhin gelten würde, kam es im Regime von Basel II zur beschriebenen Aushöhlung der Eigenmittelbestände.

Für die Großbanken, die dem sogenannten modellbasierten Ansatz (IRB-Ansatz)[122] folgten, bedeuteten „10 % Kernkapital", dass zehn Prozent der risikogewichteten Vermögenswerte mit Eigenkapital gedeckt waren. Das entsprach durch das Überwiegen besserer Ratingstufen in Wirklichkeit gefährlich geringen Anteilen von oft nur zwei bis drei Prozent echten Eigenkapitals an der ungewichteten Bilanzsumme.

Der Baseler Ausschuss bemerkt offensichtlich erst in seinem Konsultationspapier vom Dezember 2009 – also ein Jahr nach der Krise –, dass das Bankensystem mit einer zu hohen Verschuldung in die Krise gegangen ist. Das für das deutsche Bundeswirtschaftsministerium tätige Professorengremium merkt das in seinem Gutachten kritisch an: „Dass das Eigenkapital (common equity) großer Banken bei nur 2 % der Bilanzsumme lag, wird nun als Problem bemerkt, nachdem man zuvor allein auf die risikogewichteten Vermögenswerte abgestellt hatte. Dass die Risikokalibrierung der Eigenkapitalregulierung für den Eigenkapitalmangel verantwortlich sein könnte, wird vom Basler Ausschuss allerdings nicht angesprochen."

---

[122] IRB: Abkürzung für: „auf internen Ratings basierender Ansatz". Die Risikogewichte der Ausleihungen beruhen hier nicht auf externen Ratings, sondern auf bankeigenen Ratings, deren methodische Qualität anhand der vom Baseler Ausschuss festgelegten Kriterien durch die Bankenaufsicht kontrolliert wird.

Vor diesem Hintergrund ist es absolut unverständlich, warum bis heute eine gründliche Ex-post-Analyse der Rolle der Regulierung beim Zustandekommen der Finanzkrise fehlt. Ohne eine solche Analyse „ist zu befürchten, dass die Ursachen der Fehlsteuerung im Finanzsektor nicht wirklich behoben werden".[123]

Das Baseler Gremium spricht in seinem Bericht an die G20 viele wichtige, das systemische Risiko eindeutig reduzierende Fragen an – aber in einem merkwürdig ausweichenden Tonfall und mit einer gewissen Ratlosigkeit in Bezug auf die drängendsten Punkte. Zum Problem des „too big to fail" wird ebenso auf spätere Studien verwiesen wie zu der Festlegung auf mögliche höhere Eigenmittelerfordernisse für die größten Banken der Welt.

Geradezu devot wird der Tonfall des Papiers, wenn es um die makroökonomischen Folgen der Umsetzung der vorgeschlagenen Maßnahmen geht. Hier werden – ganz im Gegensatz zu den von den Bankenvertretern in Stellung gebrachten Expertisen – nur ganz marginale Prozentsätze genannt, zu denen das globale Wachstum durch Basel III vorübergehend gedämpft werden könnte. Mit der gleichen Scheingenauigkeit, die vor der Krise zum Scheitern der regulatorischen Modelle führte, wird nun in Beruhigungsformeln dargelegt, dass die neuen Spielregeln keine nennenswerten Wirkungen hätten.

Das aber ist angesichts dessen, was in der Finanzkrise geschehen ist, nicht beruhigend, sondern vielmehr Anlass zur Besorgnis. Denn nur tiefgreifende und daher auch spürbare, die Dimension der inflationär aufgeblasenen Finanzwirtschaft dämpfende Maßnahmen können uns nachhaltig aus der Gefährdungszone herausführen.

Konkret bedeutet das eine Zielgröße von mehr als 10 % Eigenkapitalanteil an der ungewichteten Bilanzsumme als Voraussetzung für ein nachhaltig stabiles Finanzsystem: ein deutlich über den derzeitigen Ambitionen von Basel III liegender Wert, der in Richtung dessen

---
[123] Gutachten des Wissenschaftlichen Beirates a.a.O., S 3.

geht, was zu Beginn des zwanzigsten Jahrhunderts schon einmal üblich war.[124]

Die Lösung: Deutlich mehr Eigenkapital

Die Argumente der Banken für eine Fortsetzung der Möglichkeit, mit möglichst knappem Eigenkapital hohe Risikovolumina zu bewegen, werden meist mit der Androhung verknüpft, bei einer Einschränkung stünden dann geringere Kreditvolumina für Unternehmen wie Private zur Verfügung.

Wissenschaftler des Bonner Max-Planck-Institutes und der Stanford-University verweisen diese Behauptung jedoch ins Reich der Legende. Die Argumente der Banken beruhten entweder auf trügerischen Grundannahmen, auf einer Verwechslung zwischen privaten und gesamtwirtschaftlichen Kosten oder auf theoretisch wie empirisch mangelhaften Modellen.[125] In Wirklichkeit zeige sich, dass substanzielle Erhöhungen der Eigenkapitalanforderungen für Banken weder negative Folgen für Wirtschaft und Wachstum haben noch zu einer Kreditklemme führen.

Martin Hellwig, als ehemaliger Chef der Monopolkommission einer der international renommiertesten deutschen Ökonomen, meint, die Kreditinstitute würden bei besserer Kapitalausstattung ihre volkswirtschaftliche Funktion, die Wirtschaft mit Krediten zu versorgen, sogar besser erfüllen, weil sie weniger Anreize hätten, übermäßige Risiken einzugehen.[126]

---

[124] Gutachten des Wissenschaftlichen Beirates a.a.O. S 28.
[125] Vgl. Anat Admati/Peter DeMarzo/Martin F. Hellwig/Paul C. Pfleiderer, „Fallacies, Irrelevant Facts and Myths in the Discussion of Capital Regulation: Why Bank Equity is not expansive", Rock Center for Corporate Governance at Stanford University, Paper No. 86.
[126] Vgl. o.a. Studie von Admati und Kollegen sowie Olaf Storbeck in Handelsblatt 184/2010, S 20.

Für die Aussage, dass langfristig die gesamtwirtschaftlichen Vorteile strengerer Eigenkapital- und Liquiditätsvorschriften die Nachteile überwiegen, spricht auch die Praxis in jenen Banken, die vor der Finanzkrise bei traditionellen Geschäftsmodellen geblieben waren. Sie haben sich und ihren Kunden alle nachteiligen Effekte der vom verfehlten Regulierungssystem gestützten Kreditblase mit ihren überzogenen Expansionsraten erspart und blieben in ihrer Kreditpolitik gegenüber Unternehmens- wie Privatkunden ein verlässlicher Partner. Typischerweise handelt es sich dabei um kleine bis mittlere Regionalbanken sowie zahlreiche selbständige Institute der sogenannten dezentralen Sektoren wie Sparkassen und Genossenschaftsbanken.

Wenn die Banken argumentieren, strengere Eigenkapitalregeln würden ihre Finanzierungskosten erhöhen und damit Kredite verteuern, verwechseln sie im Grunde genommen die privaten Kosten der Banken mit den gesamtwirtschaftlichen Kosten für die Allgemeinheit. In Wirklichkeit würde jedoch mit dem höheren Eigenkapital und einer damit einhergehenden Verringerung des Fremdmittelhebels in den Bankbilanzen das Risiko der Eigenkapitalgeber ebenso wie das der Fremdkapitalgeber sinken.

Vor allem aber könnten schlechte Geschäftsergebnisse von Banken nicht mehr auf die Steuerzahler überwälzt werden: vor dem Hintergrund der extrem hohen Kosten, die das Finanzsystem im Zuge der Finanzkrise der Allgemeinheit aufgebürdet hat, ein zweifellos erstrebenswertes Ziel moderner Bankenregulierung.[127]

Der in der Schweiz für das Handelsblatt tätige Wirtschaftspublizist Torsten Riecke plädiert ebenfalls für deutlich höhere Kapitalpolster: „Wenn wir jetzt ängstlich vor Finanzreformen zurückschrecken, weil damit Wachstumseinbußen verbunden sind, zeigt dies nur, wie vergesslich wir sind. Der letzte Boom war auf Pump gebaut und ist uns deshalb

---

[127] Gutachten des Wissenschaftlichen Beirates beim Bundesministerium für Wirtschaft und Technologie, S 30.

um die Ohren geflogen. Es sollte deshalb jedem klar sein, dass künftige Wachstumsraten geringer ausfallen müssen, wenn der Finanzsektor stabiler werden soll. Außerdem: wer jetzt die Rechnung der Regulierung aufmacht, darf die horrenden wirtschaftlichen Schäden der Finanzkrise nicht unterschlagen. Nicht vergessen sollte man außerdem, dass viele Banken von einer kostenlosen Staatsgarantie profitieren. Durch höhere Kapitalpolster würden diese Kosten ausgewiesen und den Verursachern angelastet. Stabilität hat ihren Preis, aber unterm Strich fahren wir besser damit."[128]

Die gute Nachricht: Mit Bremsen geht es schneller

Es ist unbestreitbar, dass mit deutlich höheren als in Basel III vorgesehenen Eigenkapitalquoten Tempo aus dem System genommen wird. Das ist für schnelle Spieler und alle, die von für Spiel-Banken geschaffenen Anreizen profitiert haben, keine gute Nachricht. Für Bankenpartner, die sich auf Systemstabilität verlassen wollen, und für Steuerzahler, die sich aus der impliziten Haftung für Entgleisungen des Finanzsystems befreien wollen, ist die Aussicht auf Entschleunigung hingegen eine gute Nachricht.

Der berühmte österreichische Nationalökonom Joseph Schumpeter antwortete einst den Kritikern stringenter Rahmenbedingungen für den Markt, man käme schließlich auch mit einem Auto, das über ein gutes Bremssystem verfügt, schneller ans Ziel als mit einem Auto ohne Bremsen. Es ist meine zutiefst wirtschaftsliberale Überzeugung, dass auch ein Finanzsystem mit neuen (regulatorischen) Sicherheitssystemen besser vorankommt und mehr Nutzen für alle stiftet als jener ungebremste Finanzliberalismus, mit dem wir aus der Kurve geflogen sind.

---

[128] Torsten Riecke, „Wir müssen uns aus der Geiselhaft der Banken befreien", Handelsblatt 115/2010, S 12.

Der nationale Handlungsspielraum

Eine der hartnäckigsten Konventionen in der Diskussion über die Finanzordnung der Zukunft lautet, dass es bei der Neuregulierung nur wenig bis gar keinen nationalen Gestaltungsspielraum gäbe. Wie bei so vielen Konventionen ist das aber nur die halbe Wahrheit.

Schon vor der Krise haben nicht alle Länder das Gleiche getan – einige waren behutsamer bei der Übernahme der kapitalmarktorientierten Spielregeln, einige bedachtsamer in der Umsetzung von Liberalisierungsschritten. Am Beispiel Kanadas lässt sich ablesen, dass der eigenständige Weg durchaus positive Folgen hatte: das Land blieb von der Finanzkrise verschont.

Und auch nach der Krise stehen durchaus Möglichkeiten offen, selbst auf kleineren Finanzmärkten Sonderwege einzuschlagen. Bestes Beispiel dafür: die Schweiz – jenes Land, das besonders gute Gründe hat, aus der Tatsache Konsequenzen zu ziehen, dass ihre Großbanken zwar international leben, im Fall der Krise aber national verarztet werden müssen.

Es gibt jedenfalls keinen Grund, die kommenden Regulierungen von Basel III in den jeweiligen nationalen Finanzmärkten nur passiv zu adaptieren – sie lassen sich je nach den Erfordernissen nationaler Finanzmärkte erweitern oder variieren. Auch wenn das unter der Nebenbedingung zu geschehen hat, dass der eigene Finanzplatz in keine nachteilige Position gegenüber internationalen Mitbewerbern kommen soll, darf dieses von den Banken-Lobbys ins Treffen geführte Wettbewerbsargument nicht zu Denkverboten führen. Im Gegenteil: die durch die Finanzkrise ausgelösten Großschäden rechtfertigen unkonventionelle Lösungen.

Der kanadische Sonderweg

Kanada ist neben Australien das prominenteste Beispiel eines Landes mit hoch entwickelten Kapitalmärkten, in dem es zu keiner ausgeprägten Finanzkrise kam und deshalb auch keine Bankenrettungspakete geschnürt werden mussten. Interessant ist es vor allem durch seine Nachbarschaft zu den USA und die vielen Ähnlichkeiten seiner Finanzwirtschaft zum großen Nachbarn. Es lohnt sich deshalb ein Blick auf jene Unterschiede, die dazu beigetragen haben, dass Kanada von der Krise verschont blieb.

Immer wieder wird die zu Anfang der Neunzigerjahre eingeschlagene Niedrigzinspolitik der USA als ursächlich für die Finanzkrise angesehen. Die Tatsache, dass Kanada zinspolitisch den gleichen Weg ging und dennoch von der Krise verschont blieb, spricht allerdings für anders gelagerte Ursachen – insbesondere die viel zu hohen Verschuldungsspielräume von Banken.

Kanada legte seinen Banken in diesem entscheidenden Punkt vor der Krise enge Zügel an. Einerseits limitierte die Royal Bank of Canada die Spielräume für den Fremdmittelhebel („Leverage"), andererseits legte man Bandbreiten fest, innerhalb derer es den Banken erlaubt war, Erträge aus Kapitalmarktgeschäften zu ziehen. Zugleich limitierte man den Umfang synthetischer Wertpapiere: Allen Banken wurde eine Mindestquote der Eigenrisiko-Übernahme vorgeschrieben. Politik und Notenbank bemühten sich demnach, die Banken von den stark wachsenden spekulativen Märkten fernzuhalten.

Wesentliche Unterschiede bestanden auch im gesamten Bereich der Wohnbauimmobilien. Im Unterschied zu den USA wurden Wohnbaudarlehen immer nur bei gleichzeitiger Haftungsübernahme durch den Kreditwerber gewährt, den Banken waren Belehnungsgrenzen vorgeschrieben und es gab keinerlei Anreize, Risiken in Wertpapiere zu verpacken und an andere Gläubiger weiterzuverkaufen. Daher blieb Kanada von einer Subprime-Krise verschont.

Offensichtlich haben die kanadischen Regulatoren entscheidende Weichen richtiger gestellt als ihre amerikanischen – und in weiten Bereichen wohl auch europäischen – Fachkollegen.

Mehr Eigenkapital: Ein Rütli-Schwur für krisensichere Großbanken

Einen bemerkenswert autonomen Schritt setzten Anfang Oktober 2010 die Schweizer Aufsichtsbehörden. Nach etwa halbjährigen Beratungen in einem Komitee, das über die Frage zu beraten hatte, wie künftige Großbankenkrisen von der Schweiz ferngehalten werden könnten, einigte man sich mit den beiden Flaggschiff-Banken UBS und Credit Suisse auf die Vorschreibung von Eigenkapitalquoten, die künftig etwa doppelt so hoch sein werden wie im Regelwerk von Basel III.

Der Unterschied liegt weniger in den Regeln für „hartes" Eigenkapital, das mit zehn Prozent nur unwesentlich höher liegt als im Baseler Konzept. Entscheidend ist die Forderung an die Banken, zusätzliche neun Prozent an Eigenkapital-Surrogaten zu halten. Im Wesentlichen handelt es sich um Wandelanleihen, die im Verlustfall zu echtem Eigenkapital werden.

In der Fachsprache heißen derartige Pflicht-Wandelanleihen „Contingent Convertible Bonds" – kurz „Cocos". Sie werden automatisch zu Eigenkapital, sobald das Kernkapital der Bank unter eine bestimmte Quote sinkt. Für UBS und Credit Suisse wurde sie mit sieben Prozent festgelegt. Die Inhaber der Anleihen haben dann als Aktionäre eventuelle Verluste anteilig mitzutragen – partizipieren aber im Gegenzug bei Erholung an steigenden Kursen.

Marianne Kager, langjährige Chefökonomin einer österreichischen Großbank, kommentierte die überraschende regulatorische Kraftanstrengung der Schweizer treffend so: „Das Image des sicheren Hafen Schweiz wurde mit dieser Sonderregelung erfolgreich (und kostengünstig) wiederhergestellt. Handeln statt Lamentieren macht sich bezahlt."[129]

Europa: Wann sonst, wenn nicht jetzt?

Seit der Schaffung der Europäischen Union folgt die Einigung dem pragmatischen Grundsatz, innerhalb eines europäischen Rahmens von Spielregeln möglichst viel nationale Autonomie zuzulassen. Der Föderalismus als Bauprinzip blieb auch dann noch unumstritten, als der einheitliche Binnenmarkt geschaffen wurde. Zu den drei Freiheiten des Personen-, Waren- und Dienstleistungsverkehrs gehörte von Beginn an untrennbar die vierte Freiheit des Kapitalverkehrs.

Erst mit der Schaffung des Euro und dem Wegfall von Abwertungsrisiken zwischen den Teilnehmerländern erhielten die europäischen Kapitalmärkte wirklichen Auftrieb – zunächst über reales Wachstum der Unternehmen, dann über ein immer stärkeres Wachstum der Finanzmärkte. Immer mehr Banken begannen international tätig zu werden.

Die neuen, aus dem angloamerikanischen Raum übernommenen Instrumente einer am Kapitalmarkt orientierten Finanzwirtschaft eröffneten schier unbegrenzte Möglichkeiten der Risikostreuung und -teilung, die neuen Bilanzierungsgrundsätze erlaubten ein entlang der höheren Marktwerte gesteigertes Wachstum. Ratingagenturen schufen einen angenehmen Referenzrahmen für die Objektivierung und Austauschbarkeit von Risiken, kreditfinanzierte Firmenübernahmen ließen das Investmentbanking boomen, innovative Finanzprodukte machten die Anleger neugierig und steigerten die Gewinne im Private Banking.

---

[129] Marianne Kager, „Von den Schweizern lernen", Salzburger Nachrichten, 13.10.2010, S 17.

Die Bankenszene internationalisierte sich, ohne dass es über das Regulativ von Basel II hinaus auch nur ansatzweise gemeinsame Aufsichtsstrukturen gab. Schon der Gedanke daran hätte als protektionistisch gegolten. Die goldenen Jahre eines nahezu ununterbrochenen Erweiterungs- und Wachstumsoptimismus ließen keinerlei Gedanken an die Notwendigkeit strengerer Finanzmarktregulierung aufkommen. Und wenn sie aufkamen – wie etwa beim 2006 gestarteten gemeinsamen Versuch Deutschlands und Frankreichs, die Hedgefonds stärker zu überwachen –, gab es heftigen Widerstand vor allem von Seiten Großbritanniens.

Der luxemburgische Ministerpräsident Jean-Claude Juncker, als „Mister Euro" in finanzmarktpolitischen Themen höchst versiert, schildert seine Wahrnehmung der damaligen Stimmungslage so: „Wenn wir damals vorgeschlagen hätten, die Finanzmärkte an die Kandare zu nehmen, wären wir aus dem Saal vertrieben worden."[130]

Auch heute kann sich die EU im Bereich der Finanzmärkte nur einstimmig neue Regeln geben – oder die Länder handeln national. Allerdings stieg unmittelbar nach der Krise die Bereitschaft zur supranationalen Kooperation deutlich an. Schon in der ersten Phase der Löscharbeiten wurde klar, dass man durch Schaffung eines völlig neuen regulatorischen Rahmens für die Finanzwirtschaft Vorkehrungen gegen ähnliche Großkrisen treffen musste.

Mittlerweile bemühen sich die Interessenvertreter der Banken vor dem Hintergrund einer scheinbaren Normalisierung des Geschehens auf den Finanzmärkten wieder darum, strengere Regulierungen zurückzudrängen. Perfekt organisierte Lobbys und Branchenvertreter in fast allen maßgeblichen Regulierungsgremien arbeiten an der baldigen Rückkehr zum „business as usual".

Das dürfte jedoch noch für längere Zeit eine Illusion bleiben, hat sich doch längst ein zweiter drängender Problemkomplex über die Fra-

---

[130] „Mindestlöhne überall", Gespräch mit Jean-Claude Juncker in der Zeit 24/2009, S 24.

ge nach der Stabilisierung des Bankensystems geschoben, seit im Gefolge der paneuropäischen Schuldenkrise die Überlebensfähigkeit des Euro in Frage steht. Das aber ist durch die unmittelbaren Rückwirkungen auf das Finanzsystem mehr als ein klassisches Währungsproblem. Immerhin stehen die europäischen Banken nicht nur als direkte Gläubiger, sondern auch als Garantiegeber für Anleihen überschuldeter Staaten in Gefahr, ihren Staaten ein weiteres Mal in die rettenden Arme zu fallen – mit der Folge noch höherer öffentlicher Verschuldung. Aber das ist ein anderer gordischer Knoten ...

Auf drei Standorte verteilt: die neue EU-Finanzmarktaufsicht

Zentrales Reformstück der neuen europäischen Finanzarchitektur ist zweifellos die im September 2010 vorgestellte gemeinsame EU-Finanzmarktaufsicht. Von ihren Schöpfern wird sie als einzigartig gelobt, noch bevor die erste Bewährungsprobe bestanden ist.[131] Kritiker hingegen monieren, die auffälligste Einzigartigkeit bestünde zunächst nur darin, dass man den Sitz der Aufsichtsbehörde mit ihren drei Schwerpunkten auf drei europäische Städte aufgeteilt hat.

Seit Oktober 2008 arbeitete eine Expertengruppe unter dem Vorsitz von Jacques de Larosière daran, ein effizienteres, integriertes und nachhaltigeres europäisches Aufsichtssystem[132] zu schaffen. Dieses sieht zur Kontrolle einzelwirtschaftlicher Finanzaktivitäten („Mikroaufsicht") drei neue europäische Aufsichtsbehörden vor[133], die eng mit den 27 nationalen Aufsichtsbehörden zusammenarbeiten.

---

[131] „Durchgriffsrechte für Finanzaufseher", EU-Finanzkommissar Michel Barnier, zitiert in den Salzburger Nachrichten, 04.09.2010, S 20.
[132] ESFS – European System of Financial Supervision.
[133] ESA – European Supervisory Authorities.

Aus Rücksichtnahme auf die Interessen der wichtigsten Finanzzentren werden die drei Aufsichtsbehörden an verschiedenen Orten angesiedelt, nämlich in London für die Bankenaufsicht, in Frankfurt für die Wertpapier- und Börsenaufsicht sowie in Paris für die Versicherungsaufsicht. Stimmrecht im Aufsichtsorgan der Aufsichtsbehörden haben ausschließlich die Vertreter der nationalen Aufsichtsbehörden der 27 EU-Mitgliedsländer.

Die operationalen Aufgaben nimmt ein Verwaltungsrat wahr, dem ein als Experte berufener Vorsitzender, vier gewählte Präsidenten nationaler Aufsichtsbehörden und ein Vertreter der Kommission angehören. Trotz gewisser Kritik an der örtlichen Aufsplitterung ist unbestritten, dass dieses neue, koordinierte Überwachungssystem aller Finanz-Aufsichtsbehörden höchst sinnvoll ist und wenigstens einen Teil der damit verknüpften Erwartungen erfüllen sollte.

Konfliktträchtig: der Ausschuss für Systemrisiken

Anders sieht die Sache bei einem parallel dazu geschaffenen Gremium aus, das zur Beobachtung systemischer Risiken (*„Makroaufsicht"*) eingesetzt werden soll. Der Verwaltungsrat dieses Europäischen Ausschusses für Systemrisiken[134] hat eine vom britischen „Economist" als „absurd" bezeichnete Größenordnung von nicht weniger als 61 Mitgliedern.[135] Es gehören ihm nämlich nicht nur sämtliche Mitglieder des Erweiterten Rates der EZB, die Vorsitzenden der drei Aufsichtsbehörden und ein Vertreter der Europäischen Kommission an, sondern darüber hinaus als nicht stimmberechtigte Mitglieder die Vertreter der nationalen Aufsichtsbehörden sowie der Vorsitzende des Finanz- und Wirtschaftsausschusses.

---

[134] ESRB – European Systemic Risk Board.
[135] Vgl. Economist, 02.10.2010, S 14.

Beruhigenderweise werden die Beschlüsse des hypertrophen Verwaltungsrates von einem Lenkungsausschuss vorbereitet, der eine etwas kompaktere Zusammensetzung aufweist. Und noch beruhigender: Der Vorsitzende dieses Gremiums wird von sieben Vertretern von Zentralbanken gewählt, die dem Erweiterten EZB-Rat angehören. Die Europäische Zentralbank stellt darüber hinaus auch das Sekretariat für die Erledigung der anfallenden Arbeiten. Damit liegen die Entscheidungen letztlich wieder dort, wo sie in Bezug auf systemische Risiken längst hätten liegen müssen: nämlich bei der Europäischen Zentralbank.

Es wurde also ein teurer und äußerst umständlicher Umweg gewählt, um ein neues Gremium für die Abwehr jener Systemrisiken in die Welt zu bringen, die schon immer im Beobachtungsradius der Zentralbanken hätten liegen müssen. Denn was, wenn nicht die Beachtung makroökonomischer Zusammenhänge zur Wahrung der Finanzmarktstabilität, sollte neben den geldpolitischen Funktionen die Aufgabe einer Europäischen Zentralbank sein?

Ein anderer, in seinen Folgewirkungen nicht zu unterschätzender Geburtsfehler des Ausschusses für Systemrisiken liegt in der Tatsache, dass die dem Lenkungsgremium angehörenden Mitglieder fast zur Hälfte aus EU-Mitgliedsländern stammen, die teils aus politischen, teils aus wirtschaftlichen Gründen den Euro nicht eingeführt haben, sondern – wie Großbritannien oder Schweden – an einer eigenständigen Geld- und Währungspolitik festhalten.

Dass jene Personen, die über den richtigen Umgang mit Systemrisiken entscheiden sollen, unterschiedlichen Währungsräumen angehören, kann jedoch in Zukunft zu schwerwiegenden Einschätzungs- und Abstimmungsproblemen führen. Im Fall von notwendigen Mehrheitsbeschlüssen drohen daraus Unstimmigkeiten und politische Konflikte nicht zu unterschätzender Dimension zu entstehen. „Eben weil sämtliche Mitgliedsstaaten der EU ungeachtet ihrer Währungshoheit gleichermaßen an der vorgesehenen Einrichtung der gemeinschaftlichen Finanzaufsicht auf Makroebene beteiligt werden sollen, wird diese Aufsicht nicht das leisten können, was sich der Europäische Rat von ihr verspricht."[136]

Empfohlen wird daher konsequenterweise den Verzicht auf ein eigenes, noch dazu so kompliziertes Gremium: „Was die Makroaufsicht angeht, so erscheint es dem Beirat geraten, sie nicht in der jetzt geplanten Form umzusetzen. Im Grunde bedarf es für die Analyse der systemischen Risiken keiner zusätzlichen Gemeinschaftsinstitution wie des Europäischen Risikorates, sondern diese Aufgabe kann der EZB und den Mitgliedsbanken des Europäischen Systems der Zentralbanken (ESZB) … unmittelbar übertragen werden."[137]

Erstaunlicherweise wurde diese naheliegende Empfehlung bis heute nicht zum Gegenstand ernsthafter Überlegungen. Dabei könnte es sich gerade in diesem Fall lohnen, einen grundlegenden konzeptionellen Fehler zu korrigieren, noch bevor größere Folgeschäden entstehen.

Bruchlinien und Allianzen quer durch Europa

Die von der Finanzkrise ausgelösten Turbulenzen drohen den europäischen Zusammenhalt entlang zweier entscheidender Bruchlinien zu erschüttern: Zum einen divergiert die Interessenlage der hoch verschuldeten Staaten und derjenigen Länder, die ihre Haushaltslage im Griff haben, immer stärker. Sichtbar wurde dies zuletzt in der im November 2010 rund um die Zuspitzung der Irland-Krise aufgebrochenen Diskussion um die Beteiligung privater Schuldner an der Sanierung überschuldeter Staatshaushalte.

---

[136] Gutachten des Wissenschaftlichen Beirates beim Bundesministerium für Wirtschaft und Technologie, S 57 f.
[137] Die Aufgabe könnte nach Meinung des Beirates von der EZB als besondere Aufgabe gemäß Art. 127 Nr. 6 AEUV wahrgenommen werden.

Da der von EZB und Internationalem Währungsfonds aufgespannte Schutzschirm[138] nun über Griechenland und Irland hinaus nun wohl auch von anderen EU-Staaten beansprucht wird, zeichnet sich ein möglicher Ausweg dahingehend ab, dass man sich zur Schaffung eines Europäischen Währungsfonds durchringt. Dieser würde analog zum Internationalen Währungsfonds innerhalb der Euro-Zone Sonderziehungsrechte an einzelne Länder vergeben. Am Ende stünde ein auch in fiskalpolitischen Fragen – also allen grundlegenden Bereichen der Steuer- und Budgetpolitik – enger akkordiertes Europa, dessen Währung dann nicht mehr durch spekulative Attacken gegen einzelne Mitgliedsstaaten angreifbar wäre. Die Begebung von Euro-Bonds würde einen ersten Schritt in diese Richtung darstellen.

Die zweite Bruchlinie verläuft zwischen Großbritannien und dem Kontinent. Sie trennt zwei voneinander sehr unterschiedliche Finanzierungskulturen, deren jahrelange Konvergenz durch die Krise unterbrochen wurde. Die Sanierungskonzepte für krisenfestere Finanzmärkte entwickeln sich hier vor allem in der Frage auseinander, welche Aufgaben Banken in Zukunft vorrangig erfüllen sollen. Je nachdem, wie die Antworten auf diese Frage ausfallen, unterscheiden sich die Rezepturen – von der Reform der Bilanzierungsregeln über die Regulierung von Hedgefonds und die Transparenz in Schattenbanken bis hin zur Schaffung einer europäischen Ratingagentur.

Auch wenn das heute noch schwer vorstellbar ist: in Zukunft könnten sich Allianzen einzelner Ländergruppen herausbilden, die andere und wohl strengere Regeln durchzusetzen versuchen als die vom Finanzplatz London stark abhängigen Briten. Denn so wenig es einzelnen, vor allem kleineren Staaten anzuraten ist, separate Regulierungswege einzuschlagen, so sinnvoll könnte es sein, wenn sich starke

---

[138] Nach seinem Auslaufen 2013 soll der als Schutzschirm bezeichnete Europäische Finanzmarktstabilitätsfonds (EFSF) durch einen permanenten europäischen Stabilitätsmechanismus (ESM) ersetzt werden.

kontinentaleuropäische Ländergruppen zu verschärften Regulierungen bekennen, um ihre Realwirtschaft vor künftigen Finanzmarktschocks besser zu schützen.

Reformbedarf an vielen Ecken und Enden

Wenige Tage nachdem die nach Ausbruch der Finanzkrise eingesetzte und von Jacques de Larosière geleitete Kommission im Februar 2009 ihren ersten Bericht zur Reform der europäischen Aufsichtsstruktur vorgelegt hatte, folgten Anfang März 2009 grundsätzliche Vorschläge zur Stärkung des Rechtsrahmens der EU für Finanzdienstleistungen. Man hatte eingesehen, dass das bisherige unkoordinierte Nebeneinander von Regelwerken in 27 Mitgliedsländern nicht nur einem Standort-Shopping der Marktteilnehmer Tür und Tor öffnete[139], sondern auch wegen der dadurch ausgelösten systemischen Risiken untragbar geworden war.

Seit dem 15. September 2010 – zufällig oder nicht der zweite Jahrestag der die heiße Phase der Finanzkrise auslösenden Insolvenz von Lehman Brothers – liegen entsprechende Vorschläge für Verordnungen des Europäischen Parlaments und des Rates vor.

Im Mittelpunkt der geplanten Neuregelung steht der künftige Umgang mit Leerverkäufen, Garantien (Credit Default Swaps/CDS) und den damit zusammenhängenden Fragen der Markttransparenz.[140] Ohne zu sehr auf finanzmarkttechnische Details einzugehen, lohnt sich ein Blick auf die einschlägigen Dokumente – spiegeln doch deren

---

[139] Der Larosière-Bericht bezeichnet die Suche nach dem jeweils regulatorisch vorteilhaftesten Finanzplatz als „Aufsichtsarbitrage", vgl. Dokument der Europäischen Kommission vom 15.09.2010, KOM(2010) 482, S 2.
[140] Verordnung über Leerverkäufe und bestimmte Aspekte von Credit Default Swaps (KOM 2010 482) sowie Verordnung über OTC-Derivate, zentrale Gegenparteien und Transaktionsregister (KOM 2010 484).

übervorsichtige Formulierungen in fast jedem Absatz wider, wie zögerlich sich die Politik unter dem Druck des immer noch dominierenden Dogmas möglichst ungebremster Finanzmarkt-Liberalität an wirklich substantielle Reformen heranwagt.

Leerverkäufe: mitverantwortlich für systemische Risiken

Bei Leerverkäufen wird ein Wertpapier verkauft, obwohl es sich zum Zeitpunkt des Geschäftsabschlusses noch gar nicht im Eigentum des Verkäufers befindet. Der eigentliche Erwerb findet erst zu einem späteren Zeitpunkt statt. Ziel der Transaktion ist, mit wenig Geldeinsatz und limitiertem Risiko die Chance von steigenden oder fallenden Kursen zu nützen. Zu unterscheiden sind zwei Spielarten: Bei gedeckten Leerverkäufen werden Wertpapiere verkauft, die vorher geliehen wurden oder für die es eine Leihvereinbarung gab. Bei ungedeckten Leerverkäufen wird sogar verkauft, ohne dass eine derartige Leihe oder Leihvereinbarung vorliegt.

Beide Arten von Leerverkäufen dienen überwiegend spekulativen Zwecken und erhöhen oder verstärken die Marktschwankungen in den entsprechenden Wertpapiertiteln in der Regel beträchtlich. Um nun diese für kundige Händler und Marktprofis meist lukrative Spielwiese nicht zu verlieren, argumentieren die Finanz-Lobbys gegenüber der Politik meist mit der Funktion der Risikoabsicherung durch solche Instrumente.

Risikoabsicherungen lassen sich jedoch viel einfacher durch den Aufbau von Gegenpositionen im selben Wertpapier[141] oder den Einsatz von Garantieinstrumenten erreichen. Alle Formen des Risikoausgleichs für Unternehmen und damit für die Realwirtschaft lassen sich dem-

---

[141] Hedging: die Neutralisierung einer bestehenden Risikoposition durch ein Gegengeschäft.

nach auch ohne Leerverkäufe umsetzen. Das gilt für den Bereich der Währungs- und Zinspositionen ebenso wie für die Eindeckung mit Rohstoffen innerhalb bestimmter Preisbänder. Leerverkäufe tragen in ihrer großen Anzahl lediglich zur unerwünschten spekulativen Verstärkung von Markttrends bei. Es gibt aber keine Instrumente, mit denen erwünschte von unerwünschten (systemischen) Nebenwirkungen unterschieden werden könnten.

Liest man die einschlägigen Arbeitspapiere und Verordnungsentwürfe der Europäischen Kommission, entsteht allerdings der Eindruck, Leerverkäufe seien ein in erster Linie nützliches und erst in zweiter Linie fallweise missbräuchlich eingesetztes Instrument. Ausführlich wird geschildert, wie sie als Instrument der effizienteren Preisfindung von Wertpapieren eingesetzt werden können. Und vollends unkritisch findet sich die Feststellung, Leerverkäufe minderten (!) die Gefahr von Preisblasen und könnten als Frühindikator für die Probleme eines Emittenten dienen.

Dann aber findet sich, etwas überraschend, doch ein Hinweis auf mögliche Kollateralschäden: Leerverkäufe könnten „unter extremen Marktbedingungen eine enorme Abwärtsspirale der Kurse verursachen und damit zu Marktverwerfungen und möglicherweise zur Entstehung systemischer Risiken führen".[142] Auch bestünde bei ungedeckten Leerverkäufen möglicherweise ein erhöhtes Risiko, dass Abwicklungen scheitern und Volatilität entsteht.

Aber gleich nach diesem kurzen Blick in den Risiko-Abgrund beruhigt der Kommissionstext schon wieder: Leerverkäufe von Finanzinstrumenten im Rahmen einer marktmissbräuchlichen Strategie – etwa in Verbindung mit der Verbreitung von falschen Gerüchten, um bei einem Wertpapier einen Kursverfall zu bewirken – seien nach der

---

[142] Verordnung über Leerverkäufe und bestimmte Aspekte von Credit Default Swaps (KOM 2010 482), S 3.

Marktmissbrauchslinie bereits verboten[143]. Und in der Regel würden Leerverkäufe ohnehin nicht marktmissbräuchlich eingesetzt.

Unübersichtliche Regeln für Garantien (CDS)

Ähnlich zahnlos lesen sich die Ausführungen zu Garantien und damit zusammenhängenden Derivaten. Es fehlt auch in diesem Bereich die letzte Konsequenz, aus dem eingetretenen Schaden zu lernen und die nützlichen Funktionen eines Instruments von seinen unerwünschten Sonderformen klar zu trennen.

Zur Erinnerung: Credit Default Swaps (CDS) dienen der Versicherung gegen Ausfallrisiken von Unternehmensanleihen oder öffentlichen Anleihen. Der Käufer eines CDS (also einer Garantie) erhält vom Verkäufer eine Versicherung gegen das Ausfallrisiko eines bestimmten Schuldners. Sollte dieser ausfallgefährdet sein, erhält der Käufer vom Verkäufer seine Garantieleistung in Form einer Ausgleichszahlung. Während der Laufzeit schwanken die „Versicherungsprämien"[144]. Die Garantie kann zum jeweils marktaktuellen Preis (CDS Spread) auch zwischenzeitlich verkauft bzw. weitergehandelt werden.

In dieser Grundfunktion der Risikoabsicherung sind Credit Default Swaps sinnvoll und nützlich. Sie geben den Marktteilnehmern die Möglichkeit, ihre Risikosituation zu verändern, ohne sich jeweils zeitgleich vom abgesicherten Wertpapier in ihrer Bilanz trennen zu müssen.

Als höchst problematisch erwies sich das Instrument jedoch in zwei anderen Aspekten: zunächst wegen der Intransparenz des Garantie-

---

[143] Richtlinie 2003/6/EG des Europäischen Parlaments und des Rates vom 28.01.2003 über Insider-Geschäfte und Marktmanipulation (Marktmissbrauch) (ABl. L 96 vom 12.04.2003, S 16).
[144] Ausgedrückt in der Risiko-Marge bzw. dem CDS Spread.

marktes, über den es bis heute keinen Überblick betreffend ausgereichte Volumina und gegenseitige Abhängigkeiten der Marktteilnehmer gibt. Am Höhepunkt der Finanzmarktkrise im Herbst 2008 machte sich dieses Manko sehr schmerzlich bemerkbar, bestanden doch für unzählige synthetische Finanzmarktprodukte und Ausleihungen zwischen den Banken hohe gegenseitige Garantieverpflichtungen der Großbanken. Diese trugen in den dramatischen Herbsttagen 2008 entscheidend zur raschen Verbreitung des Flächenbrandes im Finanzsystem bei.

Zum anderen gibt es auch bei Credit Default Swaps die Möglichkeit, ungedeckte Positionen einzugehen – mit anderen Worten: wie bei einem Leerverkauf auf künftige Entwicklungen ohne großen Mitteleinsatz zu spekulieren. Zuletzt zeigte sich das Drohpotential dieser mehr als problematischen Form des Risikohandels anlässlich der Spekulation auf die Verschlechterung der Haushaltssituation in Griechenland, Irland und Portugal. Für Meldungen, dass es zu Herabstufungen der Ratings wegen sinkender Bonität und überschuldeter Budgets kommen würde, sorgten Medien und Politik – die Spekulanten mussten nur noch trendverstärkend ungedeckte Positionen eingehen, um von der immer rasanteren Talfahrt und steigenden CDS Spreads zu profitieren.

Viel zu milde reagiert nun der Verordnungsentwurf der EU-Kommission auf die längst manifest gewordenen Folgeschäden derart groß angelegter Spekulationen. Zum Schaden des Finanzplatzes Europa und der Steuerbürger/innen seiner Mitgliedsstaaten ist lediglich vorgesehen, dass die zuständige Behörde eines Mitgliedsstaates (also nicht einmal die neu geschaffene gesamteuropäische Wertpapieraufsicht!) Transaktionen mit Garantieinstrumenten einschränken kann, wenn „eine ernst zu nehmende Bedrohung für die Finanzstabilität oder das Marktvertrauen in dem Mitgliedsstaat oder einem oder mehreren anderen Mitgliedsstaaten" gegeben ist.[145]

---

[145] Verordnung über Leerverkäufe und bestimmte Aspekte von Credit Default Swaps, KOM (2010) 482, S 34.

Anstatt ein klares Bekenntnis zum Verbot jeglicher ungedeckter Leerverkäufe oder Garantiepositionen abzugeben, sollen also jene Regulierungsbehörden einzelner Länder, die schon vor der Krise keinerlei Begabung zur Prognose gezeigt hatten, dem Markt immer dann in die Speichen greifen, wenn die Spekulation zur Gemeingefahr wird. Solange das aber nicht der Fall ist, dürfen die Spekulanten alles gerade noch nicht ausdrücklich Verbotene tun, um ungehindert die Herbeiführung der Krisensituation zu beschleunigen und daran zu verdienen.

Es fällt schwer, hinter einer solchen Scheinregulierung einen ernsthaften Gestaltungswillen zu erkennen. Zwar deutet das Echo in der Öffentlichkeit darauf hin, dass die Regulierungstexte eine gewisse Placebo-Wirkung entfalten. Grund zur Beruhigung sind sie dennoch nicht.

Mehr Markttransparenz: unstrittig – aber umsetzbar?

Konsequenter fällt der Wille zur Neuregulierung aller bisher außerbörslich[146] gehandelten Derivate aus. Der Beinahe-Zusammenbruch der US-Investmentbank Bear-Sterns im März 2008, der Ausfall von Lehman Brothers am 15. September 2008 und die Rettung des Versicherungskonzerns AIG tags darauf hatten auf so drastische Weise die Unzulänglichkeiten des unkontrollierten Derivatehandels aufgezeigt, dass diese Ereignisse sogar in den begründenden Text der einschlägigen Verordnung Eingang fanden.[147]

Hatte man vor der Krise in der Annahme gelebt, dass verschiedene Produktbereiche und Teilmärkte weitgehend unabhängig voneinander funktionieren und breit gestreute Investitionsstrategien daher zur Ri-

---

[146] Eine außerbörsliche Transaktion (engl.: over the counter/OTC) wird im direkten Handel zwischen Finanzpartnern getätigt, nicht im Wege über eine Börse. Daher werden außerbörslich gehandelte Derivate als OTC-Derivate bezeichnet.
[147] Verordnung über OTC-Derivate, zentrale Gegenparteien und Transaktionsregister, KOM(2010)484, S 2 f.

sikostreuung führen, stellten sich nun viele Risiken aus Teilmärkten als aufeinander bezogen heraus. Ein dichtes Geflecht von Schnüren fesselte die Marktpartner so unentwirrbar aneinander, dass mit dem gleichzeitigen Bruch bisheriger Erwartungen und Vertrauensketten alle gemeinsam unterzugehen drohten – was ohne die beherzte und rasche Reaktion der Notenbanken und Regierungen wohl auch geschehen wäre.

EU-Finanzkommissar Michel Barnier erkannte die Bedeutung des Problems und drängte bis zuletzt auf Zuständigkeit der künftigen europäischen Wertpapieraufsicht für Entscheidungen über jene Derivate, die zwingend an einer Börse gehandelt werden müssen, weil sie ein systemisches Risiko darstellen. Der für Finanzdienstleistungen zuständige Generaldirektor in der Europäischen Kommission, Jorgen Holmquist, hatte den Boden für eine strengere Regulierung in diesem Bereich aufbereitet, indem er warnend darauf hinwies, dass unkontrollierter Derivate-Wildwuchs eine der wesentlichen Ursachen der Finanzkrise darstelle.[148]

Wie die Verordnungsentwürfe zeigen, hat sich Barnier in dieser zentralen Frage jedoch nur teilweise durchgesetzt: die wesentliche Zuständigkeit zu Derivate-Themen bleibt bei den nationalen Aufsichtsbehörden. Wohl ein weiterer Pyrrhussieg der Lobbyisten – diesmal allerdings auch jener der Industrie. Denn große börsennotierte Unternehmen argumentierten mit der Absicherung ihrer Rohstoffbezugskosten durch maßgeschneiderte derivative Finanzinstrumente. Sie wehrten sich so lange gegen deren Standardisierung und börsliche Meldepflicht, bis im Entwurf der Kommission Ausnahmen für jene Derivate festgehalten wurden, die unmittelbar den Bedürfnissen der Unternehmen dienen.[149]

Die vorherrschende Haltung der Industrie-Lobbys in Sachen Derivate-Regulierung ist umso erstaunlicher, als zahlreiche Repräsentan-

---

[148] Vgl. „EU-Aufsicht will Derivate zähmen", Handelsblatt 19.07.2010, S 18.
[149] „Derivatemarkt – Nur nicht zu doll", Die Zeit 38/2010.

ten der Industrie in persönlichen Gesprächen oder sogar öffentlichen Reden wesentlich kritischere Töne anschlagen. So warnte etwa erst kürzlich Ekkehard Schulz, Vorstandschef des Stahlkonzerns Thyssen Krupp, vor einer durch Finanzspekulanten ausgelösten riesigen Preisblase bei Rohstoffen. Deren Dimension könnte noch größer werden als jene bei amerikanischen Immobilien und bedrohe damit die Weltwirtschaft. Als Gegenmaßnahme forderte Schulz eine Regulierung des Handels mit Rohstoffderivaten. Der Handel mit Rohstoff-Derivaten soll, so Schulz, nur noch zur Absicherung echter Positionen, nicht aber zu Spekulationszwecken zugelassen werden.[150]

Die Bank für Internationalen Zahlungsausgleich in Basel (BIZ) schätzt den weltweiten Gesamtumfang derivater Produkte – von Aktienoptionen über Rohstoffderivate bis zu Kreditgarantien (CDS) – auf über 600 Billionen Dollar. Der Großteil davon wird außerhalb jeder Bankaufsicht an den Börsen vorbei gehandelt. Die Dringlichkeit der Einführung von supranationalen Finanzmarktspielregeln ist daher gerade im Zusammenhang mit dem Transparenzgebot über innereuropäische Systemgrenzen hinweg vom Grundsatz her unstrittig. Wenn aber schon die innereuropäische Regelung von so weitgehenden Kompromissen geprägt ist – um wie viel schwieriger muss dann die notwendige Umsetzung auf globaler Ebene ausfallen.

Immerhin wurde ein gemeinsamer Wille der großen Wirtschaftsmächte zum Thema Transparenz auf mehreren aufeinanderfolgenden G20-Gipfeln bekräftigt. Alle bisher außerbörslich gehandelten Derivate (OTC-Derivate) sollen in Hinkunft an Börsen oder elektronischen Handelsplattformen gehandelt und bereits ab 2012 über eine zentrale Gegenpartei abgewickelt bzw. an ein zentrales Transaktionsregister gemeldet werden.[151]

---

[150] Vgl. Deutsche Mittelstandsnachrichten, 04.06.2010.
[151] Vgl. Schlussdokument des G20-Gipfels in Toronto vom Juni 2010.

Hedgefonds an der kurzen Leine

Uneinheitlich ist auch die Sicht auf den künftigen Umgang mit den Hedgefonds. Diese unterliegen bisher trotz ihrer zunehmenden Bedeutung und Verflochtenheit mit dem Bankensystem keiner wie immer gearteten Regulierung. Bis kurz vor der Krise wäre es noch undenkbar gewesen, ihnen etwa im amerikanischen Raum wenigstens die Offenlegung ihrer Eigentümerstruktur, ihres Managements und ihres Firmensitzes abzuverlangen. Zu unmittelbar war die Nähe vieler dieser Gesellschaften zum intransparenten System der Schattenbanken, um sich Durchblick zu verschaffen. Mittlerweile haben die amerikanischen Gesetzgeber zumindest eine Registrierungspflicht für Hedgefonds festgelegt – allerdings ohne weitere Einschau in den Geschäftsbetrieb.

Ambitionierter erscheinen hier die europäischen Pläne. Gegen den anfänglichen Widerstand Großbritanniens erfolgte auf Drängen Deutschlands und Frankreichs die Grundsatzeinigung auf eine Registrierungspflicht für Hedgefonds in Europa. Ab 2013 werden alle europäischen Betreiber solcher Fonds einen EU-Pass brauchen, der von der zuständigen nationalen Börsenaufsicht vergeben wird. Er soll es Hedgefonds erlauben, europaweit Investoren zu werben. Die Zulassung erfolgt nur, wenn ein Risikomanagement nachweisbar ist, entsprechendes Mindestkapital vorgehalten wird und die Verwaltung bei einer angesehenen Depotbank liegt.

Finanztransaktionssteuer: Beitrag zu einem fairen Steuersystem?

Eine der meistdiskutierten Ideen zur „Heilung" der Folgen der Finanzmarktkrise ist die Schaffung einer Finanztransaktionssteuer. Die Idee der nach ihrem Erfinder, Nobelpreisträger James Tobin, benannten Steuer („Tobin-Tax") war ursprünglich auf Devisentransaktionen eingeschränkt. Es ging Tobin in den Siebzigerjahren darum, gewissermaßen

Sand ins Getriebe der Spekulation zu streuen und damit auch extreme Preisausschläge zu dämpfen. Damals bezogen sich noch mehr als 95 % der Devisentransaktionen auf die Realwirtschaft. Heute, nachdem das Gesamtvolumen der einschlägigen Transaktionen um ein Vielfaches angestiegen ist und sich weniger als 2 % davon auf die Realwirtschaft beziehen, umfasst das Konzept alle Finanzmarkttransaktionen, also den Handel mit Aktien, Devisen und daraus abgeleiteten Derivaten.

Mit einem Steuersatz von ein bis zwei Zehntel Promille (in der Bankensprache: ein bis zwei Basispunkten) von jeder Finanztransaktion könnten mit einer derartigen Finanztransaktionssteuer etwa 15 bis 30 Prozent des EU-Budgets aufgebracht werden. Österreichische Wirtschaftsforscher sehen bei einem Satz von 0,5 Promille eine Ergiebigkeit von bis zu 230 Mrd Euro – mehr als das EU-Budget von ca. 130 Mrd Euro.[152]

Erst jüngst erinnerte Nobelpreisträger Paul Krugman – er zählt wie Joseph Stiglitz zu den Befürwortern[153] – daran, dass das ursprüngliche Konzept von keinem Geringeren als John Maynard Keynes stammt. Dieser hatte bereits 1936 vorgeschlagen, mit einer Transaktionssteuer das Finanzsystem von maßloser Spekulation abzuhalten.

Es ist das Verdienst der globalisierungskritischen Bewegung Attac, das Thema schon ein Jahrzehnt vor der Krise auf die politische Tagesordnung gebracht zu haben.[154] Auch das Ökosoziale Forum schrieb sich unter seinem Präsidenten Franz Fischler das Anliegen schon sehr früh auf die Fahnen. Der langjährige Agrarkommissar nützt seine umfassenden Erfahrungen in der Europa-Politik, um das Thema in Brüssel an den richtigen Stellen zu platzieren.

---

[152] S. Schulmeister, M. Schratzenstaller, O. Picek, A General Financial Transaction Tax – Motives, Revenues, Feasibility and Effects, Austrian Institute of Economic Research, April 2008.
[153] Paul Krugman, „Taxing the speculators", New York Times, 26.11.2009.
[154] Aus der Gründungsidee der Finanztransaktionssteuer leitete sich die Bezeichnung der 2008 in Frankreich begründeten NGO ab: Association pour une taxation des transactions financières pour l'aide aux citoyens.

Nachdem zuvor schon die Parlamente Frankreichs und Belgiens Grundsatzerklärungen für eine gesamteuropäische Einführung der Steuer abgegeben hatten, befasst sich 2006 auch der Finanzausschuss des österreichischen Parlaments mit der Frage der Machbarkeit einer Besteuerung von Devisen- und anderen Finanztransaktionen.

Man hatte vier Experten geladen. Als Gegner firmierten zwei höchstrangige Vertreter der Notenbank und der Bankwirtschaft, die Position der Befürworter wurde gemeinsam mit einem Finanzwissenschaftler aus Belgien von mir vertreten.[155] Erfreulicherweise war das Ergebnis der durchaus friedlichen, aber doch zeitweise hitzigen Expertenschlacht ein im Mai 2006 verabschiedetes Allparteien-Votum für die Einführung einer solchen Steuer – allerdings mit der Einschränkung, dass das nur im internationalen Gleichklang geschehen könnte.

Mit einer Bagatell-Umsatzbesteuerung von Finanztransaktionen lässt sich zwar Spekulation nicht verhindern. Vorteilhaft ist aber ihre Ergiebigkeit, dass sie relativ kostengünstig einhebbar ist und auf einzelwirtschaftliche Dispositionen wegen ihrer Geringfügigkeit praktisch keine Auswirkungen hat. Von daher scheint sie ein durchaus vernünftiger Weg zu sein, um früher durchaus übliche nationale Besteuerungsformen des Kapitalverkehrs auf supranationaler Ebene nachzubauen.

Seit der Finanzkrise hat die Idee einer Finanztransaktionssteuer viele neue Verbündete gewonnen. Mit einem Mal drang ins Bewusstsein, dass die Finanzbranche mit ihrem exponentiellen Wachstum – die internationalen Geld- und Kapitalströme haben sich innerhalb eines einzigen Jahrzehnts versiebenfacht – zwar hohe systemische Risiken verursacht, aber kaum Steuerbeiträge geleistet hatte.

Sogar Lord Adair Turner, Chef der britischen Finanzmarktaufsicht und selbst langjähriger Spitzenbanker, wagte sich mit der Meinung

---

[155] W. Stadler, U. Pock, Tobin-Tax light: Chancen und Risiken einer Devisentransaktionsbesteuerung in Europa, in E. Hödl (Hrsg.), Aspekte einer europäischen Wirtschaftsordnung, Marburg 2006.

vor, der Finanzsektor sei steuerlich ohnehin weniger belastet als andere Wirtschaftssektoren – eine geringfügige Mehrwertsteuer auf Finanzdienstleistungen wäre daher ein Beitrag zu einem fairen Steuersystem.[156] Und der liberale „Economist" meinte, darin ein Signal in Richtung einer „kontrollierten Globalisierung" erkennen zu können.

Die politische Allianz für die Einführung einer europaweiten Finanztransaktionssteuer konnte so in den letzten zwei Jahren zwar deutlich verstärkt werden. Das Bild wird aber durch jene Befürworter getrübt, für die ihr halbherziges Ja zur Steuer ein bloßes Lippenbekenntnis ist – weil die Umsetzung ohnehin von der höchst unwahrscheinlichen internationalen Durchsetzbarkeit abhängt.

Der Verwirklichung stehen jedenfalls noch durchaus beträchtliche realpolitische und technische Hindernisse entgegen. So ist der Einhebungsmodus noch ebenso unklar wie die Verwendung und Verteilung einer solchen Steuer – und es gibt sehr unterschiedliche Auffassungen darüber, ob es nicht bei einer Einführung in Europa Ausweichaktivitäten auf andere Finanzmärkte geben würde. Eine globale Durchsetzbarkeit des Konzeptes gilt deshalb derzeit noch als unwahrscheinlich – ein europäischer Alleingang hingegen könnte nach Meinung vieler Experten nach entsprechend gründlicher Vorbereitung gewagt werden.

Was global durchsetzbar ist

Jede ernsthafte Befassung mit dem Finanzsystem zeigt, dass es besondere Funktionen gegenüber der Gesellschaft und der Realwirtschaft zu erfüllen hat, die nur mit einer sorgfältigen, der jeweiligen wirtschaftlichen Entwicklungsstufe eines Landes angepassten Regulierung sichergestellt werden können. In der Liberalisierungseuphorie der vergange-

---

[156] Vgl. „Finanzaufseher kritisiert Banken", Die Presse 28.08.2010.

nen eineinhalb Jahrzehnte geriet dieser Grundsatz mehr und mehr in Vergessenheit.

Die Finanzkrise hat nun auf drastische Weise deutlich gemacht, dass der übergeordnete Anspruch weltweit liberalisierter Finanzmärkte auf Förderung des Wohlstands und Ermöglichung der Teilhabe bisher benachteiligter Länder ohne einen globalen Handlungsrahmen nicht erfüllbar ist. Denn das Fehlen eines solchen Handlungsrahmens führt zu Marktturbulenzen und schweren Rückschlägen, durch die wichtige Etappenerfolge im globalen Wohlstandszuwachs wieder in Frage gestellt werden.

Mit der Krise wächst das Bewusstsein dafür, dass der globalen Vernetzung der Finanzmärkte auch angemessene internationale Handlungsmöglichkeiten gegenüberzustellen sind. Denn die globalen Finanzmärkte sind zwar ein zentraler Motor der ökonomischen Globalisierung – sie bewirken aber im Gegenzug auch einen schleichenden Verlust staatlicher Souveränität. Die Lösung der Finanzmarktprobleme kann daher nur in der Entwicklung kluger Formen multinationaler Abstimmung liegen.[157]

So wie die Europäisierung der Finanzmarktaufsicht ein logischer Nachvollzug der Bildung des gemeinsamen Binnenmarktes ist, muss nun auf globaler Ebene das Zusammenspiel internationaler Einrichtungen mit dem Ziel einer klugen Steuerung der Finanzmärkte neu organisiert werden.

Ein neues Kräfteparallelogramm

Jeder Entwurf einer Neuordnung muss über jenes rein finanzwirtschaftliche Denken hinaus zielen, das sich mit einer möglichst regelfreien

---

[157] Vgl. Brigitte Young, Zeitschrift für Internationale Beziehungen 1/2009, „Vom staatlichen zum privatisierten Keynesianismus", S 141 ff.

Liberalisierung begnügt. Deren Anhänger finden sich nur allzu leicht damit zurecht, dass die Kosten von überraschend auftretenden systemischen Risiken von der Allgemeinheit getragen werden, ohne dass die davor aus meist kurzfristiger Spekulation von Privatunternehmen erzielten Erträge angetastet werden.

Die letzte, mehrere Jahrzehnte hindurch erfolgreiche Anstrengung in Richtung einer Welt-Finanzordnung trug die Handschrift von John Maynard Keynes. Er war der Architekt jenes Gedankengebäudes, dem bei der Konferenz von Bretton Woods 1944 zum Durchbruch verholfen wurde. Nicht nur die Währungsordnung war bis zur Aufgabe des Goldstandards von diesem Bretton-Woods-System geprägt. Auch die globale „Corporate Governance", also das wohlausgewogene Zusammenspiel internationaler Finanzinstitutionen wie der Weltbank und des Internationalen Währungsfonds, bewährte sich über eine lange Zeit.

Erst als der Weltwährungsfonds begann, sozialökonomische Zielsetzungen zu vernachlässigen und sich einseitig der Durchsetzung einer Radikalöffnung der Geld- und Kapitalmärkte zu verpflichten, wurden seit Beginn der Neunzigerjahre Spannungen im institutionellen Kräftespiel spürbar. Manche der „Emerging Markets" waren vom Tempo der Öffnung überfordert, die Abhängigkeit von ausländischen Geldzuflüssen löste regionale Währungskrisen in Asien und Südamerika aus. Heute, nachdem die Karten für die nächste Runde der Globalisierung durch die Finanzmarktkrise neu verteilt wurden, ist die Überfälligkeit von Reformen offensichtlich.

Einer jener Wissenschaftler, die schon sehr früh auf eine Neuordnung der Finanzmärkte drängten, war der österreichische Nationalökonom Egon Matzner. Zu Anfang der Neunzigerjahre zielte seine Kritik an der damaligen Politik der Weltbank[158] auf ihre offensive Finanzmarkt-Liberalisierung ohne Rücksichtnahme auf entwicklungsspezifische

---

[158] E. Matzner, Monopolare Weltordnung – Zur Sozioökonomie der US-Dominanz, Marburg 2000.

Erfordernisse der Realwirtschaft. Als Folge der daraus entstehenden Ungleichgewichte würden sich nicht nur in den „Emerging Markets", sondern letztlich auch in den etablierten Marktwirtschaften des damals noch so genannten „Westens" gefährliche Finanzkrisen einstellen.

Im Gefolge der „New-Economy"-Krise hielt er 2001 den Gedanken fest, dass es die Hauptaufgabe einer globalen Finanzordnung sein müsste, dafür zu sorgen, dass von ihr in erster Linie Investition, Wachstum und Beschäftigung in der Realwirtschaft unterstützt werden. Eine einseitige Orientierung am unkritischen Liberalisierungskurs fördere nur Finanzkrisen, die ein ständiges Gefährdungspotential für die Realwirtschaft darstellen.[159] Heute wissen wir: Sie haben ein Zerstörungspotential, das sogar ein Staatengebilde wie die Europäische Union gefährden kann.

In einem Arbeitspapier für die G20 aus dem Frühjahr 2009 appellierten zwei der angesehensten Think Tanks an die politisch Verantwortlichen, alles zu tun, um nach den Schäden, die die Krise angerichtet hat, wieder das Vertrauen in die positiven Potentiale einer offenen, globalisierten Weltwirtschaft herzustellen. Gelingen könne dies nur mit einem auf klugen Regeln fußenden Rahmen für den Welthandel und die Finanzwirtschaft. Und sie fügten das Wort „inclusive" hinzu, womit ein Handlungsrahmen gemeint ist, der auf den Einbezug aller Bevölkerungskreise achtet und nicht einseitig die Interessen der Finanz- und Wirtschaftseliten bedient.[160]

---

[159] Der 1938 geborene Egon Matzner verstarb 2003. Bei der Suche der Nationalökonomie nach Auswegen aus der Krise fehlt seine kritische Stimme schmerzlich.
[160] Paola Subacchi, Alexei Monsarrat, „New Ideas for the London Summit – Recommendations to the G20-Leaders", März 2009, Chatham House/The Atlantic Council; www.chathamhouse.org.uk/G20; im Original lautet die angesprochene Passage: „It (gemeint ist der G20-Gipfel) must restore confidence in the positive potential of an integrated world economy. It must set in place a rule-based and inclusive framework of international economic and financial governance."

Es wird deshalb darauf ankommen, der Finanzwirtschaft auch auf globaler Ebene wieder die Funktionen eines Dienstleisters der Realwirtschaft zurückzugeben. Eine Fortsetzung des umgekehrten Weges – nämlich einer Steuerung der globalen Realwirtschaft über die kurzfristigen Signale der Kapitalmarktfinanzierung – würde den unerfreulichen Zustand der permanenten (Finanz-)Krisenabhängigkeit der Weltwirtschaft nur prolongieren.

Die Chancen für eine substantielle Reform sind intakt

Die Redimensionierung des dysfunktional gewordenen Systems wird jedoch nur dann gelingen, wenn es gelingt, auch die Geld- und Kapitalflüsse des Schattenbankensystems transparent zu machen. Untersuchungen der Aktivitäten, die die amerikanische Notenbank schon ab dem Sommer 2007 setzte, um die sich abzeichnende Krise einzudämmen, zeigen eindeutig, dass die Gefahr des Systemzusammenbruchs von den synthetischen Wertpapieren ausging.[161] Diese aber waren zum Großteil von Investitionsgesellschaften und Fonds angekauft worden, die keinerlei Bankregeln unterliegen. Die ganz große Masse der problematischen – im Rückblick als „giftig" bezeichneten – Wertpapierbestände war dort abgelagert, weit weg von jeder Bankenaufsicht.

Die Sanierung des globalen Bankensystems beginnt deshalb bei der konsequenten Herstellung globaler Transparenz über die wesentlichen Geldflüsse und Einbeziehung aller Finanzierungsgesellschaften in einen einheitlichen Handlungsrahmen – ein auch wegen mächtiger dagegenstehender Interessen mehr als anspruchsvolles Unterfangen.

Die Hauptverantwortung für die Zähmung der Finanzmärkte durch neue Spielregeln auf globaler Ebene liegt in Abstimmung mit den No-

---

[161] Vgl. Gillian Tett, The lessons in a $ 3,300bn surprise from the Fed, Financial Times 03.12.2010.

tenbanken auf absehbare Zeit bei dem in der Krise bewährten Dreieck aus den Beratungen der G20-Staaten, dem Währungsfonds und dem Baseler Ausschuss für Bankenaufsicht.

Mit der Neuordnung der Stimmgewichte bei den G20 und dem stärkeren Einbezug der mächtig nach vorne drängenden asiatischen Länder, Russlands und Brasiliens präsentiert dieses mittlerweile als Plattform für die Koordination der Reformbemühungen anerkannte Gremium etwa 80 Prozent der Welt-Wertschöpfung. Das Zusammenspiel mit dem unter Leitung des Europäers Dominique Strauss-Kahn in den letzten Jahren für eine neue Ausrichtung empfänglich gewordenen Weltwährungsfonds hat sich als fruchtbar erwiesen. Einflussreichstes Beratergremium der beiden Institutionen ist der Baseler Ausschuss – ein Expertenpool, von dem zu wünschen wäre, dass er sich in absehbarer Zeit von seiner Befangenheit in der letztlich fehlgeschlagenen Regulierungswelt von Basel II löst.[162]

Niemand wird erwarten, dass eingefahrene Denkhaltungen und Machtstrukturen sich in Jahresfrist verändern. Die Summe aller Reformschritte – der schon umgesetzten und der noch geplanten – ist aber schon so beachtlich, dass das Gelingen einer Neuordnung nicht weniger wahrscheinlich ist als ihr Scheitern. Noch ist der Reformprozess „ergebnisoffen".

---

[162] Zu Fragen einer neuen Ordnung der globalen Institutionen vgl. auch Kurt Bayer, „How to Run the Global Economy", Working Paper 2/2007, Bundesministerium für Finanzen, Wien.

Wertschöpfung vor Geldschöpfung: Ein Ausblick

Der Blick auf das vierte Jahr der Finanzmarktkrise täuscht: trotz des Aufschwungs in zahlreichen Ländern sind viele Folgeschäden noch nicht aufgearbeitet. Die erfreulich hohen Beschäftigungsquoten gerade in Deutschland und Österreich ändern nichts an den seit der Krise wesentlich höheren Arbeitslosenraten in zahlreichen anderen europäischen Ländern. Auch in den USA überwiegt bei einer Arbeitslosenrate von 9,8 % noch „jobless growth", also Wachstum ohne neue Beschäftigung.

Im Finanzbereich war zwar ab Sommer 2009 ein kräftiger Aufholprozess erkennbar. Vieles von dem scheinbaren Wertzuwachs beruht aber lediglich auf einer Erholung der zuvor unterbewerteten Assets. Die zum Teil beachtlichen Quartalsgewinne der internationalen Großbanken stammten meist aus dem Investmentbanking und sind daher kurzfristiger Natur.

Vor allem aber zeigt sich, dass das Weiterreichen der Finanzrisiken an die Staatshaushalte massive Folgewirkungen nach sich zog. Einerseits ist die Nachfrage der verschiedenen Gebietskörperschaften stark gedämpft, andererseits schwächen gekürzte Familien- und Sozialbudgets den privaten Konsum. Eine latente Unsicherheit über die Weiterentwicklung der angegriffenen Gemeinschaftswährung wiederum dämpft die Investitionslust der Unternehmen – zumal viele Kapazitäten ohnehin noch nicht wieder ausgelastet sind. Zu Recht will niemand darauf setzen, dass der Ausgleich auf Dauer aus den derzeit boomenden asiatischen Volkswirtschaften und anderen Schwellenländern kommt.

Applaus ist daher nicht angebracht, wenn manche Unbelehrbare nach dem erzwungenen Boxenstopp und der Sanierung ihrer Rennmaschine durch Staaten und Steuerzahler schon wieder mit Höchstgeschwindigkeit, auf Kurzfristerfolge getrimmt, über die Rennstrecken der globalen Finanzarena kurven.

Nach dieser Finanzkrise zahlt es sich aus, das Bankensystem unter Verzicht auf allzu temporeiche, überkomplexe Finanzinnovationen auf seine Kernfunktionen zurückzuführen und die jedem Finanzsystem innewohnenden Risiken durch kluge Spielregeln wirksam abzufedern, statt sie durch falsche Anreize noch zu verstärken.

Nur eine eindeutige Vorrangregel, die Wertschöpfung vor Geldschöpfung reiht, führt am Ende zu größerer Systemsicherheit. Damit ist allen geholfen, sowohl den Unternehmen und ihren Beschäftigten als auch den Anlegern und Kreditnehmern in den Privathaushalten.

Die Zukunft der Unternehmensfinanzierung

Zahlreiche Unternehmen wurden von den unmittelbaren Folgen der Finanzmarktkrise im Herbst 2008 völlig überraschend getroffen. Wegen akuter Liquiditätsprobleme kürzten Banken offene Kreditlinien, wo immer sie konnten. Aufgrund der hohen Kapitalverluste hatten sie nur mehr eingeschränkte Möglichkeiten, weiterhin Kredite auszureichen. Und obendrein zwang die prozyklische Regel der Risikogewichtung von Basel II dazu, die von rapide schlechter werdenden Ratings betroffenen Ausleihungen mitten im Absturz mit mehr Eigenkapital zu unterlegen. Es waren wirklich Chaostage.

Im selben Zeitraum brach die Nachfrage ein. Auch bei den Kunden war durch den rapiden Wertverlust veranlagten Kapitals und den Vertrauensverlust gegenüber den Banken das Zusammenhalten der Liquidität ein Gebot der Stunde. Bis zum Ende des ersten Quartals 2009 dauerten die für viele Unternehmen existenzbedrohenden Auftragsrückgänge an. Erst ab dem zweiten Quartal war – nicht zuletzt als Folge der Bankenrettungs- und Konjunkturpakete – wieder eine Erholung erkennbar.

Aus vielen Gesprächen, die ich seither mit Unternehmern und Managern führte, war erkennbar, wie tief der Schock über die plötzliche schicksalhafte Abhängigkeit von einem funktionierenden Banken- und Kapitalmarktsystem saß. Die schon in den Jahren zuvor erkennbare Entfremdung zwischen Banken und Unternehmen kippte nicht selten in Angst und mündete in dem festen Vorhaben, sich künftig in Fragen der Unternehmensfinanzierung so unabhängig wie möglich zu machen. Neu geschaffene Liquiditätsspielräume wurden zur Schuldentilgung verwendet und nicht wenige Investitionsprojekte aufgeschoben, um nicht auf Fremdfinanzierung greifen zu müssen.

Der Rückblick auf die Akutphase der Krise führte zu höchst kritischen Schlüssen bezüglich des künftigen Verhältnisses der Unternehmen zur Finanzwirtschaft. Gabor Steingart, Chefredakteur des Handelsblattes, meint dazu in sarkastischer Kürze: „Die moderne Form, Geldgeschäfte zu betreiben, hat sich als Teufelswerk erwiesen. Wenn wir wollen, dass der Unternehmer weiter etwas unternimmt, brauchen wir den Banker alten Typs."[163]

Redimensionierung des Bankensystems

Zu einer Normalisierung der Bank-Kunden-Beziehungen wird es erst wieder kommen, wenn es gelingt, eine Finanzmarktarchitektur zu schaffen, deren Erfolg nicht in der Scheinblüte spekulativer Geschäftsfelder, sondern in ihrer Leistungsfähigkeit für die Realwirtschaft liegt. Gemessen an diesem Anspruch sind viele Großbanken in ihrer heutigen Ausformung überdimensioniert.

---

[163] G. Steingart, Altmodische Tugend statt Teufelswerk, Handelsblatt 176/2010, S 9.

Von da her ist es nachvollziehbar, wenn sich die im Investmentbanking am stärksten exponierten Institute gegen eine Regulierung zur Wehr setzen, die ihnen – um im eingangs gebrauchten Bild zu bleiben – bestimmte Rennstrecken sperrt, die sich als zu gefährlich erwiesen haben. Im persönlichen Gespräch allerdings kommt auch von Bankern vorsichtige Zustimmung, wenn es um eine Neupositionierung ihrer Branche geht. Sobald sie den Blick aufs Ganze wagen, ist den meisten von ihnen klar, dass der über Jahre eingeschlagene Kurs nach dieser Krise nicht mehr fortsetzbar ist.

Ein Bankensystem mit mehr Bodenhaftung könnte auch jener schleichenden Entindustrialisierung entgegenwirken, die mit einseitiger Kapitalmarktorientierung einhergeht. Nicht zufällig haben sich ja gerade jene Länder rascher erholt, die – wie etwa Deutschland – noch einen soliden Anteil der industriellen Wertschöpfung von deutlich über 20 Prozent am Bruttoinlandsprodukt aufweisen.

Für den rapiden Rückgang dieses Anteils auf weniger als zehn Prozent in den USA und England gibt es neben dem globalen Wettbewerb auch einen bisher weniger beachteten Grund, der mit den ausufernden, im doppelten Sinn überbewerteten Finanzsystemen dieser Länder zu tun hat: Während fast eineinhalb Jahrzehnten schien für nachdrängende Zukunftsbegabungen – von den Banken als „high potentials" umworben – ein Job in der Finanz- und Bankwirtschaft das erstrebenswerteste Berufsziel zu sein, während die realwirtschaftlich, technisch und sozialökonomisch ausgerichteten Studien als weniger attraktiv galten.

Auch das mag sich nun ändern. Oder, wie es der ehemalige britische Wirtschaftsminister Lord Peter Mandelson formulierte: „For the future, we need an economy with less financial engineering and more real engineering."[164]

---

[164] Lord P. Mandelson zitiert in The Sunday Times, 28.01.2009.

Verzicht auf kurzfristige Kapitalmarkt-Moden

Banken, die sich wegen geringerer Verschuldungsspielräume wieder auf ihre Kernfunktionen der Unternehmensfinanzierung und unternehmensnaher Dienstleistungen fokussieren, können ihren Kunden wie bisher alle zeitgemäßen Finanzdienstleistungen bieten. Sie nehmen lediglich jene Angebote aus dem Sortiment, die keinen erkennbaren Zusatznutzen für Unternehmen bieten oder rein spekulativen Zwecken des Finanzsystems selbst dienten.

Ein bezeichnendes Beispiel für eine Reihe von durchaus entbehrlichen Produkten der von Kapitalmarkteuphorie geprägten Jahre vor der Krise sind standardisierte, in Wertpapiere gebündelte Programm-Mezzanine für Unternehmen.[165] Bis zur Finanzkrise wurden sie als Instrument des Eigenkapitalersatzes angepriesen, in Fonds gebündelt und an Anleger weiterplatziert („verbrieft"). Zwischen 2004 und 2007 wurden damit allein in Deutschland 500 Unternehmen mit einem ausgereichten Gesamtvolumen von etwa 4,5 Mrd Euro finanziert.

Die Rückzahlungen des Großteils dieser endfälligen Ausleihungen werden nun aber 2012 und 2013 fällig. Viele Unternehmen stehen damit vor einem unlösbaren Problem. Denn seit der Krise sind Verbriefungsprodukte unverkäuflich geworden und zahlreiche Unternehmen sind in ihrer Ratingeinstufung noch so geschwächt, dass die erforderliche Anschlussfinanzierung in der gewünschten Qualität – nämlich als Nachrangkapital – kaum erhältlich ist. Zusätzliche Probleme bereiten standardisierte Vertragsklauseln, die ein individuelles Eingehen auf die Kundensituation erschweren.

Wesentlich einfacher würde sich die Situation für die betroffenen Unternehmen darstellen, hätten sie sich seinerzeit nicht für verbriefte

---

[165] Mezzanine-Finanzierungen sind nachrangige Finanzierungen, die eigenkapitalähnliche Funktionen übernehmen. Als „unternehmerisches Fremdkapital" nimmt Mezzanine-Kapital eine Stellung zwischen Eigenkapital und Fremdkapital ein.

Standard-Mezzanine entschieden, sondern maßgeschneiderte, auf die Unternehmenssituation abgestellte Lösungen gewählt. Aus damaliger Sicht keine einfache Alternative, wurden doch die Kunden oft in das aus Bankensicht ertragreichere Produkt gedrängt. Dessen Risiken konnten überdies – wie sich mittlerweile zeigte: zu deren Schaden – auf andere Investoren überwälzt werden.

Viele der zu Zeiten einseitiger Kapitalmarktorientierung entstandenen Finanzinnovationen haben sich in vergleichbarer Weise als verzichtbar erwiesen. Um Unternehmen sachgerecht und am höchsten Stand der Finanzierungstechnik mit den je nach Risiko abgestuften Instrumenten aus dem Werkzeugkasten einer Geschäftsbank zu versorgen, werden sie nicht wirklich gebraucht.

Das übergeordnete Ziel: Investitionssicherheit

Jahrelang hatten die Regeln von Basel II eine derart strikte Trennung der Marktbearbeitung durch Kundenbetreuer von der Risikobeurteilung durch Risikoanalysten forciert, dass Risikoentscheidungen letztlich ohne wirkliche Kenntnis des Kundenunternehmens fielen. Die Orientierung an ratingbezogenen Zahlen schien wichtiger als Informationen, die auf Vertrauen und langjähriger Kunden- und Branchenkenntnis beruhen. Gerade diese sind jedoch zur Erarbeitung einer sachgerechten Risikoaussage unentbehrlich.

Banken, die den Eigenhandel zurückstellen und ihre Investitionen in synthetischen Wertpapieren zurückfahren, weil überhöhte Fremdmittelhebel der Vergangenheit angehören, werden damit ihren Bezug zur Realwirtschaft und zur unternehmerischen Wirklichkeit wieder verstärken. Vor allem aber werden die unmittelbar für die Kunden zuständigen Mitarbeiterinnen und Mitarbeiter der Banken nicht mehr unter dem unsinnigen Zwang stehen, gegen ihr besseres Wissen Finanzprodukte zu forcieren, die ihnen von anderen Profit-Centers der

Bank aufgedrängt werden. Auch im Bereich der Derivate werden vor allem jene Produkte im Mittelpunkt stehen, mit denen sich konkrete Transaktionen des Unternehmens unterstützen lassen. Ganz von selbst kann sich dadurch die Kundenbeziehung wieder verbessern.

Der übergeordnete Nutzen aber, den ein vereinfachtes, auf seine Kernfunktionen konzentriertes Bankensystem für seine Kunden hat, ist seine geringere Krisenanfälligkeit. Denn es liegt im existentiellen Interesse der Unternehmen, die in den letzten Jahren unbeherrschbar gewordene Finanzwirtschaft durch eine neue Finanzmarktarchitektur gegen Systemkrisen abzusichern. Nur so entsteht wieder der für anspruchsvolle Innovations- und Investitionsprojekte notwendige längerfristige Planungshorizont.

Zum Vorteil der Unternehmen: eine neue Börsendynamik

Wir haben uns in den letzten Jahren schon so sehr an Turbulenzen und ständig neue Erscheinungsformen der Krise gewöhnt, dass die Grundfunktionen eines soliden Geldwesens in den Hintergrund gedrängt wurden. Sonst wäre deutlicher aufgefallen, dass nicht nur das Bankensystem, sondern auch die Börsen als Plattformen für Risikokapitalmärkte systemisch gefährdet sind. Auch sie werden wieder mehr an den Bedürfnissen der Unternehmen und weniger an jenen der Finanzwirtschaft auszurichten sein.

Gemeinsam mit den ihnen vorgelagerten vorbörslichen Risikokapitalmärkten[166] sind sie für jeden Wirtschaftsstandort von strategischer Bedeutung, weil Wachstumsfinanzierungen – vor allem im Technologiebereich – mit klassischen Kreditinstrumenten nicht finanzierbar sind. Markt- und Technologiefenster stehen meist nur für kurze Zeit

---

[166] Angesprochen sind damit Finanzierungen über Venture Capital (für Frühphasen und rasches Wachstum) und Private Equity (für reifere Unternehmen und Unternehmenskäufe).

offen. Hohe Risiken, die Notwendigkeit, rasch zu strategischer Marktstärke zu kommen,[167] der immer höhere Stellenwert immaterieller Investitionen in Forschung und Entwicklung: all das macht es unabdingbar, den wert-schöpferischen Aufbauprozess von jungen Technologieunternehmen mit Risikokapital in Gang zu halten.

Derzeit sind allerdings die Risikokapitalmärkte trotz hoher Summen investitionsbereiten Kapitals wegen des massiven Vertrauensverlustes, den auch die Börsen erlitten haben, stark angeschlagen. Als Folge bleiben neue Börsengänge weitgehend aus, womit den Risikokapital-Fonds eine ihrer wichtigsten Möglichkeiten fehlt, aus einer getätigten Beteiligung erfolgreich auszusteigen.

Von einer Finanzordnung, die mit weniger Volatilität, weniger irrationalen Wertschwankungen und soliden Bilanzierungspraktiken einhergeht, würden auch die Börsen profitieren. Es lohnt sich, auch in diesem Bereich aus den Fehlern der letzten Jahre Konsequenzen zu ziehen und auf der Basis realistischer Business-Modelle wieder Anlegervertrauen für Risikokapital zurückzugewinnen. So paradox es klingt: die Marktdynamik an den Börsen wird erst dann wieder realwirtschaftlichen Nutzen stiften und das Wachstum der Unternehmen fördern, wenn es uns gelingt, die derzeitige Dysfunktionalität des Kapitalmarktsystems zu korrigieren.

Veranlagungen und Vermögensmanagement: Die „neue Normalität"

Paul Achleitner, aus Österreich stammender Finanzvorstand der Allianz Versicherungsgruppe und einer der einflussreichsten Manager Deutschlands, ließ im vergangenen Herbst aufhorchen, als er in einem

---

[167] „Time to market": Zeitraum, der für die Nutzung von Chancen im relevanten Markt zur Verfügung steht.

Kommentar für das deutsche Wochenmagazin „Focus" die in der Krise sichtbar gewordenen Fehlentwicklungen des Finanzsystems vor allem auf den viel zu hohen Fremdmittelhebel (Leverage) der Banken zurückführte. Eine derartige Analyse ist von Vertretern der Branche nur selten zu hören. Achleitner geht aber noch weiter und fordert ein System, das in Zukunft ohne das Aufputschmittel überdehnter Bilanzen – er nennt sie wie bei gedopten Spitzensportlern „Steroide" – auskommt.[168]

Aus der Perspektive des an langfristigen Veranlagungserfolgen orientierten Versicherers kommt er darüber hinaus zu dem Schluss, dass sich die Bilanzierung von Vermögensgegenständen mit den damit verbundenen Wertschwankungen als schädlich erwiesen hat. Ein nach diesem Prinzip gesteuertes Bankensystem beeinträchtige nachhaltig die stabilisierende Funktion der Versicherer für die Kapitalmärkte.

„Deleveraging" – also Abbau überhöhter Verschuldung – „heißt am Ende des Tages, dass sich alle Akteure, also Haushalte, Industrieunternehmen, Banken und Staaten, auf einen Schuldenstand reduzieren müssen, den sie auch in Zeiten stark gestiegener Volatilität problemlos bedienen können" – das sei der richtige Weg in eine „neue Normalität".[169]

Von der Krise widerlegt: die „Moderne Portfolio-Theorie"

Auch die Welt der Anleger und ihrer Berater ändert sich damit grundsätzlich. Denn viele der im letzten Jahrzehnt zu Dogmen aufgestiegenen Gesetze eines Universums scheinbar präzise prognostizierbarer Zukünfte und steuerbarer Risiken sind seit dem Beinahe-Zusammenbruch im September 2008 außer Kraft gesetzt.

---

[168] Paul Achleitner, Kommentar in Focus 39/2010, S 146 f.
[169] Paul Achleitner, a.a.O., S 148.

Dass nicht wenige Finanzmanager auf die Rückkehr des Paradigmas stets effizienter Märkte hoffen, zeigt der Marktausblick einer internationalen Großbank vom Herbst 2010: „Während historisch betrachtet die portfoliotheoretischen Grundsätze stets ihre Gültigkeit bewiesen haben, kam es im vergangenen Jahrzehnt zu außergewöhnlichen Mustern. Mittelfristig erwarten wir allerdings eine Rückkehr zu den bekannten Mustern, das heißt: zurück zum langfristigen Trend und der Gültigkeit der Kapitalmarktmodelle."[170]

Aber eine immer größere Zahl von Professionals räumt ein, dass sich die Regeln im Geschäft mit Veranlagungen nach der Krise grundlegend geändert haben. Der Glaube, man könne sein Risiko durch die Kombination verschiedener, miteinander nicht korrelierender Veranlagungsklassen[171] reduzieren und gleichzeitig den Ertrag erhöhen[172], ist jedenfalls gebrochen. Denn in der Finanzkrise zeigten die Werte der Investments in den verschiedenen Asset-Klassen mit einem Mal gleichgerichtet nach unten. Die nüchterne Schlussfolgerung des Treasury-Vorstandes einer Regionalbank: „Markowitz war gestern – die vergangenen Jahre haben seine Thesen widerlegt."[173]

Eine häufig verwendete Wortkombination, mit der Analysten ihre seit einiger Zeit wieder durchaus optimistischen Marktprognosen sicherheitshalber ergänzen, heißt deshalb: „Anhaltendes Risiko für Schocks." Ist der Schock dann eingetreten, haben sie immerhin davor gewarnt. Die tiefe Verunsicherung darüber, dass der maßgebliche Leitfaden der Vermögensverwalter keine Geltung mehr zu haben scheint, lässt sich eben nur schwer verbergen.

Längst überlagert die Wucht der gewaltigen Geldmengen, die von Hedgefonds, Banken und Schattenbanken immer kurzfristiger bewegt

---

[170] Vgl. Stefan Keitel, Handelsblatt 22.09.2010.
[171] Veranlagungsklassen: gleichbedeutend mit Asset-Klassen.
[172] Moderne Portfolio-Theorie nach dem US-amerikanischen Ökonomen Harry M. Markowitz.
[173] Gerhard Rehor, Format-Portfolio, 2/2010, S 15.

werden, die Kraft der realwirtschaftlich begründbaren Korrelationen. Von effizienter Portfoliosteuerung kann in dem unübersichtlichen, keiner Marktrationalität folgenden Getriebe keine Rede mehr sein.

Die Streuung der Veranlagungen in einem Portfolio ist schon aus diesem Grund keine Garantie mehr für ein reduziertes Risiko. Zinsniveau und Aktienkurse können sich entgegen dem langjährigen Muster auch in die gleiche Richtung bewegen und Rohstoffpreise können in atemberaubende Höhen steigen, obwohl der Verbrauch parallel dazu einbricht. Es sind die gleichen dysfunktionalen Dynamiken einer außer Kontrolle geratenen Finanzwirtschaft, die ab dem Sommer 2007 auch in den Banken dafür gesorgt haben, dass all die scheinbar so exakten Kennziffern der Risikosteuerung mit einem Mal versagten.

Seit es zum Infarkt des hypertrophen Systems kam, hängt seine Funktionsfähigkeit an den teuren Herz-Lungen-Maschinen der Notenbanken und Staatsfinanzen. Dennoch scheut man bis heute davor zurück, die Erkrankung an ihren Wurzeln zu bekämpfen und an den Voraussetzungen für die von Paul Achleitner geforderte „Neue Normalität" zu arbeiten.

Mit High Frequency in die Kapitalmarkt-Anarchie

Den „veloziferischen Charakter" einer sich immer stärker beschleunigenden Zeit hat einst schon Johann Wolfgang von Goethe beklagt. Seine schöpferische Wortverbindung von Geschwindigkeit (velocitas) und dem Teufel (Luzifer) entstand am Beginn der Moderne, als die Industriegesellschaft noch in ihren Anfängen stand. Gut zweihundert Jahre danach hat das Tempo wohl noch um ein Vielfaches zugenommen.

Das immer hektischere Geschehen an den Börsen verunsichert die Anleger. Angesichts der offensichtlichen Vorteile, die Insider und Profis aus bestimmten Systemcharakteristika ziehen, denken immer mehr private Investoren an Rückzug. Und selbst die Erfahrung und Klugheit von langjährig hauptberuflich tätigen Händlern schützt diese nicht davor, von einer neuen Klasse anonymer Mitspieler überlistet und ausgetrickst zu werden: den Homunculi[174] des von Computerprogrammen gesteuerten High Frequency Tradings.[175]

Es versteht sich von selbst, dass moderne Börsen über computergestützte Abwicklungssysteme verfügen müssen, um zeitgemäß funktionieren zu können. Die in Millisekunden Marktvorteile ausnützenden Programme des High Frequency Tradings jedoch schaffen auf der Grundlage hoch leistungsfähiger Computer-Plattformen, die über Server der höchsten Leistungsklasse laufen, einen eigenen Kreis von privilegierten Marktteilnehmern. Ihre Geschwindigkeitsvorteile sind so groß, dass alle anderen Marktteilnehmer, die darüber nicht verfügen, in einen eindeutigen Nachteil geraten.

Erstaunlicherweise ignorieren die Aufsichtsbehörden diese krasse Wettbewerbsverzerrung. Während etwa im Bereich des Sports gerade dort, wo es um Geschwindigkeit geht, penibel auf die Chancengleichheit der Teilnehmer geachtet wird, stört es offensichtlich niemanden, dass an den Börsen bestimmte Marktteilnehmer mit hochgerüsteten Technologien Sondervorteile erzielen. Dabei widerspricht diese Praxis diametral dem marktliberalen Grundsatz, dass eine Wettbewerbsordnung für einigermaßen gerechte Teilnahmebedingungen zu sorgen hat.

Die Vorteile der hyperleistungsfähigen Systeme kommen einem automatisierten Insider-Trading gleich und scheinen so groß zu sein, dass die Hüter der Computer-Codes sogar mit Hilfe der Justiz über ihre zweifelhaften Betriebsgeheimnisse wachen. Weltweit bekannt wurde im Sommer 2009 der Fall eines Programmierers, der nach langjähriger

---

[174] Homunculus (lateinisch: „Menschlein"): künstlich geschaffener Mensch; spielt als Symbolfigur menschlicher und naturwissenschaftlicher Allmachtsphantasien eine wichtige Rolle in J.W. von Goethes „Faust".

[175] High Frequency Trading (HFT): computerbasierter Hochgeschwindigkeitshandel; auch: Algo-Trading genannt, d.h. Handel auf Basis von computergesteuerten Algorithmen.

Tätigkeit bei der Investmentbank Goldman Sachs einen neuen Job bei einem Wertpapierhändler antrat. Als der Verdacht aufkam, er hätte den Quellencode für ein hochkomplexes, ultraschnelles Handelssystem von seinem alten Dienstgeber mitgenommen, verfolgte ihn die Justiz mit der Begründung, der Code könne dazu benützt werden, die Märkte auf unfaire Weise zu manipulieren. Er stelle deshalb eine Gefahr für die Öffentlichkeit dar.

Seither ist gewissermaßen amtlich, was bisher nur wenige Investmentbanken wussten, die mittlerweile den Großteil ihrer Wertpapiergeschäfte über Hochgeschwindigkeitssysteme abwickeln: High Frequency Trading kann nicht nur marktverzerrende Wirkungen haben, es stellt mit hoher Wahrscheinlichkeit sogar ein Sicherheitsrisiko für das gesamte Finanzsystem dar.

Fundamentale Einschätzungen von Aktien oder dem inneren Wert von Derivaten spielen bei dieser Art des Börsenhandels keine Rolle mehr. Das deutsche „Manager-Magazin" warnt daher: „Traditionelle, fundamental orientierte Investoren wie Publikumsfonds, Versicherungen oder Pensionskassen werden von den Highspeed-Händlern zur Randgruppe degradiert. Kritiker befürchten, dass die Börsen angesichts der Übermacht der hochgerüsteten Kurzfristspekulanten ihre Funktion als Marktplatz für langfristig operierende Investoren verlieren."[176]

In diesem Sinn lässt sich auch Mark Möbius, einer der erfahrensten Fondsmanager, mit der Aussage zitieren, gegenüber allen herkömmlichen Investoren sei High Frequency Trading unfair. Möbius weiß, wovon er redet, werden doch jene mehr als 60 Prozent des gesamten Handelsvolumens, die in den USA bereits über derartige Systeme laufen, von nur zwei Prozent der Marktteilnehmer bewegt: eine krasse Marktkonzentration, deren Gefahren von der auf Totalliberalisierung programmierten Finanzbranche verdrängt werden.

---

[176] „Auf Speed", Manager-Magazin 12/2009, S 122 ff.

Da geht auch die Stimme von Alfred Berkeley unter, immerhin ehemaliger Präsident der US-Technologiebörse NASDAQ. Er bezeichnet High Frequency Trader als die natürlichen Feinde des privaten Anlegers und der großen institutionellen Investoren.[177]

Erfahrungsgemäß wirken die angewendeten Algorithmen entweder trendverstärkend – dann erzeugen sie gefährliche Spekulationsblasen. Oder sie reagieren abrupt auf ganz bestimmte Grenzwerte, um völlig überraschend in die umgekehrte Richtung abzustürzen. Die gefährliche Volatilität wird noch dadurch verstärkt, dass Highspeed Trader oft darauf abstellen, durch ihre in Millisekunden rückrufbaren Blitz-Orders in die Handelsvorgänge von Konkurrenten einzugreifen, sich Preisinformationen zu holen und davon zu profitieren, ohne an dem Titel selbst interessiert zu sein.

Damit wird das Handelsvolumen künstlich aufgeblasen und traditionelle Dispositionen von Investoren werden auf unredliche Weise konterkariert. „Frontrunning" nennt sich unverdächtig diese computergestützte Kursspionage in den Handelsräumen. Das dazu gehörende Rechenprogramm trägt die den Sachverhalt schon etwas genauer treffende Bezeichnung „Predatory Algorithm", also auf Deutsch: räuberischer Algorithmus.

Schwindendes Vertrauen in Kapitalmärkte

„Hexensabbat" nennen die Börsenhändler traditionellerweise jene meist vierteljährlichen Verfallstage, an denen mehrere wichtige Indizes hektische Kaufs- oder Verkaufsaktionen auslösen. Die Kursausschläge an solchen Tagen sind oft sehr hoch. Die Ursache dafür liegt jedoch nicht in wesentlichen Nachrichten über Unternehmen oder über die Konjunkturentwicklung, sondern im Ablauf bestimmter Fristen, zu

---

[177] Zitiert in Manager-Magazin, a.a.O.

denen Spekulanten sich zur Einlösung von Optionen oder zur Realisierung von Terminkontrakten verpflichtet haben. Versuche, die entsprechenden Kurse in die gewünschte Richtung zu beeinflussen, verstärken die Preisschwankungen.

High Frequency Trading verstärkt solche Effekte zusätzlich. So konnte eine einzige Blitzorder im Mai 2010 den größten Kurssturz an der New Yorker Börse seit 1987 auslösen. Der Dow-Jones-Index sackte binnen Minuten um zehn Prozent ab. Eine größere Verkaufsorder von Terminkontrakten durch einen Investmentfonds – dem im Übrigen kein Fehlverhalten vorzuwerfen ist – führte zu einer Kettenreaktion, die ohne das computergestützte High Frequency Trading nicht eingetreten wäre. Automatisierte Programme gaben sich, durch menschliche Eingriffe unbeeinflussbar, gegenseitige Verkaufssignale, mit denen der Markt binnen 20 Minuten nach unten getrieben wurde.

Der Untersuchungsbericht der US-Börsenaufsicht zu diesem „Flash Crash" spart nicht mit Kritik an den beteiligten Hochfrequenzhändlern. Erstaunlicherweise verzichtet er aber auf konkrete Empfehlungen, wie solche Vorfälle künftig verhindert werden können.[178]

Unter solchen Marktbedingungen ist es kein Wunder, dass sich immer mehr traditionelle Investoren und Private aus dem Kapitalmarktgeschehen zurückziehen.[179] Der relative Einfluss der High-Frequency-Szene steigt damit aber nur weiter und die Börsen werden zusehends zum Tummelplatz von reinen Spekulanten, statt ein offener, am realen Unternehmens- und Marktgeschehen orientierter Marktplatz für Anleger und Investoren zu sein.

Ausgerechnet in einer Zeit erhöhter Eigenvorsorge und Verlagerung von Pensionsansprüchen in Pensionskassen werden die Börsen zuse-

---

[178] Vgl. F. Wadewitz, „Einzelorder löste Crash aus", Financial Times Deutschland, 04.10.2010.
[179] Zwischen 2001 und 2010 ist die Zahl der Aktionäre und Aktienfondsbesitzer allein in Deutschland von ca. 13 Mio auf unter 9 Mio zurückgegangen. Vgl. Handelsblatt 15.09.2010, S 1.

hends unberechenbar und intransparent. Sie verlieren damit einen entscheidenden Teil ihrer volkswirtschaftlichen Funktionen. Jüngere Menschen, die ihre Zukunftsvorsorge nach den Plänen der Finanzpolitiker in gezieltem Kapitalaufbau sehen sollten, verabschieden sich konsequenterweise von der Hoffnung, dabei von Börsen unterstützt zu werden. Die alle vier Jahre stattfindende Shell-Jugendstudie zeigt, dass der Prozentsatz unter den 15- bis 25-Jährigen, die Aktienbesitz positiv sehen, seit 2002 bis 2010 von 39 Prozent auf heute nur mehr zwölf Prozent gesunken ist.[180]

Turbozertifikate: das noch schnellere Risiko

Die Anleger werden vor dem Hintergrund dieser Entwicklungen immer mehr dazu gedrängt, sich für kurzatmige Instrumente zu entscheiden, die vorgeblich aus den immer hektischeren Marktschwankungen Nutzen ziehen. Mit hohen Kursausschlägen schnelles Geld zu machen, heißt das Versprechen, das mit Produkten wie „Turbozertifikaten" verknüpft wird. Die ganz auf Speed formulierte Einladung dazu lautet beispielsweise so: „Echte Zocker setzen dabei auf Hebelzertifikate. Dabei kann entweder auf steigende Kurse (long) oder auf fallende (short) gewettet werden. Bei diesen Turboinvestments kommt es allerdings oft auf jede Minute an, denn je höher der Hebel ist, desto schneller potenzieren sich die Gewinne, aber auch die Verluste."[181] Das Wording für einen Casino-Prospekt würde wohl nicht viel anders klingen.

Immer beliebter werden auch börsengehandelte Fonds, sogenannte Exchange Traded Funds (ETF). Mit ihnen lässt sich auf die Entwicklung von Indizes spekulieren, etwa den deutschen Leitindex DAX, auf Gold, Öl oder den Euro-Dollar-Wechselkurs. Daneben blüht ein

---

[180] „Angst vor der Aktie", Handelsblatt a.a.O.
[181] „Taktische Spielchen", Format 37/2010.

ganzes Produktuniversum von Zertifikaten, also Wettpapieren, mit denen auf die Entwicklung bestimmter Indikatoren gesetzt wird. Der Einfallsreichtum der Investmentbanken und Fondsmanager für immer neue „Innovationen" auf diesem Gebiet kennt keine Grenzen – denn sie gehören jedenfalls zu den Gewinnern.

Im Hintergrund verdienen weltweit mehr als 100 Unternehmen mit, die sich darauf spezialisiert haben, Aktien-, Renten- und Rohstoffindizes unterschiedlichster Art zu warten, an denen die „Performance" der Zertifikate gemessen werden kann. Allein die Dow-Jones-Gruppe berechnet nach eigenen Angaben rund 130.000 Indizes – aus der geschätzten halben Million, die es insgesamt gibt. Immerhin zahlen die Emittenten des jeweiligen Zertifikates für die Nutzung eines bestimmten Index als Basiswert Lizenzgebühren zwischen 0,1 und 0,3 Prozent des jeweiligen Emissionsvolumens pro Jahr.

Nicht weniger komplex ist das Geschehen im Bereich der bisher weitgehend intransparenten Hedgefonds. Die Europäische Union versucht zwar, durch Einführung eines EU-Passes mehr Qualität und Transparenz zu schaffen. Trotz des intensivierten Konsumentenschutzes auf Ebene der einzelnen Anbieter und Produkte bleibt jedoch die gefährliche Flanke systemischer Risiken eines immer mehr an reiner Spekulation ausgerichteten Kapitalmarktes offen.

Der Philosoph und Publizist Rüdiger Safranski, dem wir auch einen zum Bestseller gewordenen Essay über die Globalisierung verdanken[182], meint pointiert, man könnte den ganzen Finanzsektor in die Kategorie der Spielleidenschaft einordnen und mit entsprechenden Reglements versehen. Es sei reine Definitionssache, ob man den Casino-Kapitalismus mehr vom Casino her definiere oder mehr vom Kapitalismus. Und wörtlich: „Definiert man ihn vom Casino her, müsste man die Hälfte der Finanzjongleure in Rehab-Kliniken stecken, damit sie sich die Spielleidenschaft abgewöhnen. Wenn Sie die Börse als Spielsalon

---

[182] Rüdiger Safranski, Wie viel Globalisierung verträgt der Mensch?, München, 2003.

definieren, würden Sie die Leute ganz anders behandeln. Ich würde sagen: nach dem Rauchverbot brauchen wir jetzt ein Spekulationsverbot für die ganz Schnellen."[183]

Kritik an einer von den Bedürfnissen der Gesellschaft weitgehend abgekoppelten Finanzwirtschaft kommt mittlerweile aus fast allen politischen Richtungen, ja sogar aus der Mitte der britischen Konservativen. Philipp Blond, Leiter des Think Tanks Res Publica und wichtigster politischer Berater von Premierminister David Cameron, sieht die Gefahr, dass das Finanzsystem in seiner heutigen Form unser Wirtschaftsmodell auf den Kopf stellt, weil es kurzfristigen Gewinn über den langfristigen Erfolg stellt. Sein lapidarer Schluss daraus: „Das angelsächsische Modell ist vorbei."[184]

Die neue Normalität: weniger ist mehr

Eine grundlegende Erneuerung unserer Finanzmarktarchitektur wird den Bereich der Veranlagung nicht aussparen können. Es genügt nicht, das Bankensystem zu konsolidieren, wenn auch die Spielregeln für die Welt der institutionellen Anleger, Fonds und Versicherer überholungsbedürftig sind.

Wenn wir deren fortschreitende Degeneration zu einem sinnentleerten Zockerparadies beenden wollen, müssen auch in diesem Teil des Finanzsystems die Anreizsysteme wieder stärker auf Langfristigkeit, Transparenz und Fairness ausgerichtet werden. Denn nur mit angemessenen Einschränkungen überzogener Finanzfreiheit lassen sich die Kapitalmärkte wieder auf sinnvolle Weise mit realer Wertschöpfung neu beleben.[185]

---

[183] Rüdiger Safranski, „Auch Gott macht Pause", Gespräch in der Presse vom 08.05.2010.
[184] Vgl. Interview mit Phillip Blond, Format 49/2010, S 24f.
[185] Zur Eindämmung der „Finanzalchemie" von Banken, Hedge Fonds und Brokern vgl.

Die „neue Normalität", von der Paul Achleitner spricht, ist mit Sicherheit weniger spektakulär als die Irrationalität der Turbofinanz. Statt mit vordergründiger Produktinnovation zu glänzen, könnte sie jedoch den Anlegern wieder das Vertrauen in gut organisierte Märkte für Veranlagungen unterschiedlicher Zeithorizonte und Risikobedürfnisse geben, die am Ende auch eine gesamtwirtschaftlich nützliche Funktion haben.

Wall Street gegen Main Street: Wer macht die Regeln?

Nach der Finanzkrise und nach jener dramatischen Phase, in der die Staaten einspringen mussten, um das Bankensystem zu retten, setzten sich die Interessenvertreter der Banken in der politischen Debatte um die Neuordnung der Finanzmärkte über weite Strecken durch. Trotz oder wegen der anfänglichen Strenge der angekündigten Reformpakete verfolgten sie ihr Ziel, so schnell wie möglich zum „business as usual" zurückzukehren, mit hohem politischem Nachdruck und unter massivem Einsatz von Lobbyisten.

So konnte mitunter der Eindruck entstehen, aus der Rettung des Bankensystems durch die Staaten sei auf paradoxe Weise eine Staatsübernahme durch die Finanzbranche geworden. Nicht von linken oder rechten Demagogen stammt diese Interpretation, sondern von Simon Johnson, dem früheren Chefvolkswirt des Internationalen Währungsfonds, Professor am Massachussetts Institute of Technology (MIT) in Boston.

Die entscheidende Frage lautet, ob die politischen Systeme in der Lage sind, die notwendigen Reformen durchzusetzen, oder ob ihre – je nach Sachverhalt subtile oder unverhohlene – Abhängigkeit von der

---

Stefan Schulmeister, Mitten in der großen Krise – Ein „New Deal" für Europa, Wien 2010, S 99 ff.

Finanzwirtschaft bereits zu groß ist, um den Widerstand gegen fundamentale Veränderungen zu überwinden. Die provokante Feststellung eines chinesischen Investmentbankers vor deutschen Managern, dass die westlichen Demokratien längst in der Geiselhaft von Interessengruppen seien[186], könnte durchaus einen wunden Punkt treffen.

Politisch kaum mehr beherrschbar: die Bankenlobby

Johnson interpretiert die gegenwärtige Krise als einen politischen Machtkampf zwischen Wall Street und US-Regierung. Ein Jahrzehnt lang habe sich der Eindruck verfestigt, was für die Wall Street gut sei, nütze auch dem ganzen Land. Daraus hätte sich ein faktisches Vetorecht der Finanzwirtschaft gegenüber der Politik entwickelt. Mit der Finanzkrise habe sich das paradoxerweise eher noch verstärkt.[187] Auch der an der Harvard-University lehrende amerikanische Politikwissenschaftler Jedediah Purdy meint, die politische Elite Amerikas habe sich praktisch wie ideologisch den Interessen von Big Business unterworfen, insbesondere denen der Finanzwirtschaft.[188]

Gerade im angloamerikanischen Raum nehmen die Großbanken durch materielle Unterstützung der großen parlamentarischen Fraktionen ganz offen Einfluss auf einen möglichst bankenfreundlichen Regulierungskurs. Durch eine Entscheidung des von konservativen Republikanern dominierten US-Verfassungsgerichtshofes, Unternehmen als Parteispender rechtlich den Bürgern gleichzustellen, wurde den finanzkräftigen Lobbys das vordere Scheunentor ins Parlament weit geöffnet.

---

[186] Wei Ding, Investmentmanager der China International Capital Corp., zitiert in Handelsblatt vom 09.09.2010, S 13.
[187] Simon Johnson, „The Quiet Coup", The Atlantic, May 2009.
[188] Jedediah Purdy, „Ikone der Tea Party", Cicero 8/2010, S 21.

War Präsident Barack Obama zu Anfang des Jahres 2009 noch mit dem Ziel angetreten, den Rechten von „Main Street" – also jenen der einfachen Bürger – gegenüber „Wall Street" zum Durchbruch zu verhelfen, musste er vor den Mid-Term-Wahlen im November 2010 feststellen, dass der Großteil jener Banklobbyisten, die ihn bei der Wahl 2009 noch unterstützt hatten, längst wieder zu den Republikanern übergelaufen war. Offensichtlich hatte er sie mit seinem ernsthaften Reformwillen gegen sich aufgebracht. Lenkte die Wall Street vor der Präsidentschaftswahl noch 70 Prozent ihrer Spenden zu den Demokraten und nur 30 Prozent zu den Republikanern, war es nun schon wieder umgekehrt.

Die Spenden an bankenfreundliche Abgeordnete beider Parteien sollten bewirken, dass die zuletzt durchaus reformfreudige Bankenaufsicht wieder zahmer wird. Beispielsweise wollte die SEC[189] das sogenannte „Window Dressing", mit dem Banken kurz vor Quartalsende Risikopositionen vorübergehend herunterfahren, um die ausgewiesenen Kennzahlen solider wirken zu lassen, eindämmen. Ob das nun noch möglich ist, bleibt offen. Joseph Stiglitz, der Nobelpreisträger und ehemalige Weltbank-Ökonom, stellt dazu in seinem neuesten Buch ernüchtert fest, die großen Investmentbanken seien mittlerweile nicht mehr nur „too big to fail", sondern bereits „too politically powerful to be constrained".

Der Mittelstand kommt unter Druck

Viele der ungelösten Probleme werden Washington und „Big Government" angelastet. Den amtierenden Präsidenten – und nicht etwa seinen Vorgänger George Bush – trifft von daher die steigende Frustration über das Treiben der herrschenden politischen und (finanz-)wirtschaft-

---

[189] Securities and Exchange Commission (SEC), US-Bankenaufsicht.

lichen Eliten. Der ungebrochene Glaube an Selbstregulierung, wie er gerade in der immer stärker werden Tea-Party-Bewegung[190] verbreitet ist, nützt dadurch unmittelbar den gegen striktere Regeln argumentierenden Finanzlobbys. Diese diskreditieren alle Versuche, die Bankwirtschaft durch strengere Regeln wieder in den Griff zu bekommen, mit plumper Anti-Regierungs-Rhetorik. Eine Mehrheit der freiheitsliebenden Amerikaner nimmt ihnen das ab – trotz eines massiv erhöhten Leidensdrucks im Alltag, von zunehmender Langzeit-Arbeitslosigkeit bis zu höheren Ausbildungskosten für ihre Kinder.

Seit Mitte der Neunzigerjahre wurde zunehmende Ungleichheit zur Begleiterscheinung einer die Realwirtschaft dominierenden Finanzwirtschaft. Der egalitaristischer Umtriebe unverdächtige britische „Economist" meinte schon 2006, vor Ausbruch der Krise, die Reichen seien in den USA die großen Gewinner der damals herrschenden, von der unbegrenzten Kreditausweitung getragenen Prosperität. Die Konzentration von Einkommen an der Spitze der Pyramide kontrastiert mit einer zunehmenden Pauperisierung in den unteren Einkommensbereichen. Eine wachsende Zahl von „working poor" findet ihre Entsprechung in einem hinsichtlich seiner Einkommen seit Anfang der Neunzigerjahre praktisch stagnierenden Mittelstand.

Bemerkenswert sind aber auch die Verschiebungen hin zum Topsegment. Wie eine an der Universität von Berkeley entstandene Studie zeigt,[191] hat sich das aggregierte Einkommen des bestverdienenden Prozents aller amerikanischen Bürger zwischen 1980 und 2004 verdoppelt. Das innerhalb dieses Prozents reichste Zehntel verdreifachte im gleichen Zeitraum seine Einkommenssumme. Auf das Vierfache hingegen erhöhte sich diese beim reichsten Hundertstel des reichsten Prozents – also für ganze 14.000 Personen an der Spitze der Einkommensskala.

---

[190] Die Abkürzung TEA der an die historische Bostoner Tea-Party anspielenden, der Republikanischen Partei nahestehenden Protestbewegung steht für „Taxed enough already".
[191] Zitert im Special Report „Inequality in America", Economist 17.06.2006.

Eine andere Studie zeigt, dass 58 Prozent des seit 1970 in den USA erzielten Realeinkommenszuwachses dem obersten Prozent der Haushalte mit dem höchsten Einkommen zugute kamen.[192]

Die alles entscheidende Frage der Regierbarkeit

In Demokratien werden ständig Entscheidungen über die weitere Entwicklung der Gesellschafts- und Wirtschaftsordnung getroffen. Sie sind mit den Entscheidungen über eine bestimmte Ausprägung des Finanzsystems untrennbar verbunden. An welche Regeln dieses Finanzsystem gebunden und welchen Zielen es verpflichtet wird, ist keine systemneutrale Angelegenheit, die nur von Finanzexperten bestimmt werden kann.

In den USA, aber nicht nur dort, wird somit die Frage nach der Regierbarkeit und Qualität unserer Demokratien zum Schlüssel der Krisenbewältigung. Denn jede ernsthafte Reform des Finanzsystems setzt eine durchsetzungsstarke Regierung voraus, die für ihre Vorhaben auf ausreichende parlamentarische Unterstützung bauen kann.

Europa hat hier zwar weniger Berührungsängste, dafür aber den Nachteil einer Vielstimmigkeit, die akkordierten Vorgangsweisen nicht gerade förderlich ist. Die Mitgliedsstaaten stehen nicht nur in wechselseitiger Standortkonkurrenz, ihr jeweiliges Vorgehen hängt auch vom Stellenwert der Finanzwirtschaft für ihre nationale Wertschöpfung ab. Die aktuelle Krise um den Euro wird damit zur Nagelprobe der gemeinsamen Handlungsfähigkeit.

Dass die Finanzbranche selbst Mitverantwortung übernimmt, seriöse Ursachenforschung betreibt und aus eigener Initiative konstruktive Vorschläge für ein robusteres Bankensystem und eine gerechte Risiko-

---

[192] Raghuram Rajan, Fault Lines – How hidden fractures still threaten the World Economy, Princeton, 2010.

verteilung im Fall von Finanzkrisen entwickelt, wird wohl auch in Europa Wunschdenken bleiben. Die Zahl der Einzelpersönlichkeiten aber, die durch Engagement für eine Systemreform ihren Beitrag dazu leisten wollen, von der fatalen Entfremdung zwischen Finanzwelt und Realwirtschaft wieder wegzukommen, ist stark im Steigen begriffen.

Von der Werte-Krise zum ordnungspolitischen Neubeginn

Wir werden nie erfahren, ob es purer Zufall war oder der ironische Einfall eines der für den Finanzmarkt zuständigen Götter, dass ausgerechnet am Abend jenes 15. September, an dem mit der Insolvenz der Investmentbank Lehman Brothers der dramatische zweite Teil der Finanzkrise einsetzte, der britische Künstler Damian Hirst mit seinem in Kunstharz gegossenen „Goldenen Kalb" einen Rekord-Auktionspreis von 10,5 Mio Pfund erzielte. Fast auf den Tag genau zwei Jahre danach, im September 2010, gelangten im selben Auktionshaus wie damals die Kunstwerke aus der Moderne-Sammlung des insolventen Bankhauses Lehman zur Versteigerung. Darunter befand sich auch ein Werk von Damian Hirst, für das sich diesmal jedoch kein Käufer fand.

Die Vernunftreligion einer einseitigen Orientierung an Geld-Werten steht schon seit Jahrtausenden im Konflikt mit Leitbildern von Gesellschaften, in denen Individualität und Solidarität vereinbar bleiben. Der biblische Tanz um das Goldene Kalb hat seine moderne Entsprechung im unersättlichen Mehr der modernen Kapitalmärkte. So unbestritten wichtig sie als Quelle für Wachstums- und Risikokapital sind, so sehr wurden sie in den letzten eineinhalb Jahrzehnten zum Selbstzweck.

Das Problem der oft kritisierten Steuerung von Wertschöpfungsprozessen allein über den Shareholder Value wurde mittlerweile dadurch verschärft, dass eine irrlichternde, auf wettspielartige Finanzprodukte setzende Finanzindustrie das Wirtschaftssystem als Ganzes in Gefahr bringt. Selbst die vordergründig davon begünstigten Shareholder geraten dabei in sozial wenig komfortable Situationen. In „gated communities", mit hohem sicherheitstechnischem Aufwand von den sonstigen Lebenswirklichkeiten abgekoppelten Wohlstandszonen, wollten sie eigentlich nicht leben.

Wirtschaft und/oder Ethik?

Als der für seine Gedankenschärfe berühmte Publizist Karl Kraus von einem Studenten gefragt wurde, was er vom Studium der Wirtschaftsethik hielte, lautete seine ernüchternde Antwort: „Sie werden sich entscheiden müssen!" Mit diesem Aphorismus beginnt heute jeder zweite Vortrag zum mittlerweile inflationären Thema Wirtschaftsethik. Der Eindruck, die beiden Sphären der Wirtschaft und der Werte hätten nichts miteinander zu tun, ist offensichtlich bereits so verfestigt, dass man meint, ihn mit ironisch wissendem Lächeln als Faktum zur Kenntnis nehmen zu müssen.

Zugegeben, wer die laufenden Meldungen über aktuelle, zum Teil gerichtsanhängige Fälle verfolgt, wird der Kraus'schen These einer Bewusstseinsspaltung zwischen dem gewissenlosen Wirtschaftsmenschen und dem sozial begabten Privatmenschen wohl zustimmen. Viele finden es überdies aus grundsätzlichen Erwägungen ganz in Ordnung, dass Wirtschaft ohne Ethik funktioniert: Wer sich in der Wirtschaft an alle Gesetze hält, ist okay, und wer sie verletzt, wird in einem funktionierenden Rechtsstaat ohnehin sanktioniert. Und schließlich hat Milton Friedman dazu alles gesagt, was dazu zu sagen ist: „The business of business is business."

Zahllose Medienberichte zu aktuellen Wirtschaftsskandalen beginnen mit dem Satz: „Es gilt die Unschuldsvermutung." Diese salvatorische Klausel ist gewissermaßen die kugelsichere Weste für journalistische Aufklärer, die sich im Gestrüpp ausgefuchster Verschleierungskonstrukte um Wahrheitsfindung bemühen. Die verheerende Sickerwirkung dieser Wendung liegt aber darin, dass mittlerweile die Beweislast geradezu umgekehrt wird. Kaum ist sie einer Wirtschaftsmeldung beigefügt, steht für den Leser bereits fest, dass von einer strafbaren Angelegenheit die Rede ist. Da braucht es dann gar keine Beweise mehr – und auf Gerichtsurteile will bei der sich meist über viele Jahre erstreckenden Rechtsfindung ohnehin niemand mehr warten.

Dabei ist völlig unbestreitbar, dass wir künftig wesentlich strengere Maßstäbe insbesondere für finanzwirtschaftliches Handeln brauchen. Und was noch entscheidender ist: Maßstäbe, die aus Eigenverantwortung angewendet werden und nicht nur, weil eine Gesetzesverletzung oder der Verstoß gegen ein bestimmtes Regulativ vermieden werden soll. Es führt kein Weg an der höchstpersönlichen Entscheidung vorbei, wenn es darum geht, eine Handlung zu unterlassen, die zwar noch legal, aber längst schon nicht mehr legitim gewesen wäre.

Der Beispiele gibt es genug: von der zur Gewohnheit gewordenen Praxis, Möglichkeiten zur Minderung der Steuerbelastung im Rahmen der internationalen Steuergesetze bis zum Extrem auszureizen, bis hin zur Tatsache, dass sich oft die besten Talente unter den Anwälten, Wirtschaftsprüfern und Investmentbankern mit „innovativen" Finanzprodukten beschäftigt haben, die neben der legitimen Erzielung wirtschaftlichen Erfolges immer häufiger den Rahmen der geltenden Regulative bis zum letztendlichen Zerreißen überdehnt haben. Den meisten fehlte bei der Mitwirkung an noch so ausgefransten „Optimierungs"-Strategien jegliches Unrechtsbewusstsein.

Wirtschaft und Ethik: nicht Schwarz oder Weiß

Die angesichts verzerrter Bilanzbilder und bisweilen überhöhter Managergagen naheliegende These von der angeblich so amoralischen Wirtschaft ist aber auch bequem, weil sie den, der sie vertritt, zum

Moralisten macht, der hinter allem Wirtschaften die Gewinnsucht und den ach so schnöden Mammon enttarnt. Die Wirklichkeit lässt jedoch keine derart einfachen Antworten zu. Sie spielt sich in der unternehmerischen Praxis in einem differenzierten Spektrum unzähliger Grautöne ab, mit nur wenigen auf ein digitales Schwarz-Weiß reduzierbaren Entscheidungssituationen.

Wie ist mit Investoren umzugehen, die auf vermutlich anrüchigen, aber nicht nachweisbar widergesetzlichen Wegen zu ihrem Geld kamen? Welche Entscheidung ist die richtige, wenn es um die Finanzierung eines geopolitisch umstrittenen Wasserkraftwerkes geht? Oder einer im Lobbying für die problematische „Liberalisierung" unzähliger Klein-Casinos höchst effizienten Unternehmensgruppe? Ist die Beratung eines Kunden in Ordnung, der für seinen Hausbau um Kredit ansucht und gleich noch einen zweiten Kredit für den Erwerb eines spekulativen „Tilgungsträgers" angedient bekommt?

Es gibt auf solche – in diesem Fall dem Bankenleben abgeschaute – Fragen nicht immer nur eindeutige Antworten. Einerseits können private Maßstäbe von ethisch einwandfreiem Handeln nicht in jedem Einzelfall zur Messlatte für die Zulässigkeit von Kundenbeziehungen werden. Andererseits dürfen Werte-Fragen nie vom Tisch gewischt werden. Mitarbeiterinnen und Mitarbeiter erwarten ein gemeinsames Bemühen um verantwortbare Lösungen in Grenzfällen.

Es ist eine Frage der Unternehmenskultur, sich ethischen Fragen – ohne jeden moralinsauren Beigeschmack – zu stellen und ihnen nicht auszuweichen. Im Idealfall ist ihre Ansprache und Klärung im Rahmen einer insgesamt offenen Diskussionskultur erwünscht. Wer verantwortliches Handeln fördert, bindet mündige, entscheidungsstarke Menschen ans Unternehmen. Und solche Menschen tragen am meisten zur Wertschöpfung bei.

Wenn wir nicht eine Welt wollen, in der der Mensch nur mehr als Arbeitskraft und Konsument zählt, während er uns als unverwechselbare Person immer gleichgültiger wird, sollten wir respektieren, dass

Wirtschaft und Ethik keine Alternativen sind: Eines setzt vielmehr das andere voraus. Dass die Wirklichkeit oft anders aussieht, ändert an der Richtigkeit und Wichtigkeit dieser Zielvorstellung so wenig, wie ein noch so langes Sündenregister die im Grundsatz wünschenswerte Übereinstimmung unseres Privatlebens mit unseren moralischen Ambitionen in Frage stellt.

Die doppelte Bedeutung von Wert-Schöpfung

Seit langem fasziniert mich der Begriff „Wertschöpfung" wegen seiner doppelten Wortbedeutung: einerseits die Schaffung von (Unternehmens-, Waren-, und Dienstleistungs-)Werten, andererseits das Zustandekommen dieser materiellen Werte durch wertorientiertes Handeln.

In Analogie dazu gibt es neben der materiellen auch eine immaterielle Wertschöpfungskette. Sie beginnt beim verantworteten Handeln des Einzelnen, setzt sich fort in einer Unternehmenskultur der Offenheit, Zielorientierung und gegenseitigen Wertschätzung und mündet im Idealfall in einer klugen „Corporate Governance".

Nicht zufällig steht diese ständig neu zu findende Balance zwischen den Interessen des Unternehmens, seiner Eigentümer, seiner Mitarbeiter und seiner Marktpartner als Auftrag an das Management hinter den einschlägigen Formulierungen unseres Aktienrechtes.[193]

Bei größeren Unternehmen schließlich beinhaltet diese übergeordnete Verantwortung auch eine soziale und ökologische Dimension. Für beide Bereiche gilt, dass es um mehr als die Einhaltung von Vorschriften geht. Entscheidend ist der Blick für das größere Ganze, die Mitver-

---

[193] § 70 Abs 1 Aktiengesetz: „Der Vorstand hat unter eigener Verantwortung die Gesellschaft so zu leiten, wie das Wohl des Unternehmen unter Berücksichtigung der Interessen der Aktionäre und der Arbeitnehmer sowie des öffentlichen Interesses es erfordert." Näheres zu Corporate Governance und Unternehmenskultur in: W. Stadler, Der hauptberufliche Aufsichtsrat, in: S. Kalss/P. Kunz (Hrsg.), Handbuch für den Aufsichtsrat, Wien 2010.

antwortung für die gesellschaftlichen und umweltpolitischen Auswirkungen des unternehmerischen Handelns.

Unternehmen haben hier einen Mit-Gestaltungsauftrag, der weit über klassische „Interessenvertretung" hinausgeht. Corporate Social Responsibility in diesem Sinn heißt, die Spielregeln mitzugestalten, nach denen Marktwirtschaft sozial und ökologisch verantwortungsvoll stets neu ausgerichtet wird.

Wertsteigerung durch „Shared Values"

Jeremy Rifkin, einer der kreativsten Vordenker gesellschaftlicher Entwicklungstrends, eröffnet sein Buch über den Europäischen Traum mit der Frage, ob eine Kultur überleben kann, wenn alle ihre Beziehungen nur mehr kommerzieller Natur sind.[194] Eine rhetorische Frage – denn längst ist unstrittig, dass „Shared Values", also gemeinsame Werte und gegenseitiges Vertrauen, für die Überlebensfähigkeit nicht nur unserer Gesellschaft, sondern auch unseres Wirtschaftssystems wichtiger sind als die Verengung auf „Shareholder Values".

In der Realwirtschaft war diese Haltung nie ganz verloren gegangen und im großen Teil der mittelständischen Unternehmen ist sie Grundlage ihres Erfolgs. Aber manche der börsennotierten Unternehmen bildeten auch hier das Einfallstor für jene Denk- und Handlungsweisen, die am Ende beinahe das Fundament unseres Wirtschaftssystems zerstört hätten.

Noch vor drei oder vier Jahren galt als altmodisch, wer sich gegen übertriebene Erfolgsbeteiligungen über Aktienoptionen aussprach. Wer sich mit guten Unternehmensergebnissen zufrieden gab und auf waghalsige Expansion mit fremdem Geld verzichtete, galt als phantasielos und träge. Und wer die in exorbitanten Kurssteigerungen wider-

---

[194] Jeremy Rifkin, Der europäische Traum, Frankfurt/New York, 2004.

gespiegelten Wertsteigerungen von Unternehmen ihrer Substanz nach bezweifelte, wurde mit der Auskunft beschieden: Der Markt hat immer recht.

Nach der Finanzkrise gibt es nun die Chance, wieder wirklichkeitsnäher zu argumentieren, Solidität und Nachhaltigkeit zu forcieren und ein Verständnis von Wertschöpfung zu leben, das tatsächlich auf einem Fundament von Wert-Überzeugungen baut. Und natürlich ist es ein vitales Bedürfnis der meisten Menschen, die Aufgaben für Unternehmen erfüllen, ihr Tun im Einklang mit dem auch in der Gesellschaft geltenden Wertekonsens sehen zu können.

Die seinerzeitige unerbittliche These Theodor W. Adornos, es gebe „kein richtiges Leben im Falschen", müsste am Ende ja zum deprimierenden und krankmachenden Schluss führen, der Einzelne könne nur resignativ und im inneren Widerstand gegen „das System" leben. Wirkliche Wertschöpfung kann aber erst dann entstehen, wenn wir auf einzelwirtschaftlicher Ebene handeln können, ohne unter dem Generalverdacht zu stehen, ständig gegen das Gesamtinteresse zu arbeiten. In einer Marktwirtschaft, der wir die richtigen Rahmenbedingungen und Spielregeln geben, ist das gut möglich. Wäre es nicht so, müssten wir die Symbiose von Demokratie und freien Märkten, auf der der Wohlstandserfolg der westlichen Gesellschaften beruht, ad acta legen.

Es gibt genügend Kräfte, denen das nur recht wäre, stehen wir doch in einer harten Konkurrenz zu Wirtschaftsräumen, in denen Markt auch ohne Demokratie prächtig gedeiht. Das von Peter Sloterdijk so bezeichnete „Singapur-Modell" ist längst zum Vorbild für den größten Binnenmarkt der Welt geworden. China exerziert vor, dass durch Freilegung der wirtschaftlichen Wahlmöglichkeiten neuer Wohlstand geschaffen werden kann, ohne gleich auch demokratische Freiheiten zuzulassen. Niemand kann heute wissen, wie lange dieser vom diktatorischen System gewollte „aufgeklärte Absolutismus", wie er auch für frühindustrielle Phasen in unseren Breitengraden typisch war, noch funktioniert.

Wir stehen vor der Herausforderung, unsere Ausprägung von Marktwirtschaft wieder viel bewusster mit unseren demokratiepolitischen Potentialen zu verknüpfen. Wenn wir es schaffen, beides gut miteinander zu verbinden, ist die Kombination unschlagbar. Bleiben die demokratischen Möglichkeiten aber ungenutzt, während wir gleichzeitig so etwas wie einen ungezügelten Kapitalmarkt-Feudalismus zulassen, schwächt das sowohl die innere Verfassung als auch die globale Wettbewerbsfähigkeit unseres Wirtschaftsmodells.

Unternehmen und Banken als „fünfte Gewalt"

Im Kräfteparallelogramm der Globalisierung kommt transnational agierenden Unternehmen längst ein so maßgeblicher Einfluss auf die Qualität der politischen Systeme zu, dass es gerechtfertigt ist, von einer „fünften Gewalt"[195] zu sprechen. Ihrer realen Einflussmacht steht allerdings kein explizites Pflichtenheft zur Wahrnehmung globaler Verantwortung gegenüber. Darüber hinaus fehlen die Plattformen – jenseits der institutionalisierten Interessenvertretungen –, in denen es um das übergeordnete Interesse an der Gestaltung einer sozial und ökologisch verantworteten Globalisierung geht.

Der am weitesten gediehene Ansatz dazu findet sich in der im Vorfeld der UNO angesiedelten Initiative „Global Compact". Sie hat sich zur Aufgabe gesetzt, an konkreten Umsetzungsvorschlägen für eine auf Nachhaltigkeit und Fairness ausgerichtete Weltwirtschaft zu arbeiten. Jene etwa 5.000 Unternehmen, die sich zu den Zielen des Netzwerkes bekennen, verpflichten sich freiwillig zur Einhaltung von Mindeststandards und zur Berichterstattung über ihre eigenen Initiativen. Der respektable Pflichtenkatalog enthält vor allem Wohlverhaltensregeln

---

[195] Neben Gerichtsbarkeit, Gesetzgebung und Verwaltung werden die Medien oft als „vierte Gewalt" bezeichnet.

gegenüber den Mitarbeitern, den Gastländern von Unternehmensniederlassungen und der Umwelt. Eine ausdrückliche Verpflichtung der großen Unternehmen, sich darüber hinaus im Rahmen ihrer Möglichkeiten für eine Weiterentwicklung der Wirtschaftsordnung einzusetzen, unterbleibt.

Wie aber steht es mit der globalen Finanzwirtschaft? Man trifft ihre größten Unternehmen bis heute in keiner supranationalen Initiative für eine Neuordnung, die zum Ziel hat, der weltweiten Liberalisierung der Finanzmärkte wenigstens im Nachhinein die erforderlichen Regeln zu verpassen.

Wohl findet man einzelne Repräsentanten des Bankengewerbes, die für neue Verhaltensregeln und weniger von Gier getriebene Bonussysteme eintreten. Das aber kann schon deshalb nicht ausreichend sein, weil sich eine Systemkrise nicht durch noch so ambitionierte Besserungsgelübde auf Ebene der Einzelnen beheben lässt. Nicht selten wird sogar der Eindruck erweckt, solche Appelle reichten aus, um wieder – nur diesmal eben mit besseren Vorsätzen – zum Alltagsgeschäft überzugehen.

Ein zutiefst systemisches Problem wie das der entgleisten Finanzmärkte lässt sich aber nur durch eine grundlegend neue Finanzmarktordnung bekämpfen. Für alle, die dem System angehören und in der Not nur allzu gerne akzeptiert haben, dass ihnen von Staatsseite und damit von den Steuerzahlern geholfen wurde, sollte es selbstverständlich sein, sich nach Kräften an den Reparaturarbeiten zu beteiligen.

Die Zeit, in der die Finanzmarkt-Ökonomie wegen ihrer behaupteten Effizienz ein Primat vor der Politik beansprucht hat, ist mit dieser Krise vorbei. Weil wir uns aber schon allzu sehr an die faktische Selbstregulierung der Geldwirtschaft gewöhnt hatten, entstand während der letzten Jahre ein ordnungspolitisches Vakuum. Wir müssen deshalb wieder ganz von vorne anfangen, am Leitbild einer verantworteten Marktwirtschaft zu arbeiten, deren Dynamik soziale Spaltungen verringert, statt sie zu vermehren.

In den Worten von Richard David Precht, dem erfolgreichen Autor populär-philosophischer Bestseller, liest sich der Appell für den überfälligen Neubeginn so: „Wenn ich die Augen schließe und träume, träume ich nicht von einer Welt ohne Gier. Ich träume von einer Welt, in der die Gier der einen die Gier der anderen in Schach hält. „Ordnungspolitik" nannte dies Walter Eucken, der Vater der Sozialen Marktwirtschaft. Wie schade, dass sie so aus der Mode gekommen ist! Heute müsste Ordnungspolitik dafür sorgen, dass eine solche Krise gar nicht entsteht."[196]

Ein Stück Wirtschaftsphilosophie: vom Vorzug spontaner Ordnung

Es gibt keine wertneutrale Entscheidung über die konkrete Gestaltung eines Wirtschaftssystems. Eine erfolgreiche Wirtschaftsordnung ist deshalb auch kein Selbstläufer, wie uns das die Idealbilder von einer perfekten Marktökonomie vorgegaukelt haben. In diesem Sinn dürfen wir uns nicht auf die „unsichtbare Hand" verlassen – es bedarf einer Reihe von Voraussetzungen sozialer und politischer Natur, damit sie zur gewünschten Wirkung kommt.

Das Bild von der „unsichtbaren Hand" des Marktes wurde von Adam Smith geprägt, dem großen Moralphilosophen und politischen Ökonomen, der mit seinem bahnbrechenden Werk über den „Wohlstand der Nationen"[197] („Wealth of Nations") die unstrittigen Vorteile freier Märkte erstmals in einem geschlossenen Denkansatz schilderte und damit den Aufbruch der Zivilisation in die moderne Industriegesellschaft einläutete.

---

[196] Richard David Precht, Beitrag zur Serie „Ich habe einen Traum" des Zeit-Magazins vom 24.03.2009.
[197] Adam Smith, An Inquiry into the Nature and Causes of the Wealth of Nations, erstmals erschienen 1776; auf Deutsch: Der Wohlstand der Nationen.

Adam Smith tat dies als großer Aufklärer, der sich gegen die eingefahrenen Vorrechte des Feudalismus einerseits und der Zünfte und Zollvereine andererseits wehrte, um die Vorteile selbstverantworteten, selbständigen Wirtschaftens im freien Austausch über Ländergrenzen hinweg herauszuarbeiten: In freier Preisbildung lässt sich in einer arbeitsteiligen Unternehmerwirtschaft die sparsamste Verwendung knapper Ressourcen und die effizienteste Verteilung der Güter und Dienstleistungen an die Konsumenten organisieren.

Die dabei entstehende „spontane Ordnung", wie sie der aus Österreich stammende Nobelpreisträger Friedrich August Hayek später nannte, kann von keiner zentralen, planenden Intelligenz übertroffen werden. Und sie funktioniert, ohne dass der Einzelne dabei ständig an das Ganze denken muss – es genügt, wenn er im durchaus eigennützigen Interesse, seinem Lebensunterhalt zuliebe, marktgängige Leistungen für seine Kunden erbringt. Dass daraus im Idealfall eine ständige Optimierung der Ressourcenverteilung folgt, ist nicht sein unmittelbares Verdienst, sondern eben jenes der richtigen institutionellen Ordnung der Freiheit.

Oder aber – in einem nicht zwangsläufig metaphysischen Sinn – das Verdienst der „unsichtbaren Hand". Sie steht symbolisch für die Tatsache, dass das individuelle Streben aller Wirtschaftsteilnehmer am Ende zu erhöhter Wertschöpfung führt. Über den Umweg des Steuer- und Sozialsystems ist sie auch für jene von Nutzen, die nicht unmittelbar am Marktgeschehen teilnehmen – etwa weil sie zu jung oder zu alt sind oder zu schwach, um sich leistend einzubringen.

Adam Smith war keinesfalls der Verteidiger einer uneingeschränkten Herrschaft der Märkte. Er wusste, dass der Markt nicht aus sich selbst heraus die Voraussetzungen für sein Funktionieren sicherstellen kann. Denn dazu bedarf es im Hinblick auf das Rechtssystem, das Bildungssystem und das Sozialsystem einer gut funktionierenden politischen Ordnung – also dessen, was wir heute als eine demokratische Bürgergesellschaft beschreiben. Ein solches Verständnis einer Wirtschaftsordnung als Teil einer politischen Ordnung (daher das Wort: „Ordnungspolitik") liegt letztlich dem europäischen Modell einer „verantworteten Marktwirtschaft" zugrunde.

Die Anhänger des Marktfundamentalismus haben allerdings unter dem Einfluss einer weit über das Ziel schießenden Liberalisierung der Finanzmärkte deren weitgehend regelfreie Wirtschaftswildnis zusehends mit einer Wirtschaftsordnung verwechselt. Sie konnten so ihren Eigennutz ungezügelt vorantreiben und sich immer noch einbilden, damit der Allgemeinheit zu dienen. Deshalb wohl zeigte sich Loyd Blankfein, CEO der Investmentbank Goldman Sachs, so überrascht über die Kritik an seiner Äußerung, die Investmentbanker erfüllten mit ihrem Tun in einem gewissen Sinn sogar „Gottes Auftrag".[198]

... doch das System ist nur Mittel zum Zweck

Schon nach der New-Economy-Krise zu Anfang des Jahrzehnts beschäftigte ich mich intensiv mit ordnungspolitischen Fragen des Bankensystems. Es war klar geworden, dass die Liberalisierung der Finanzwirtschaft übers Ziel hinausgeschossen war. Ihr Anspruch auf Selbstregulierung war an ihrer „dysfunktionalen Kybernetik"[199] gescheitert.

In der Vorbereitung auf einem Vortrag für das Europäische Forum Alpbach[200] fand ich in einer Rede Hayeks den Satz, dass „eine freie Gesellschaft nur dort gut funktionieren wird, wo freies Handeln von starken Moralvorstellungen geleitet ist". Er warnte davor, „dass sich in einer freien Gesellschaft auch moralische Maßstäbe herausbilden

---

[198] „I'm doing God's work", Interview Loyd Blankfeins in der Sunday Times, 09.11.2009.
[199] Peter Sloterdijk verwendete diese Charakterisierung anlässlich einer Podiumsdiskussion im Herbst 2009 in Wien.
[200] Wilfried Stadler, Die offene Gesellschaft und ihre Werte – ordnungspolitische Thesen zu einer globalen sozialen Marktwirtschaft, in: Kommunikation und Netzwerke, Europäisches Forum Alpbach 2002, Wien 2003.

können, die, wenn sie allgemein werden, die Freiheit und mit ihr die Grundlage aller moralischen Werte zerstören werden".[201]

Liegt nicht genau darin der Grund für die Sorge vor einem Überhandnehmen der Finanzwirtschaft gegenüber der Realwirtschaft? Haben wir nicht eben deshalb durch geeignete Rahmenbedingungen darauf zu achten, dass unsere freie Gesellschaft im Wesentlichen jenen Maßstäben folgt, die, wenn sie allgemein werden, die Freiheit und mit ihr die Grundlage aller moralischen Werte weiter fördern – statt sie etwa durch zunehmende soziale Ungleichheit zu gefährden? Der „kategorische Imperativ" von Immanuel Kant[202] würde, angewandt auf die Ökonomie, wohl so ähnlich lauten.

Hayek zieht daraus einen Schluss, den wir am wenigsten von einem Ökonomen erwarten, der immer wieder als Säulenheiliger einer unregulierten Finanzwirtschaft angerufen wird, ohne sich dagegen wehren zu können. Zunächst formuliert er eine Variante dessen, was Adam Smith mit der „unsichtbaren Hand" meint: Im System der freien Unternehmerwirtschaft sei es „zumindest möglich, dass jeder einzelne, während er seinen Mitmenschen dient, das für seine Zwecke tun kann". Dann aber ergänzt er: „Doch das System selbst ist nur ein Mittel, und seine unendlichen Möglichkeiten müssen im Dienst von Zielen genützt werden, die für sich stehen."[203]

Selbst aus der weitestgehenden liberalen Sicht ist also das Wirtschaftssystem Mittel zum Zweck, kein Selbstzweck. In dieser Einsicht liegt der größte gemeinsame Nenner all jener, die sich nach dem Versagen des Laissez-faire-Kapitalismus der Dreißigerjahre und dem Versagen der Planwirtschaften jeglicher Provenienz nach dem Zweiten Weltkrieg dem Ziel verschrieben hatten, eine verantwortete Marktwirtschaft

---

[201] F. A. von Hayek, Das moralische Element in der Unternehmerwirtschaft, in Vanberg, V. (Hrsg.), Tübingen 2002, S 69 f.
[202] „Handle so, dass die Maxime Deines Willens jederzeit zugleich als Prinzip der allgemeinen Gesetzgebung dienen könnte."
[203] F. A. von Hayek, a.a.O.

aufzubauen, die mit Hilfe der Ökonomie gesellschaftspolitische Ziele erfüllen hilft.

Heute, nach dem neuerlichen Versagen des Laissez-faire-Kapitalismus und dem Wegfall planwirtschaftlicher Alternativen, lässt sich daraus wieder eine Perspektive entwickeln, mit der aus liberalen, sozialdemokratischen, ökosozialen und christdemokratischen Wertvorstellungen das gemeinsame Ziel einer „sozial verantwortlichen und nach dem Maß des Menschen ausgerichteten wirtschaftlich-produktiven Ordnung"[204] verfolgt werden kann.

Wem das zu pathetisch klingt, der möge bitte weglesen: Es genügt jedenfalls nicht, eine neue Finanzmarktarchitektur mit neuen Regeln auszustatten. Diese Regeln bedürfen auch der Verankerung in einem möglichst breiten, gesellschaftlich mitgetragenen Wertefundament.

Das Prinzip Verantwortung[205] ist deshalb mehr als eine bloße Wohlverhaltensregel für das Geschäft der ökonomischen Maximierung. Wir benötigen es als Leitprinzip bei der Festlegung der Koordinaten einer neuen, wieder sach- und menschengerechten Finanzmarktökonomie.

---

[204] Formulierung aus der katholischen Sozialenzyklika „Caritas in Veritate", Rom 2009.
[205] Vgl. Hans Jonas, Das Prinzip Verantwortung, Versuch einer Ethik für die technologische Zivilisation, Frankfurt 1979.

Literaturhinweise

George A. Akerlof, Robert J. Shiller, Animal Spirits – Wie Wirtschaft wirklich funktioniert, Frankfurt, 2010

Gutachten 03/10 des Wissenschaftlichen Beirates beim Bundesministerium für Wirtschaft und Technologie, „Reform von Bankenregulierung und Bankenaufsicht nach der Finanzkrise"; www.bmwi.de

F. A. v. Hayek, Das moralische Element in der Unternehmerwirtschaft, in Vanberg, V. (Hrsg.), Aufsätze zur Politischen Philosophie und Theorie, Tübingen 2002, S 69f.

Hans Jonas, Das Prinzip Verantwortung, Versuch einer Ethik für die technologische Zivilisation, Frankfurt 1979

Paul Krugman, Die neue Weltwirtschaftskrise, Frankfurt 2010

Thomas S. Kuhn, Die Struktur wissenschaftlicher Revolutionen, Frankfurt 1976

E. Matzner, Monopolare Weltordnung – Zur Sozioökonomie der US-Dominanz, Marburg 2000

Michael E. Porter, The Competitive Advantage of Nations, London 1990

Carmen M. Reinhart, Kenneth S. Rogoff, Diesmal ist alles anders: Acht Jahrhunderte Finanzkrisen, München 2010

David Rhodes, Daniel Stelter; Accelerating out of the great recession, Boston Consulting Group, New York 2010

Jeremy Rifkin, Der europäische Traum, Frankfurt/New York, 2004

Nouriel Roubini, Stephen Mihm; Das Ende der Weltwirtschaft und ihre Zukunft, Frankfurt/New York 2010

Stefan Schulmeister, Mitten in der großen Krise – Ein „New Deal" für Europa, Wien 2010

Robert Shiller, Irrational Exuberance, New Jersey, 2000

Hans-Werner Sinn, Kasino-Kapitalismus, München 2009

Robert Skidelsky, Die Rückkehr des Meisters – Keynes für das 21. Jahrhundert, München 2010

Andrew Ross Sorkin, Too big to fail – Inside the battle to save Wall Street, London/New York 2009

George Soros, Das Ende der Finanzmärkte und ihre Zukunft, München 2008

Sozialenzyklika „Caritas in Veritate", 2009

Wilfried Stadler (Hrsg.), Die neue Unternehmensfinanzierung, Frankfurt 2004

Wilfried Stadler, Die offene Gesellschaft und ihre Werte – ordnungspolitische Thesen zu einer globalen sozialen Marktwirtschaft, in: Kommunikation und Netzwerke, Europäisches Forum Alpbach 2002, Wien 2003.

Wilfried Stadler, New Economy – New Finance: Krise und Zukunft der Unternehmensfinanzierung; Finanzsymposium Alpbach 2001; www.wilfried-stadler.com

Joseph E. Stiglitz, Im freien Fall – Vom Versagen der Märkte zur Neuordnung der Weltwirtschaft, München 2010

Olaf Storbeck, Die Jahrhundertkrise, Stuttgart 2009

Nassim Taleb, Der schwarze Schwan, München 2008

Gillian Tett, Fool's Gold – How unrestrained greed corrupted a dream, shattered Global Markets and unleashed a catastrophe, London 2009

Gunther Tichy, War die Finanzkrise vorhersehbar?, Verein für Socialpolitik, Perspektiven der Wirtschaftspolitik, 2010

Rudolf Wimmer, Aufstieg und Fall des Shareholder Value Konzeptes; in: Organisationsentwicklung Heft 4, S 70–83

Quellenangaben

Abb. 1: Robert J. Shiller; http://www.econ.yale.edu/~shiller/data/ie_data.xls (Zugriff am 21.11.2010)

Abb. 2: Federal Reserve Bank of St. Louis; Total Credit Market Debt Owed by Domestic Financial Sectors – REITs (REITTCMDODFS), Change from Year Ago, Billions of Dollars, Quarterly, Not Seasonally Adjusted; http://research.stlouisfed.org/fred2/ (Zugriff am 27.11.2010)

Abb. 3: Federal Reserve Bank of St. Louis; Effective Federal Funds Rate (FEDFUNDS), Percent, Monthly, Not Applicable; http://research.stlouisfed.org/fred2/ (Zugriff am 22.11.2010)
Und Daten von Robert J. Shiller; http://www.econ.yale.edu/~shiller/data/Fig2-1.xls (Zugriff am 22.10.2010); Real Home Price Index: Ab 2007 wurde der Mittelwert über die Quartale verwendet.

Abb. 4: „Monetary Policy in Exceptional Times" by Michele Lenza, Huw Pill and Lucrezia Reichlin. Working Paper Series der Europäischen Zentralbank, Nr. 1253/Oktober 2010

Abb. 5: Prognosedaten von OECD/IWF/EC

Abb. 6: Federal Reserve Bank of St. Louis; Civilian Unemployment Rate (UNRATE), Percent, Monthly, Seasonally Adjusted; Capacity Utilization: Total Industry (TCU), Percent of Capacity, Monthly, Seasonally Adjusted; http://research.stlouisfed.org/fred2/ (Zugriff am 22.11.2010)

Abb. 7: IMF; World Economic Outlook Database; http://www.imf.org/external/pubs/ft/weo/2010/02/weodata/index.aspx (Zugriff am 24.11.2010)

Abb. 8: OECD; Dataset: Key Short-Term Economic Indicators (Key Short-Term Economic Indicators MetaData : 10 Year Government Bonds); http://stats.oecd.org/Index.aspx (Zugriff am 24.11.2010)

Abb. 9: Federal Reserve Bank of St. Louis; Gross Domestic Product, 1 Decimal (GDP), Billions of Dollars, Annual, Seasonally Adjusted Annual Rate; Total Credit Market Debt Owed (TCMDO), Billions of Dollars, Annual, Not Seasonally Adjusted; http://research.stlouisfed.org/fred2/ (Zugriff am 27.11.2010)

Abb. 10: Grafik nach den Daten: H.W. Sinn; „Kasino Kapitalismus. Wie es zur Finanzkrise kam und was jetzt zu tun ist"; vollständig aktualisierte Ausgabe; 1. Auflage Juni 2010; Seite 198

Abb. 11: Zeit vom 16.09.2010; Seite 27

Ab. 12: http://www.federalreserve.gov

Abb. 13: Adaptiert nach der Grafik in der Zeit vom 16.09.2010; Seite 27; „Nur nicht zu doll"

Abb. 14: Handelsblatt vom 12.07.2010; Seite 17

Abb. 15: ISDA Market Survey; http://www.isda.org/statistics/pdf/ISDA-Market-Survey-results1987-present.xls (Zugriff am 28.11.2010)

Abb. 16: Robert J. Shiller; http://www.econ.yale.edu/~shiller/data/ie_data.xls (Zugriff am 21.11.2010)

Abb. 17: Tabelle nach den Daten aus: Handelsblatt; 12.07.2010; Seite 17; Artikel Storbeck (Quelle: Demirguc-Kunt/Huizinga)